Maria Theresia Schönherr

Psychodrama-Theater

Das zwischenmenschliche Spiel auf der Bühne

Maria Theresia Schönherr

Psychodrama-Theater

Das zwischenmenschliche Spiel auf der Bühne

facultas

Maria Theresia Schönherr, MSc, DSA, Psychotherapeutin, Diplomierte Sozialarbeiterin, Diplomierte Supervisorin, Lehrbeauftragte an der Donau-Universität Krems, lehrende Psychodramatikerin, Gründungsmitglied der Fachsektion Psychodrama im ÖAGG, Entwicklerin des Formats „Psychodrama-Theater“. Siehe auch: *www.psychodrama-theater.at.*

Bibliografische Information der Deutschen Nationalbibliothek

Die Deutsche Nationalbibliothek verzeichnet diese Publikation in der Deutschen Nationalbibliografie; detaillierte bibliografische Daten sind im Internet über http://dnb.d-nb.de abrufbar.

1. Auflage 2020

facultas Universitätsverlag, Stolberggasse 26, 1050 Wien, Österreich

Umschlagbild: © Izabela Habur/istockphoto.com
Satz: Wandl Multimedia-Agentur
Druck und Bindung: finidr, Tschechien
Printed in the EU
ISBN 978-3-7089-1928-7
eISBN 978-3-99030-950-6

Inhaltsverzeichnis

Danksagung 9

1 Psychodrama-Theater – spielerisch aktive Lebensgestaltung erlangen 11

2 Regiekompetenz – Erlebnisgewinn durch Szenen und Rollengestaltung 13

2.1 Grundannahmen für die szenische Lebensgestaltung 13
2.2 Die Begegnungsgestaltung – das zwischenmenschliche Spiel als Inszenierungszusammenhang 14
2.3 Die Verbindung des zwischenmenschlichen Spiels mit der inneren Szenengestalt 15
2.4 Die Begegnungsdynamik als Interaktions- und Integrationshandeln mit dem Umfeld 17
2.5 Die Deutung des impliziten Spielwissens 21
2.6 Die Rollengestaltung als situatives Netzwerk von Person, Rolle und einem Gegenüber 23
2.7 Das szenische Handlungsverstehen als Beziehungsentwurf des zwischenmenschlichen Spiels 24
2.8 Der Mensch als handelndes Wesen – dramaturgische soziale Motivlage 27
2.9 Die Erweiterung unseres impliziten und expliziten Spielwissens 31
2.10 Die fünf Instrumente des Formats „Psychodrama-Theater“ .. 32
2.11 Das Instrument der interaktiven Regiebegleitung, gezeigt anhand eines szenischen Märchenspiels unter der besonderen Berücksichtigung der dramaturgischen sozialen Motivlage 35
2.11.1 Die Vorbereitung des szenischen Spiels 42
2.11.2 Das szenische Spiel 45
2.11.3 Die Integration des szenischen Spiels 52
2.11.4 Die Wirksamkeit des Spiels auf persönlicher und Gruppenebene 53
2.12 Zusammenfassung 54
2.13 Exkurs: Eine autobiografische Resonanz 55

3 Regiekompetenz – Erfahrungsgewinn durch Probehandeln 61
3.1 Das Instrument der Spielgestaltanalyse, gezeigt anhand der Traumarbeit im Psychodrama-Theater 61
3.2 Zusammenfassung 70
3.3 Exkurs: Eine autobiografische Resonanz 70

4 Regiekompetenz – Erkenntnisgewinn durch Aneignung des Spielwissens 73
4.1 Die Vorbereitung des Stücks durch Perspektivenwechsel und Rahmenbruch 73
4.2 Die Rollengestaltanalyse der Figuren eines Dramas als Auftakt für ein vertieftes Spielwissen 74
4.3 Das Instrument der Rollengestaltanalyse, gezeigt anhand der Figuren des Stücks „Die Glasmenagerie" 77
4.3.1 Laura, als Protagonistin 78
4.3.2 Tom, als Protagonist 84
4.3.3 Amanda, als Protagonistin 88
4.4 Zusammenfassung 93
4.5 Exkurs: Der Besuch im Theater und eine autobiografische Resonanz 93

5 Regieführung in der Gruppe: Regiekompetenz und Gemeinschaftsbildung 96
5.1 Der Beziehungsentwurf „Gruppe" 96
5.2 Die Gruppenkohäsion und die Spielräume 100
5.3 Spezielle Methoden und Techniken des Psychodrama-Theaters 101
5.4 Die Handlungstechniken der Theatermacherin/des Theatermachers 104
5.5 Die Handlungstechniken der Spieler und Spielerinnen 105
5.6 Zusammenfassung 105

6 Das Instrument der soziometrischen Orchestrierung, gezeigt anhand eines Workshops zum Stück „Die Glasmenagerie" 106
6.1 Teil I der Psychodrama-Theaterinszenierung: Die Aneignung der Gemeinschaftserfahrung 107
6.2 Teil II der Psychodrama-Theaterinszenierung: Die Aneignung der medialen Figuren des Dramas 116

6.2.1 Die Gruppe „Körper“ 117
6.2.2 Die Gruppe „Gesundheit“ 119
6.2.3 Die Gruppe „soziales Handeln“ 121
6.2.4 Die Gruppe „Kulturtechniken“ 123
6.3 Teil III der Psychodrama-Theaterinszenierung: Die Aneignung der biografischen Verbundenheit mit den gespielten Figuren, das dramatisierte Sharing 125
6.3.1 Die „Vater-Gruppe“ 126
6.3.2 Die „Mutter-Gruppe“ 127
6.3.3 Die „Tom-Gruppe“ 129
6.3.4 Die „Laura-Gruppe“ 131
6.3.5 Die „Jim-Gruppe“ 132
6.4 Publikumsabschlussrunde und Abschlussrunde 133
6.5 Zusammenfassung 134

7 Inszenierungsbeispiele – die Methoden und Instrumente des Psychodrama-Theaters in Verbindung mit Lebensthemen 135
7.1 Die erste Inszenierung: Das Herrschaftsverhältnis und die Liebe („König Lear“ und „Gedichte von der Liebe“) 136
7.1.1 Die Vorbereitung 136
7.1.2 Das szenische Handlungsverstehen oder die Inszenierung der Wahrheit – der Beziehungsentwurf ... 138
7.1.3 Erkundungen und „Selbstbeforschung“ der Teilnehmerinnen 139
7.1.4 Das Beziehungsgeflecht von „Bindung – Beziehung – Beziehungsentwürfen“ 142
7.1.5 Der Liebe eine Hilfe sein/Frieden in der und durch die Gemeinschaft finden 145
7.1.6 Das erste Spiel: Sich bewegen und geborgen sein 147
7.1.7 Das zweite Spiel: Sehen, was bisher verborgen war .. 148
7.1.8 Das dritte Spiel: Fühlen, was scheinbar taub ist 149
7.1.9 Das vierte Spiel: Erkennen, was nottut 150
7.1.10 Die gemeinsame Schlussszene 150
7.2 Die zweite Inszenierung: Die Verwerfung und die Akzeptanz („Glaube Liebe Hoffnung“) 151
7.2.1 Die Vorbereitung 151

7.2.2 Die Publikumsrolle als gruppendynamisches Steuerungsmodul 153
7.2.3 Spielbeginn der Szenen: Die kriminelle Handlung – die Verwerfung des Möglichen 154
7.2.4 Die Unterstützung des Gruppenprozesses – eine neue Publikumsrolle wird gesucht 158
7.2.5 Das Stück wird weitergespielt – die Aneignung der medialen Figuren vertieft 160
7.2.6 Das zentrale Thema: Beziehungsabbruch oder Beziehungsgewinn durch Akzeptanz 166
7.2.7 Die neuen Spielregeln – Elisabeths Transformation – „Das wahre zweite Mal" 168
7.3 Die dritte Inszenierung: Die Einsamkeit und die Verantwortung („Nora oder Ein Puppenheim") 170
7.3.1 Die Vorbereitung 1 171
7.3.2 Der Spielbeginn: Die Sehnsucht nach Bindung 172
7.3.3 Das zweite Spiel: Die Sehnsucht nach Beziehung 174
7.3.4 Das dritte Spiel: Trennende Beziehungsentwürfe 176
7.3.5 Reflexionen zur Erweiterung der Erlebnisfähigkeit 181
7.3.6 Die Inszenierung des Stücks „Nora": Die Vorbereitung 2 182
7.3.7 Die Verkümmerung eines Begegnungswunsches 183
7.3.8 Die innere Sprachlosigkeit 184
7.3.9 Die Bereicherung der Begegnung durch Auflösung der beengenden Dyade 186
7.3.10 Die Verteidigung des Geheimnisses 187
7.3.11 Die neuerliche Unterwerfung 189
7.3.12 Die Auflösung der Komplizenschaft 190
7.3.13 Die Paarbeziehung und ihre Beziehungsentwürfe 191
7.4 Zusammenfassung 193

Literaturverzeichnis 195

Glossar 197

Stichwortverzeichnis 201

Danksagung

Ich möchte mich mit diesem Buch vor allem bei den zahlreichen Teilnehmerinnen und Teilnehmern bedanken, die mit Freude an den vielen Gruppenveranstaltungen teilgenommen haben. Durch die gemeinsame Arbeit in diesen psychodramatischen Gruppen kam es zu der Entwicklung und Gestaltung des Formats „Psychodrama-Theater".

Hier liegt ein Buch vor, welches durch die Gemeinschaft in diesen Gruppen entstanden ist.

Begleitet hat mich bei der Manuskripterstellung durch ausführliches und aufmerksames protokollieren der Workshops Bettina Wegleiter.

Strukturgebend ist mir meine Freundin Eva Dornauer und ihre Tochter Verena zur Seite gestanden. Die wohlwollende Begleitung durch den Verlag von Frau Sigrid Mannsberger-Nindl, Frau Victoria Tatzreiter und der Lektorin Verena Hauser sei hier noch besonders erwähnt.

In meinem Herzen hatte sich in den vielen Jahren eine große szenische Spielerfahrung und ein reichhaltiges Spielwissen beheimatet.

Nicht zuletzt verdanke ich dieses auch meinem Sohn Jakob und Enkelsohn Paul.

Ihnen allen ist dieses Buch gewidmet.

Wien, Jänner 2020 Maria Theresia Schönherr

Psychodrama-Theater – spielerisch aktive Lebensgestaltung erlangen

Das Psychodrama-Theater ist ein szenisch-dramaturgisches Format, welches sich die unterschiedlichsten Interaktionsmöglichkeiten des szenischen Spiels zunutze macht, um spielerisch für Seele und Geist eine Quelle an Lebendigkeit zu erschließen.

Die Idee des Psychodramas stammt von Jakob Levi Moreno, dem Begründer der Therapiemethode „Psychodrama", der Kinder im Wiener Augarten beim Spielen beobachtete und mit ihnen Inszenierungen von Märchen ausprobierte. Die Spielfreude der Kinder, ihre Reaktionen und Verhaltensweisen im Spiel veranlassten ihn schließlich, Stegreifspiele mit Kindern und später mit arbeitslosen Erwachsenen zu veranstalten. In dieser Phase seines Schaffens setzte er sich intensiv mit der Wirkung des Spiels auf den Menschen auseinander. Auf diesem experimentellen Weg legte Jakob Levi Moreno den Grundstein für das Psychodrama-Theater sowie für die Psychodrama-Psychotherapie zur Aktivierung der Selbstheilungskräfte.

Das Psychodrama-Theater ist ein neues Format für die Arbeit in der Gruppe mit der Gruppe. Psychodrama-Theater verfolgt das Ziel, Inszenierungszusammenhänge und das darin verborgene Spielwissen zu erkunden und es einem szenischen Handlungsverstehen zuzuführen, welches sich in Beziehungsentwürfen zeigt.

Im Wechselspiel der Erzählungen der Alltagserfahrungen und in der Aneignung von Kunst und Kultur entstehen Imaginationen sowie neue persönliche und gesellschaftliche Aspekte. In diesem Vorgehen entfaltet sich die dialogische Narration der eigenen Lebensgeschichte. Wir erfühlen uns und unsere Welt und erkunden das Geschehen mit dem szenischen Spiel.

Durch die Darstellung im Psychodrama-Theater werden Entwicklungsthemen aufgezeigt, Sichtweisen verändert und Lebensthemen im Kontext der Spielgestaltung neu betrachtet. Wir können uns im Psychodrama-Theater aktiv die Figuren der Geschichten ‚ausborgen' und sie uns erspielen. Durch den Blick der Figuren gewinnen wir einen intensiveren Zugang zu unserem Inneren. Dieses Vorgehen entspricht der Sehnsucht des Menschen, sich selbst und das Leben in den Geschichten gespiegelt zu sehen.

Dieses Buch soll einen Einblick in das Format „Psychodrama-Theater“ vermitteln und als Praxisbuch für Anwenderinnen und Anwender eine Anregung sein. Darüber hinaus soll die Alltagserfahrung eines jeden von uns von der szenischen Sichtweise auf das Leben profitieren. Ich habe viele von der Methode begeisterte Menschen kennengelernt und will diesen und vielen anderen den Weg erschließen, bis an ihr Lebensende an der Gestaltung ihres Lebensspiels Freude zu empfinden.

2 Regiekompetenz – Erlebnisgewinn durch Szenen und Rollengestaltung

Regiekompetenz wird im Format „Psychodrama-Theater“ als dialogisches Prinzip verstanden. Es gilt, den Dialog mit sich selbst, den Dialog mit der Welt, innerhalb einer Gemeinschaft, eines Teams, einer Familie zu erfassen. Dieser Dialog enthält Spielwissen. Das Spielwissen ist sowohl implizit als auch explizit in unserem zwischenmenschlichen Austausch vorhanden. Die Regiekompetenz hebt dieses Spielwissen hervor und gibt dem weiteren Handlungsverlauf Rückhalt und Sinn.

2.1 Grundannahmen für die szenische Lebensgestaltung

> *„Sein ist nicht das, was ich mit mir selber bin, sondern vor allem das, was sich zwischen mir und den Mitmenschen ereignet.“*
> Martin Buber

Wir alle sind hineingeboren in eine Gemeinschaft, in der sich unsere Lebensgestaltung durch ein Handlungsverstehen äußert. Dieses Handlungsverstehen löst Konzepte und Lebensentwürfe aus, die sich in Szenen organisieren. In den autobiografischen Fragmenten von Martin Buber können wir lesen, dass er bereits mit vier Jahren den **Entwurf für seine spätere Begegnungserkundung** entdeckt hat.

Was war geschehen? Buber kam mit vier Jahren zu seinen väterlichen Großeltern nach Lwow (Lemberg), in die damalige Hauptstadt des österreichischen Kronlands Galizien – die heutige Ukraine. Dort beaufsichtigte ihn ein Kindermädchen. In diesem Sommer bereits wusste er durch die Umstände, die er fühlte, auch wenn es ihm niemand sagte, dass die Mutter, die sich in Wien vom Vater hatte scheiden lassen, nicht kommen werde. Mit vier Jahren wurde ihm das durch ein Mädchen bewusst, das ihn beaufsichtigte und mit ihm am Altan des großelterlichen Hauses spielte, mittels eines beiläufig gesprochenen Satzes, dass seine Mutter tatsächlich nicht wiederkehren werde. Etwas später formte sich für ihn das Wort „Vergegnung“, das „Verfehlen einer wirklichen Begegnung zwischen Menschen“ (Buber 1986, S. 11).

> *„Als ich nach weiteren zwanzig Jahren meine Mutter wiedersah, die aus der Ferne mich, meine Frau und meine Kinder besuchen gekommen war, konnte ich in ihre noch immer zum Erstaunen schönen Augen nicht blicken, ohne irgendwoher das Wort ‚Vergegnung‘, als ein zu mir gesprochenes Wort, zu vernehmen. Ich vermute, daß alles, was ich im Lauf meines Lebens von der echten Begegnung erfuhr, in jener Stunde auf dem Altan [= ein Balkon] seinen ersten Ursprung hat.“* (Buber 1986, S. 11)

Martin Buber konnte mittels seiner inneren Zwiesprache herausfinden, wonach er im Leben suchte, welchen Weg er nehmen musste, um von dem **Tatereignis** – die Mutter fehlt – zum **Tatentwurf** – die Mutter wird nicht zu dem Vierjährigen kommen – und zum **Tatgeschehen**, der „Vergegnung“, zu gelangen. Die Erlebnisfigur „Vergegnung“, das Im-Stich-gelassen-Werden, zu wandeln, war sein Bestreben. Letzten Endes wurde seine Suche zum Spirit des Psychodramas. Der Schlüsselbegriff „Begegnung“ ist im Psychodrama untrennbar mit Martin Buber verknüpft.

Aber nicht immer sind die Lebensentwürfe und Handlungskonzepte des Menschen zu seinem Wohle geformt. Oft fehlt es an genügend Spiel- und Veränderungserfahrung, um zu merken, was von dem Erlebten, Erfahrenen und Erkannten auf das eigene Lebenskonzept einwirkt und nützlich ist. Auch ein Zurückgreifen auf geglückte Ereignisse ist nicht immer möglich. Im Format „Psychodrama-Theater“ erkunden wir die innere Bilderwelt und bringen die entdeckten Erlebnisfiguren auf die Bühne.

2.2 Die Begegnungsgestaltung – das zwischenmenschliche Spiel als Inszenierungszusammenhang

Jede Form der Begegnung organisiert sich mittels Interaktion. Die Interaktion ist eingebettet in einen Inszenierungszusammenhang. Der Inszenierungszusammenhang ist immer auch ein Spielzusammenhang, aus dem das **zwischenmenschliche Spiel** hervorgeht.

Die Größenordnung des Spiels, des Inszenierungszusammenhangs, im Psychodrama-Theater ergibt sich aus der Definition, ob es sich um eine

Geschichte, eine Situation, eine Szene oder eine Rolle handelt. Ein Inszenierungszusammenhang ist definiert durch Raum und Zeit und den vereinbarten Blick der Beteiligten auf das Geschehen.

> *„Im Spiel wird der Einzelne Teil eines umfangreichen Netzes von Beziehungen. Sein spielerisches Handeln verbindet ihn mit anderen Spielern, mit Zuschauern, mit früheren und zukünftigen Spielern. Es ist auf die materiellen Bedingungen des Spiels bezogen, auf konkrete Räume und Zeitverläufe. In Bezug auf diese erfolgt sein praktisches Handeln, die Inszenierung und Aufführung des Spiels. Neben der Erfahrungsgewissheit entstehen im Spiel auch die Ordnung und Strukturierung der Erfahrung selbst, insbesondere räumliche, zeitliche und soziale Gliederungen."* (Wulf 2014, S. 145)

2.3 Die Verbindung des zwischenmenschlichen Spiels mit der inneren Szenengestalt

Der Mensch ist ein Gemeinschaftswesen. Durch die Gemeinschaft und mit der Gemeinschaft entdecken wir uns. In unserem menschlichen Dasein organisieren wir unsere Entfaltungsmöglichkeiten von Anfang an in und durch Szenen, die sich aus den aktuellen Lebenssituationen herausschälen. Diese Vielfalt wird im Laufe des Lebens erweitert.

Eine jede äußere Szenengestaltung korrespondiert mit der inneren Szenengestalt. Das Interaktionssystem der inneren Szenengestalt, eine Grundlage des Formats „Psychodrama-Theater", ist zusammengesetzt aus vier Interaktionsfeldern (siehe Abbildung 1). Diese Szenengestalt verwahrt das Erlebte, Erfahrene und Erkannte als Szenenbild im Wesenskern des Menschen. Die Bilder dieses Wesenskerns sind wieder in einer Szenengestaltung abrufbar. Jedoch nicht alle im Wesenskern gespeicherten Szenenbilder gelangen in unser Bewusstsein, daher bleibt für uns eine lebenslange Maxime aufrecht: **„Eine Szene ist nur durch eine weitere Szene zu verstehen."**

Denken wir zurück an die ersten Tage unseres Lebens. Unser Bewusstsein wird kaum noch wissen, was wir empfunden haben, als wir unsere Eltern das erste Mal sahen. EntwicklungsforscherInnen (Slater et al. 2007) haben herausgefunden, dass der Säugling zunächst die Gesichter seiner Eltern nur schemenhaft erkennt. Der erste visuelle Eindruck ist das Wahrnehmen der Augenbrauen der Eltern. Was aber noch viel vordergründiger ist, sind Geruch und Stimme. Die szenischen Erlebnisse werden durch immer neu hinzukommende Szenen mehr und mehr für unsere menschliche Existenz ausformuliert und begreifbar gemacht. Es liegt auf der Hand, dass sich dadurch nicht nur unser **Wahrnehmungsfeld**, sondern auch unser **Gefühlsfeld** verändert.

Für die Dramaturgie unseres Lebens sind wir gut ausgestattet. Wir verfügen über vier Interaktionsfelder, die miteinander in Wechselwirkung stehen, sich gegenseitig bedingen und uns auch bei der Entwicklung unterstützen (siehe Abbildung 1). So sind wir neben dem ersten Interaktionsfeld der **Wahrnehmung** und dem zweiten Interaktionsfeld der **Gefühle** auch mit einem dritten Interaktionsfeld konfrontiert – mit dem Feld der **dramaturgischen sozialen Motivlage**. Dieses Interaktionsfeld entwickelt sich gleichzeitig mit den beiden anderen Interaktionsfeldern. In diesem Interaktionsfeld spiegelt sich die Übernahme zwischenmenschlicher Motive. Diese werden mimetisch (= durch Nachahmung) vermittelt, also

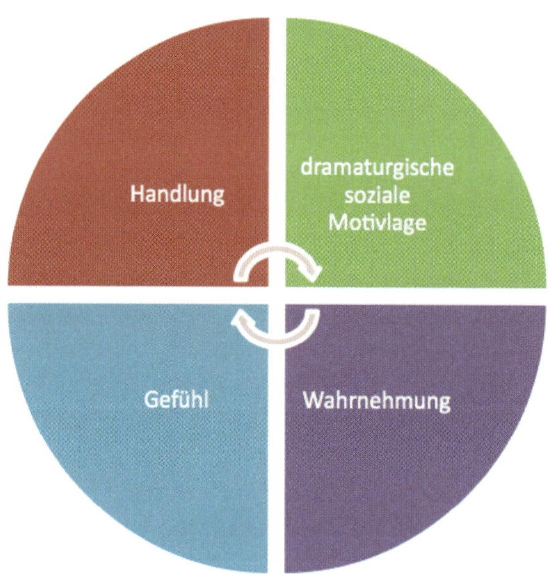

Abb. 1: Die vier Interaktionsfelder für das zwischenmenschliche Spiel – **die innere Szenengestalt**; die Grundlage für das szenische Handlungsverstehen

ebenso durch eine Interaktion mit der Umwelt. Das vierte Interaktionsfeld, die Handlung, drückt durch das tatsächliche Handeln das Gestaltbare eines Inszenierungszusammenhangs aus, welches durch die drei bereits genannten Interaktionsfelder mitbestimmt wird.

Die innere Szenengestalt als verinnerlichte Inszenierungseinheit ist einem größeren Inszenierungszusammenhang unterstellt, dem Handlungsverlauf (dramaturgischen Verlauf) unserer Lebenssituation. **In jedem Inszenierungszusammenhang** wird das **zwischenmenschliche Spiel durch verinnerlichte, miteinander in Interaktion stehende Interaktionsfelder bewegt. Ausgedrückt** wird das innere Interaktionssystem durch **szenisches Handeln**. Das Geschehen wird durch das implizite und explizite **Spielwissen gesteuert**. Das erlebte und erfahrene Spielwissen wird **mittels Beziehungsentwürfen** in das zwischenmenschliche Spiel **eingebracht**.

2.4 Die Begegnungsdynamik als Interaktions- und Integrationshandeln mit dem Umfeld

Die Wahrnehmung gibt den Gefühlen Anlass, sich zu artikulieren. Die Artikulation der Gefühle ist ganzheitlich bemerkbar, sowohl physisch als auch psychisch. Gefühle sind an Bilder und Szenen gebunden, die sich in unserem Wesenskern ein Zuhause suchen und vielfach auch dort bereits ein Zuhause haben. Von dort aus gehen wir zum nächsten Erleben, um uns durch Handlung die Welt anzueignen. Die Aneignung unseres Umfeldes bedingt, dass eine dramaturgische soziale Motivlage entsteht. Zu jeder Tat gehört ein **Motiv**, welches das **Tatgeschehen regiegebend beeinflusst**. Die dramaturgische soziale Motivlage erkunden wir zunächst aus der mimetischen Bezugnahme auf das Handeln der Anderen. Die Bezugnahme wird zum ersten Regieplan der Begegnung. Ein Regieplan ist immer eine Vorwegnahme, was geschehen kann und was geschehen soll.

> *„Dass sich dabei kollektive und höchst individuelle Schemata und Bilder überlagern, ist offensichtlich. Ihr Zusammenwirken bewirkt das Imaginäre der Menschen und vernetzt sie miteinander.“* (Wulf 2014, S. 125f.)

Ergreifen wir die Gelegenheit, das erspürte unsichtbare Imaginäre der Erlebnisfigur mit anderen Mitwirkenden in einen szenischen Kontext zu **setzen**, so entsteht für uns die Möglichkeit, das unsichtbare Imaginäre für uns selbst sichtbar werden zu lassen. Der Prozess der Begegnungsgestaltung, welcher durch Aneignung und Wiedergabe der zwischenmenschlichen Interaktion hervorgerufen wird, erzeugt im Menschen den Wunsch, die Ereignisse des Lebens zu begreifen, sie bewusst zu erleben, zu erfahren und sie letzten Endes einem Erkenntnisgewinn zuzuführen. Der Vorgang der Interaktion und Integration bildet sich in der inneren Szenengestalt ab und findet seinen Ausdruck in der Begegnung mit sich, dem Anderen und der Welt. Eine szenische Deutungshoheit gibt uns die Möglichkeit, uns selbst zu erkennen.

Die Dramaturgie der Begegnungsdynamik, welche dem Erkennen vorausgeht, ist an unterschiedliche Aspekte gebunden: zum einen wie eine Person mit anderen kommuniziert, interagiert, und zum anderen, wie die Integration des Handelns aller an einer Situation oder Szene Beteiligten aussieht. Durch eine fortgesetzte oder intensivierte Interaktion mehrerer Beteiligter ergibt sich ein Muster. Verantwortlich für dieses Muster ist eine Art von Magnetismus. Die Personen ziehen sich an oder stoßen einander wiederholt ab. Dadurch entstehen Regeln – Spielregeln des zwischenmenschlichen Spiels. Dieses Muster zu definieren führt schließlich zur Deutung des impliziten Spielwissens.

Die Deutung des impliziten Spielwissens orientiert sich am Ausdruck der szenischen Handlung, dass heißt, auf welche Art und Weise die Szene von allen Beteiligten gelebt und erlebt wird. Dieses Erleben wird in unserem Wesenskern, in der inneren Szenengestalt als kollektive Erfahrung gespeichert.

Bevor wir noch in die eigentliche Handlung einsteigen, hat unsere Wahrnehmung bereits das Umfeld danach sondiert, wie weit wir in einem spezifischen Inszenierungszusammenhang dazugehören oder nicht. Erst durch die unmittelbare (nachfolgende) Interaktion, die sofort an unsere dramaturgische soziale Motivlage andockt und uns Gefühle entlockt, gestalten wir das Umfeld mit. Richtet sich die Integrationsachse nach dem Gegenüber aus, wird sich unser Handlungsfeld erweitern. Sind die dramaturgischen sozialen Motivlagen wandelbar, erweitert sich der Horizont unseres Gefühlsfeldes (siehe Abbildung 2).

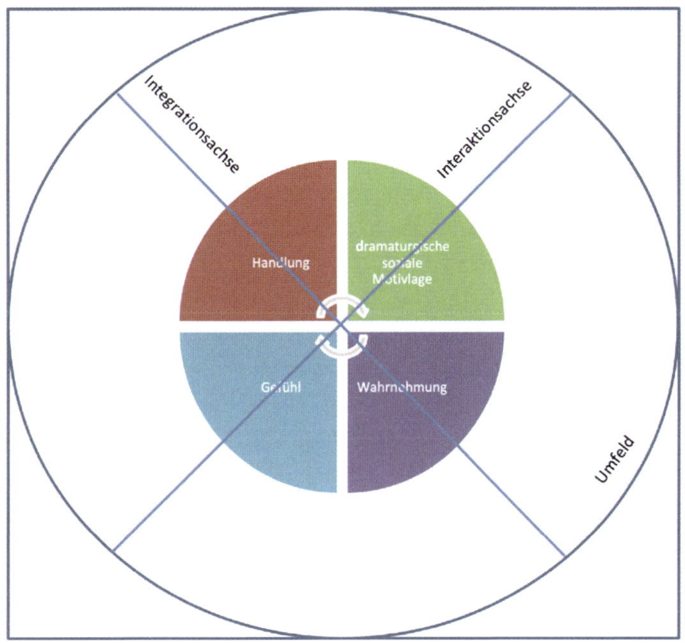

Abb. 2: Die Dramaturgie der Begegnungsdynamik

Beispiel: Eine szenische Beobachtung

Eine ganz gewöhnliche Mahlzeit am Neusiedler See

Die reale Situation: Es ist Mittagszeit und ich bin hungrig. In dieser Jahreszeit – es ist Frühsommer und sehr warm – gehe ich gerne in ein Lokal mit Blick auf den wunderschönen Neusiedler See. Dieses Bedürfnis teile ich offensichtlich mit vielen anderen Menschen, denn an jenem Samstagmittag sind alle Tische bereits besetzt. An einem größeren Tisch für acht Personen ist für mich noch ein Platz frei. An diesem Tisch sitzen nur zwei jüngere Paare. Ich nehme am anderen Ende, an der Stirnseite, des Tisches Platz.

Das eine Paar sitzt eng zusammen, die beiden sind vermutlich frisch vermählt – ich sehe, dass die Frau mehrmals still in sich hineinlächelnd an ihrem breiten

Ehering dreht. Das andere Paar: Der Mann sitzt an der Stirnseite des Tisches (also mir gegenüber), die Frau ums Eck. Die alleinsitzende Frau, etwas dicklicher von Statur, hantiert mit ihrem Handy, um eine Vielzahl von Dates mit dem befreundeten Paar für die Freizeit in den Sommermonaten zu organisieren, ohne Rücksicht auf die Wetterentwicklung! Der Partner der Frau möchte zwischendurch auch auf ihr Handy blicken, um die Homepages der diversen Freizeitgestaltungsanbieter anzusehen. Keine Chance: „Jetzt nicht!" Das andere Paar nickt die Vorschläge ab.

Ich bin bereits bei der Nachspeise, als die „Organisation der Freizeitgestaltung" zu Ende ist und ein neues Organisationsthema beginnt: die Hochzeit des Paares „Frau Gesprächsleitung und ihr ums Eck sitzender, etwas finster dreinblickender, sehr schweigsamer Partner". Es wird alles Erdenkliche von Frau Gesprächsleitung aufgezählt: die Hochzeitskleidung, Tischschmuck, Überlegungen zum Ort, wo die Hochzeit stattfinden könnte, etc. Ein klein wenig unterstützt von der Frischvermählten werden es immer mehr und immer ausführlichere Details. Der frisch vermählte Mann wendet sich in einer Luftholpause von Frau Gesprächsleitung an den zukünftigen Bräutigam: „Was sagst denn du zu den Plänen?"

Der Bräutigam: „Mir geht das am A... vorbei."

In diesem Moment ist es, als würde der Wellenschlag des Neusiedler Sees verstummen und als würden die Gesprächsfetzen der anderen Gäste auf der schönen Terrasse in dem inneren Aufschrei von Frau Gesprächsleitung in ein schwarzes Loch fallen.

Nach einigen Schrecksekunden sagt die zukünftige Braut zu ihrem Bräutigam: „Aber ich habe dir doch alles gezeigt, was ich ausgesucht habe, und du warst doch damit einverstanden?! ... Das, was du eben gesagt hast, ist nicht nett."

Die Frischvermählte will das Ruder herumreißen und meint, sie und ihr Ehemann würden sich zur geplanten Hochzeit auch Scherze einfallen lassen, die sie jetzt noch nicht verraten würden ... vielleicht die Entführung der Braut ...

Ich zahle und höre im Weggehen, dass es noch keinen Hochzeitstermin gibt. Damit ist meine Rolle des Publikums zu Ende.

Interaktionsachse und Integrationsachse als Matrix für die szenische Beobachtung der Spielgestalt:

- **Die Interaktionsachse** der Frau Gesprächsleitung könnte sein: Ihr Handeln ist beeinflusst von dem Wunsch, besser, schöner, schneller, perfekt zu sein.
- **Die Integrationsachse** der Frau Gesprächsleitung könnte sein: „Ich mein's ja nur gut, und ich tue es doch für euch! Wer liebt, hat doch recht?! Oder?!" (Es ist ein seit der Antike sich wiederholendes Schema, an dessen Anfang der Liebesvertrag, an dessen Ende der Liebesverrat steht.)
- **Die Interaktionsachse aller anderen an der Szene Beteiligten könnte umfassen:** „Ja, mach nur – bitte noch mehr, wir lassen uns sowieso gerne berieseln. Wer weiß, was noch kommt und wo wir schlussendlich tatsächlich mitmachen!" Der Bräutigam ist mit seinem aufgestauten Groll nicht bereit, die Braut zu unterbrechen und **seine Meinung** kundzutun. Er äußert sich erst, als sein Freund das „Berieseln" mit einer Frage markiert. → Die Integrationsachse aller an der Szene Beteiligten führt daher schließlich zur gemeinsamen **Spielregel der Spielgestalt: „Es ist alles nur scheinbar fix!"**

2.5 Die Deutung des impliziten Spielwissens

Lebensthemen entziehen sich oft unserem Bemühen, sie zu enträtseln. Wir fahnden nach Zeichen, die uns den Entwurf offenbaren, nach Spuren eines Geschehens. Was wir mit Sicherheit wissen, ist die Doppeldeutigkeit unseres Handelns. Wir zeigen her, was wir zu sein glauben oder was sein soll, und erfahren doch, dass uns die Unvernunft einen Streich spielt. Die Unvernunft, die den Zwang zur Eindeutigkeit nicht überwinden kann.

Kassandra, die Seherin, die in der Parabel von Christa Wolf die Protagonistin ist, sie sieht den **Sinn der Unvernunft**. Die Geschichte ist aus der Antike vielen Menschen einigermaßen bekannt. Troja ist gefallen, der zehnjährige Krieg der Troer mit den Griechen ist beendet. Die Troer glauben, durch das riesige zurückgelassene Holzpferd für ihre Kriegsmühen entschädigt zu werden, und stürmen das Objekt.

Kassandra, die dieses Treiben beobachtet, ist entsetzt über die Hast, mit der die Troer das Pferd einnehmen wollen. Sie erkennt: „Wenn Sieger sich so hastig dem ‚Geschenk' annähern, können sie keine Sieger sein!"

Diese Widersprüchlichkeit aufzuzeigen, ist die Aufgabe der Deutung des impliziten Spielwissens einer Szene. Ihr Ziel ist, den Sinn im ‚Unsinn' zu finden.

Die Deutung des impliziten Spielwissens in unserem „Mittagessen"-Beispiel basiert auf der Wahrnehmung der Situation: „Wir sind zwei Paare, die sich viele ‚Pärchentreffs' ausmachen. Wenn wir keine zwei Paare mehr sind, werden die vielen, vielen Treffen, die wir uns soeben angedacht haben, für unsere Vierergruppe hinfällig." – Dies führt zur Überlegung, welche Gruppierung überbleibt, wenn es Frau Gesprächsleitung und Herrn Finster als Paar nicht mehr gibt. Ist es vielleicht der verborgene Wunsch der beiden Männer, etwas gemeinsam, ohne die Frauen zu unternehmen?

Wie bei der inneren Szenengestalt erläutert, verfügt auch die Inszenierungseinheit „Rollenhandeln" über die vier Interaktionsfelder des szenischen Handlungsverstehens.
Wie sieht das in unserem Beispiel bei Frau Gesprächsleitung aus? Das **Rollenhandeln** von Frau Gesprächsleitung in der Mittagsszene als Organisatorin der Freizeit und als Braut ist stark **mit ihrer inneren dramaturgischen sozialen Motivlage verknüpft**. Dieser Fokus ist besonders für die Rollengestaltanalyse in den Vordergrund zu rücken. Vergleicht man beide Analysen, die Spielgestaltanalyse und die Rollengestaltanalyse, so finden sich starke atmosphärische Überschneidungen, die den Beweis liefern, dass es **kein Rollenhandeln ohne den szenischen Kontext** gibt.

Die Rollengestaltanalyse

- Die atmosphärische **Wahrnehmung** der Rollengestaltung von Frau Gesprächsleitung bei dem besagten Mittagessen könnte wie folgt lauten: „Ich muss mich jetzt größer und wichtiger machen, als ich bin. – Ich betreue alle, ihr sagt sowieso nicht viel!"

- Ein mögliches **Gefühl**: „Ich fühle mich unsicher. Ob alles so wird, wie ich es mir vorstelle? Schließlich kam der Heiratsantrag in einer Urlaubssituation in der Südsee, und jetzt bin ich mit den Hochzeitsvorbereitungen alleingelassen."
- Das **Handeln** könnte **die Idee der Selbstwirksamkeit** beinhalten: „Schaut her, auf mich ist Verlass, ich bin (hoffentlich) wichtig!"
- Die **dramaturgische soziale Motivlage in Verbindung mit dem Gefühl (Interaktionsachse)** schafft eine mögliche Sichtweise auf das **Handlungsmuster der Rollengestaltung in dieser Szene**: „Ich hab's erreicht – ich bin jetzt auch eine Braut! Ich muss mich nicht mehr *schämen*, im Nachteil zu sein. Ich will den gesellschaftlichen Erwartungen an mich als Frau entsprechen können. Darum kämpfe ich so, dass ich in dieser Runde akzeptiert werde."

Mein Kommentar zum traurigen Ende: Alles, was wir vordergründig verneinen, nicht zulassen, inszeniert sich unerbittlich im zwischenmenschlichen Spiel! Erkennen bedeutet eben gelegentlich auch erschrecken, wenn sich das implizite Spielwissen offenbart. Denn:

> *„Die Handlungen des Spiels nehmen Elemente und Strukturen der gesellschaftlichen Ordnung auf, machen diese in der Inszenierung und Aufführung des Spiels sichtbar, verändern diese und wirken auf sie zurück."* (Wulf 2014, S. 140)

2.6 Die Rollengestaltung als situatives Netzwerk von Person, Rolle und einem Gegenüber

Gerahmt ist diese Rollengestaltung durch die Szene und die Aufträge, die eben in dieser stattfinden. (Im angeführten Beispiel ist es die Rolle der Organisatorin und der Braut, die sich Frau Gesprächsführung gegenüber dem befreundeten Paar gibt.)

Dramaturgisch gesehen erfährt jeder Darsteller, jede Darstellerin im szenischen Spiel eine Verdopplung. Einerseits sind wir die reale, sinnlich wahrzunehmende Person – anderseits die oder der Rollenspielende in Verbindung mit einem, einer anderen Rollenspielenden. Die Rolle ist jedoch nur so lange aufrecht, solange die anderen diese szenische Spielwelt teilen. Verändert sich die Spielwelt, verlieren wir auch die Rolle. Das Erlebte bleibt in uns als Referenzerfahrung zurück.

Das bedeutet, wir können eine Rolle als Rollenspielende nur durch eine andere Rolle, eine/n andere/n Rollenspielende/n erfahren!

Die anderen RollenspielerInnen ergänzen unser Rollenhandeln oder sie spiegeln verstärkt das eigene Tun. Damit ist aber auch der Grundstein gelegt, unsere dramaturgische soziale Motivlage, die auf die Spielgestaltung der Rolle einen großen Einfluss nimmt, näher zu betrachten.

2.7 Das szenische Handlungsverstehen als Beziehungsentwurf des zwischenmenschlichen Spiels

> *„Um spielen zu können, bedarf es eines Spielwissens. Dieses ist kein theoretisches, sondern ein körperliches, performatives, praktisches Wissen, das in mimetischen Prozessen erworben, erinnert und gestaltet wird.“* (Wulf 2014, S. 146)

Aus diesem Spielwissen des szenischen Handlungsverstehens entsteht und entwickelt sich der erste innere Regieplan. Das Spielwissen ist nicht nur sozial und emotional geprägt, es beinhaltet auch kulturelle und gesellschaftliche Aspekte. Wo holen wir uns dieses Wissen zu allererst ab? In der Herkunftsgemeinschaft – das kann die Familie sein oder ein anderer Ort, in dem Kinder groß werden. Dort findet mimetisches Lernen im Austausch mit den Bezugspersonen statt. Das mimetische Lernen als Akt der Produktivität ist für soziales, künstlerisches und praktisches Handeln konstitutiv. Aber nicht immer angenehm. Der Austausch mit den Bezugspersonen ist im günstigsten Fall durch das Gefühl der Liebe beeinflusst. Aber auch wenn wir von der Voraussetzung ausgehen, dass Liebe im zwischenmenschlichen Spiel zu finden ist, ist doch immer wieder ein weiterer Aspekt wirksam, nämlich der, dass zwangsläufig im Austausch mit den Bezugspersonen Herrschaftsmomente nicht auszuklammern sind. Auch wenn diese Herrschaftsmomente immer wieder mal in den Hintergrund treten, lernt der Mensch gerade in diesen ersten wesentlichen Gemeinschaften bereits die Grundformen der zwischenmenschlichen Verständigung kennen:

„Bestätigung, Verwerfung, Entwertung, das Ja, das Nein und die Ignoranz."
(Matt 1989, S. 29)

Betrachten wir den Liebesverrat an dieser Stelle in Martin Bubers Schlüsselszene als Vierjähriger nochmals, so können wir uns von nun an durch **das szenische Handlungsverstehen ein Bild der Lage machen**. Von diesem Bild der Lage abgeleitet entsteht der unmittelbare **Beziehungsentwurf**, der sich über die vier Interaktionsfelder des Interaktionssystems der inneren Szenengestalt legt. Der äußere Rahmen der Darstellung markiert den Ort der Handlung. Der breite Rahmen, der nochmals die Interaktions- und Integrationsachse des Handelnden umschließt, lässt eine Fläche zu. Diese Fläche markiert den Rahmen der **Rollengestaltung. Dieser Rahmen wird durch szenisches Handeln erweitert oder verengt.** Auch in der **Rollengestaltung** gilt das **Prinzip, die Dramaturgie der Begegnungsdynamik auszuloten.**

Die Rollengestaltung benötigt nicht nur ein Umfeld (eine Bühne, den Ort der Handlung), sondern auch ein Gegenüber. Martin Buber könnte ohne das Kindermädchen, mit dem er sich auf dem Altan trifft, nicht herausfinden, dass seine Mutter nicht mehr kommen wird. Die Zugehörigkeit zu klären ist aller Rollengestaltung Anfang. Es ist zu vermuten, dass Martin Bubers Kindermädchen letztlich nur bemerkt hat, dass er jetzt nach Galizien gehöre! Die Interaktion der Rollengestaltung wird durch die dramaturgische soziale Motivlage in Bewegung gebracht. In welcher Form der rollenhandelnde Mensch wählt und davon berührt ist, entscheiden die korrespondierenden Gefühle (Interaktionsachse). Die Chance einer gelungenen Begegnung steigt, je größer unterschiedliche Bedürfnislagen (Wahrnehmung und Handlung, siehe Integrationsachse) vereinbart werden können.

Eine wiederholte oder nachhaltige Gestaltung einer Rolle weist ebenso wie die Szene ein implizites Spielwissen auf. (So ist es auch erklärbar, weshalb im Psychodrama-Theater Rollen gespielt werden können, die nicht zwangsläufig der eigenen Biografie entnommen sind.)

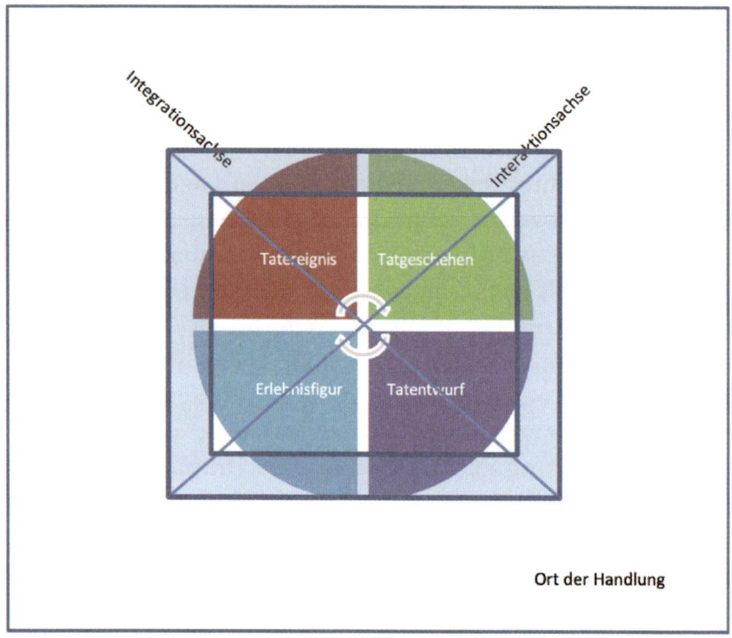

Abb. 3: Der Beziehungsentwurf, die Grundlage der Rollengestaltung

Beziehungsentwurf (Abbildung 3) – Martin Buber als vierjähriger Sohn der Mutter

Ort der Handlung: das Heim der Großmutter in Galizien (Umfeld)

- **Das Tatereignis:** Mutter fehlt (Interaktionsfeld „Handlung“)
- **Die Erlebnisfigur:** das im Stich gelassene, vergessene Kind (Interaktionsfeld „Gefühl“)
- **Das Tatgeschehen:** Kind wird scheinbar von der Mutter **ignoriert.** „Meine Mutter hat mich vergessen, ich kann ihr nicht begegnen.“ (Interaktionsfeld der dramaturgischen sozialen Motivlage)
- **Der Tatentwurf:** Die Mutter wird nicht kommen – Aussichtslosigkeit (Interaktionsfeld „Wahrnehmung“).
- Die **Deutung des impliziten Spielwissens** ist für Martin Buber: „Vergegnung“.

2.8 Der Mensch als handelndes Wesen – dramaturgische soziale Motivlage

Wir Menschen müssen handeln, und somit sind wir dem impliziten Spielwissen ergeben. Erst im Konflikt mit uns selbst oder mit einer anderen Person und/oder auch mit gesellschaftlichen Gegebenheiten versuchen wir, uns das implizite Spielwissen bewusst zu machen. Das explizite Spielwissen ermöglicht uns, Verstehensprozesse für die Bewältigung von Konflikten zu nützen. Dabei rückt das Tatgeschehen in den Mittelpunkt unserer Aufmerksamkeit. Im Psychodrama-Theater erkunden wir die Grundformen des **Tatgeschehens und deren Auswirkung.** Die Auswirkungen des Tatgeschehens sind uns vielfach vertraut, auch wenn uns der Verstehensprozess von verborgenen Wünschen und antreibenden Kräften manchmal schwerfällt. Eine Möglichkeit, sich damit zu beschäftigen, habe ich durch den Ansatz von Alfred Lorenzer (1986), das szenische Verstehen, kennengelernt und ausführlich in meiner Masterthesis (2008) beschrieben, und zwar in Form einer Literaturinterpretation von Franz Werfels Roman „Der veruntreute Himmel. Die Geschichte einer Magd". In der Psychodrama-Theaterarbeit wurde dieses Verfahren weiterentwickelt zum szenischen Handlungsverstehen. Der daraus abgeleitete Beziehungsentwurf bildet die Grundlage für unsere Rollengestaltung in der Begegnung.

Bevor wir das Spektrum der dramaturgischen sozialen Motivlage noch genauer unter die Lupe nehmen, ist es wichtig, sie einmal in ihren Grundelementen zu benennen. Diese Grundelemente fallen der Kategorie „Gier", „Neid", „Ignoranz" und „Scham" zu. Klar, an dieser Stelle möchte niemand gierig, neidig, ignorant oder schamlos sein. Und so sind diese Motivlagen auch nicht gemeint. (Obwohl das alles in unserer menschlichen Art vorkommen kann!) Die dramaturgische soziale Motivlage beschreibt einen Schlüssel, mit dem wir einen sozialen Raum aufsperren oder verschließen können. Je nach Richtung, in die wir den Schlüssel drehen. Die dramaturgische soziale Motivlage stützt sich auf die Erfahrung meiner langjährigen Praxis. Sie bildet den Ausgangspunkt für Arbeitshypothesen, die sich bei Anwendung des Formats „Psychodrama-Theater" als hilfreich erweisen.

Gier, Neid, Ignoranz und Scham sind so betrachtet Praxisentwürfe für unsere ersten Interaktionserfahrungen mit der Umwelt. Muss doch der Säugling gierig an der Mutterbrust saugen, um zu überleben, und kann er Sprache, Ausdruck und Kulturtechniken nur lernen, wenn er entdeckt, dass die anderen über ein „Mehrhaben" an Weltaneignung verfügen. Und ist es nicht die Ignoranz den Wünschen der Anderen gegenüber, die das Wort „Ich" hervorbringt? Letzten Endes ist es wohl auch die Klarheit darüber, was **beschämend** ist und was nicht, was als angenehm und was als unangenehm empfunden wird, das uns die Zugehörigkeit zu anderen Menschen sichert.

Erst wenn sich diese Praxisentwürfe zu Lebensentwürfen durchringen, kann das darin enthaltene implizite Spielwissen zu einem Erkundungsprozess werden.

Wie kann das Entwicklungspotenzial der dramaturgischen sozialen Motivlage unser implizites Spielwissen erweitern? Wie verändert sich das Tatgeschehen in der Verbindung von Wahrnehmung, Gefühl und Handlung?

Betrachten wir Kategorien der dramaturgischen sozialen Motivlagen in ihren unterschiedlichen Richtungsaspekten, so stellen wir fest, dass ihre Nützlichkeit für unser zwischenmenschliches Zusammenleben und ihre verhängnisvolle Eigenart immer gleichermaßen zugegen sind. Ein paar Gedanken zu diesen Motivlagen sind hier als Anregung dargelegt.

Die Gier, die Motivlage des Verlangens

Gelenkt durch die Wahrnehmung, alles haben zu wollen, sind wir dem Zustand der **Gier** ausgeliefert. Dieser Zustand soll durch szenische Erfahrung einsichtig gemacht werden. Fördernd für unsere menschliche Gemeinschaft ist es, herauszufinden, was uns guttut und was nicht. Den Schlüssel der Gier in die Richtung gedreht, das rechte Maß zu erkennen, kann sehr viel Zufriedenheit und Freude in uns auslösen. Wird eine allzu große Gier nicht gezähmt, kommt es zu Affektdurchbrüchen. Steigert sich die Gier, ohne eine szenische Verankerung zu finden, und verbündet sich die Lage des Verlangens mit starken moralischen oder gesellschaftlichen

Hemmnissen, so kann aus dem Gefühl der Gier scheinbar das Gegenteil werden, wir befinden uns im Zustand unerklärlicher Ängste. Sie gehören ebenfalls zu dieser Kategorie.

In der Begegnungsdynamik entscheidet der Umgang mit dieser Motivlage des Verlangens, ob eine Begegnung als fördernd und nährend empfunden wird oder nicht.

Der Neid, die Motivlage des Unterschieds und der Aneignung neuer Erfahrungen

Das Gefühl der **Wut, der Eifersucht, der Konkurrenz nimmt sich gerne die dramaturgische soziale Motivlage „Neid" als regiegebenden Impuls**. Denken wir an unterschiedliche Situationen, Menschen und Szenen, dann entdecken wir doch gerade in der Diversität so vieles, um auch Freude und Lust am Anderen zu erleben. Dazu gehört **Mut**. Mut, die (Selbst-)Unterdrückung abzuwehren. Mut, um den erstarrten soziokulturellen Habitus einmal durchzuschütteln. Dieses „Zuviel" an Dazugehörenwollen hinter uns zu lassen. Diesen Mut finden wir im Wahrnehmen von dem, was ist, und nicht in dem, was sein soll. Auch das verdanken wir dem Impuls dieser dramaturgischen sozialen Motivlage. **Wir brauchen eine ganze Portion Mut**, um die Vergänglichkeit und die damit verbundene eigene Positionierung im Leben, in den Beziehungen zu würdigen. Hier liegt auch die Kraft, Zwischenräume offen zu lassen für neue Erlebnisse, Erfahrungen und Erkenntnisse. Mitunter müssen wir gar nicht **die Rollen** wechseln oder neue kreieren – es genügt schon, die Eigenheiten einer Rolle neu zu überdenken, und siehe da, eine neue Haltung gibt einer Situation einen neuen Sinn.

In der Begegnungsdynamik entscheidet der Umgang mit dieser Motivlage des Unterschieds und der Aneignung neuer Erfahrungen, ob eine Begegnung wohlwollend wird oder nicht. Die Rollengestaltung, die das Versöhnende sucht, zeichnet sich hier durch den Verzicht auf Vorwürfe aus, vielmehr werden Verbindungen eingegangen, die etwas Gemeinsames schaffen.

Die Ignoranz, die Motivlage der Sicherheit und der Verantwortung

Zorn kann uns überkommen, wenn wir uns **ignoriert fühlen oder auch etwas ignorieren wollen. Der Herausforderung, Verantwortung zu übernehmen, sind wir nicht immer gleichermaßen gewachsen.** Gleichzeitig sind wir in der reizüberfluteten Welt angehalten, Grenzen und Zusammenhänge zu finden und zu bündeln. Da kann es schon einmal passieren, dass wir vor lauter Bedachtsein auf unsere eigene Sicherheit wegschauen und auf das Mitgefühl vergessen. Wir erklären das Andere kurzerhand zum Fremden, das uns wieder verunsichert. Sicherheit ist im Vertrautmachen zu finden. Jedes Vertrautmachen gibt uns die Grundlage für die **Akzeptanz dem Fremden gegenüber zurück. Wir überwinden dadurch auch unser „Fremdsein"**, welches uns gelegentlich als Empfindung heimsucht. Sich wieder zu spüren und sich dem Anderen öffnen zu können, schafft Gelassenheit.

In der Begegnungsdynamik entscheidet der Umgang mit dieser Motivlage der Sicherheit und der Verantwortung, wie sehr wir unsere Resonanzmöglichkeiten ausschöpfen und unserer Empathie folgen. Unsere grundsätzliche Fähigkeit, in **Resonanz** zu treten, hilft uns dabei. Erstaunlicherweise ist gerade die für uns Menschen so entscheidende Möglichkeit der Resonanz mit dieser dramaturgischen sozialen Motivlage verknüpft.

Die Scham, die Motivlage des Schutzes und des Respekts

Die **Scham** als Gefühl lässt uns Regeln der Gemeinschaft erspüren – denn schämen können wir uns nur aufgrund eines Regelbruches innerhalb einer Gemeinschaft. Der Lohn der Mühe, sich auch mit dieser dramaturgischen sozialen Motivlage zu beschäftigen, ist offensichtlich. Wir nehmen die Gesetzmäßigkeit einer Gemeinschaft zuerst wohl implizit und später auch explizit wahr. Denn **Selbstgewissheit für unsere innere Bilderwelt** beziehen wir aus dem **Gefühl der Geborgenheit. Selbstwirksamkeit und Selbstachtung** aus der **Wahrnehmung des Gegebenen**. Aus der **Reflexion und Weiterentwicklung der dramaturgischen sozialen Motivlage „Scham" entsteht ebenso die Zugehörigkeit**. Wir entdecken unsere eigene Werthaltung.

Die Werthaltungen eines Menschen, welche sich im Interaktionsfeld der dramaturgischen sozialen Motivlage im Laufe der Entwicklung ansiedeln, unterstützen den Vorgang, aus den Erlebnissen, Erfahrungen und Erkenntnissen vertiefte Gefühls- und Wahrnehmungsaspekte in die innere szenische Bilderwelt einzubringen. Umgekehrt wird dadurch wiederum die Werthaltung beeinflusst.

In der Begegnungsdynamik bietet der Umgang mit dieser Motivlage des Schutzes und des Respekts eine Möglichkeit, Gemeinschaftssinn zu entwickeln und auf Macht und Unterwerfung weitgehend zu verzichten.

> *„Wer dann in späteren Jahren ein Buch liest, eine Geschichte hört, ein Theaterstück anschaut, spielt dabei immer, ungewollt und unausweichlich, etwas von jenem seinem ersten und ganz eigenen Drama wieder durch. Was er im Erlebnis der Literatur erhofft und fürchtet, was ihn dabei begeistert und entsetzt, weinen und lachen läßt, er erkennt es alles schon mit Zwerchfell, Herz und Nieren, weil er selbst einmal Protagonist war auf Tod und Leben."* (Matt 1989, S. 26f.)

Die umfassende Auseinandersetzung mit der dramaturgischen sozialen Motivlage an sich bedeutet einen **Regiekompetenzgewinn für eine gemeinschaftsorientierte Lebensgestaltung**.

2.9 Die Erweiterung unseres impliziten und expliziten Spielwissens

Mit dem Erwerb eines erweiterten impliziten und expliziten Spielwissens geht die Möglichkeit einher, neue Kompetenzen für die Begegnungsgestaltung zu schaffen. Das Format „Psychodrama-Theater" dient den Menschen in diesem Sinne in einer umfassenden Weise. Es bedient sich der Alltagserfahrungen, Lebenserfahrung wie auch der Erfahrungen und Erkenntnisse, die wir durch Kunst, Natur und Kultur in unserer Welt vorfinden.

> *„Wittgenstein hat uns darauf aufmerksam gemacht, dass sich Spiele nur in ihrem Gebrauch erschließen und Erläuterungen und Erklärungen nur Hilfsmittel sind. ‚Spielen wird nur im Spiel gelernt'."* (Wulf 2014, S. 144)

Das Psychodrama-Theater wird der gegebenen Not des Menschen insofern gerecht, als es den Menschen als begehrendes Wesen versteht, welches stetig angetrieben ist, Alternativen und Bilder zu entwerfen, um das zu erlangen, was ihm fehlt. Durch das lebendige, **in die Gegenwart gebrachte Spiel** ist das Steckenbleiben in der Antizipation der Zukunft und in der damit verbundenen Unschärfe und Ungewissheit aufgelöst. Die Lebendigkeit der Existenz wird durch die Erreichung der individuellen Regie jedes Einzelnen im Hier und Jetzt hervorgehoben.

2.10 Die fünf Instrumente des Formats „Psychodrama-Theater"

Die Gestaltung einer Spieldramaturgie ist sehr komplex. Es braucht für die Hervorhebung des Spielwissens geeignete Instrumente. Eine jede Veranstaltung ist eine besondere Komposition im Dialog mit der Regisseurin, dem Regisseur und der Gruppe.

1. Instrument: Die Überleitung der beschreibenden Erzählung in einen szenischen Handlungsentwurf (vergleiche dazu auch die Abbildungen 4 und 5):
Spielwissen ist in unserem Denken, Handeln und Fühlen enthalten. Wir neigen jedoch dazu, unsere Existenz mit einer beschreibenden Erzählung zu dokumentieren. Dieses Denken über uns – wer und was wir sind – braucht die Anbindung an eine szenische Realität, damit die Beschreibung einer Rollengestaltung (Spiel-Rolle) auf das gegebene Netzwerk der Mitwirkenden treffen kann.

> Ein Beispiel für eine Überleitung der beschreibenden Erzählung in einen szenischen Handlungsentwurf wäre: „Beschäftigen wir uns mit dem Rotkäppchen, einer bekannten Märchenfigur der Gebrüder Grimm: Rotkäppchen **denkt** von sich, es ist brav; es **handelt** als gute Enkeltochter; es **fühlt**, dass der Wald vielleicht noch mehr Geheimnisse birgt …"
> Die Frage nach dem szenischen Geschehen erkundet das **Tatereignis** – Rotkäppchen pflückt als brave Enkeltochter für die Großmutter im Wald Blumen. (Ort der Handlung!)

2. Instrument: Die interaktive Regiebegleitung und das Tatgeschehen: Die interaktive Regiebegleitung regt an, mögliche Hintergründe in der Rollengestaltung zu vertiefen. Somit wird das Tatereignis durch die Beobachtung der dramaturgischen sozialen Motivlage hinterfragt.

Im Rotkäppchenbeispiel bedeutet dies, dass die Spielerin/der Spieler des Rotkäppchens die Verführung durch den bösen Wolf zu ahnen beginnt, der es versteht, auf seine Weise die Gier nach den Geheimnissen des Lebens zu wecken.

3. Instrument: Die Analyse der Rollengestalt und der Spielgestalt: Die Erforschung der inneren Bilderwelt und des damit verbundenen szenischen Geschehens im Spiel bedarf einer Gleichzeitigkeit von Erleben und Beobachtung. Dies gelingt, indem eine Geschichte durch eine andere Geschichte, eine Szene durch eine andere Szene, eine Rolle durch eine andere Rolle erklärbar wird. Dadurch stellen sich aber auch beobachtbare Verhältnisse ein. Durch das Instrument der Analyse wird dieses Geschehen verdeutlicht. Die Analyse kann auf zwei unterschiedliche Gestaltungen fokussiert sein: zum einen auf die Rollengestalt und zum anderen auf die Spielgestalt.

Der Fokus der Rollengestaltanalyse gibt Einblick in das Erleben des Protagonisten, der Protagonistin. Durch die Erkundung des **Interaktionsgefüges** wird der handelnden Person bewusst gemacht, welches Entwicklungspotenzial sie für ihre **Erlebnisfigur** in der Szene zur Verfügung hat.

Der Fokus der Spielgestaltanalyse erforscht die zugrunde liegenden „Spielregeln“ einer Szene und gibt darüber hinaus Auskunft, wie und ob sich Absicht und Wirkung einer Handlung zusammenfügen (siehe Kapitel 3.1). Dabei wird das **Integrationsgefüge** der Szene gedeutet und der **Tatentwurf** aller an der Situation oder Szene Beteiligten als gemeinsames Erleben herangezogen. Es entsteht dadurch eine atmosphärische Überschneidung von Rollengestaltanalyse und Spielgestaltanalyse. Es versteht sich, dass die Rollengestaltanalyse und die Spielgestaltanalyse im Dialog mit der Psychodrama-Theatergruppe erarbeitet werden.

4. Instrument: Der Szenenentwurf und die Regieidee der Publikumsrolle:

An dieser Stelle ist die Theatermacherin, als Veranstalterin des Formats „Psychodrama-Theater", nicht nur interaktiv regiebegleitend, sondern auch regieführend tätig. Die **Regieführung** sichert den Rahmen der szenischen Aktion. Darüber hinaus ermöglicht die Regieführung die sogenannte Publikumsrolle. Die Publikumsrolle ist eine spezielle Spiel-Rolle, eine Figur aus dem eigenen Fundus der Teilnehmenden, die in das Geschehen der Gruppe eingebracht wird. Diese Figur sieht den DarstellerInnen auf der Bühne zu und gibt Kommentare eines Zuschauers oder einer Zuschauerin ab. Die Theatermacherin bereitet damit den Boden für die vielfältigen Interaktionen der Spielenden.

5. Instrument: Die soziometrische Orchestrierung:

Sie zählt ebenfalls zu den **regieführenden Aufgaben der Theatermacherin. Der soziometrischen Orchestrierung** liegt die Absicht zugrunde, ein Bild der Zusammengehörigkeit entstehen zu lassen. Die soziometrische Orchestrierung zeigt den sozial-emotionalen Ort, wo der Mensch angesiedelt ist. Die Bilder, die an diesem Ort entstehen, sind und werden Teil des Imaginären. Hätten wir diese Bilder nicht zur Verfügung, blieben soziale Handlungen äußerlich und ließen sich nicht begreifen. Denn ohne das Wo (etwas stattfindet) gibt es kein Wie und Was, kein Mit-wem und Wozu.

Die soziometrische Orchestrierung ist der Ausgangspunkt für unser zwischenmenschliches Handeln, Fühlen und Wahrnehmen. Der soziometrische Ort sagt viel über das Mögliche eines weiteren Handlungsverlaufes aus. Mit diesem Wissen werden soziometrische Arrangements in der Ensemblegruppe gemeinsam hergestellt.

Soziometrie an sich ist als Grundbegriff in Morenos Werk und Wirken etabliert und lässt sich wie folgt einordnen:

> *„Psychodrama ist ein Verfahren, das den Menschen nicht unabhängig von seinem sozialen Umfeld betrachtet. Dem wird im Rahmen der Soziometrie Rechnung getragen. Soziometrie stellt – vereinfacht gesagt – eine Form dar, wie Beziehungsgeflechte in Bezug auf ein spezielles Kriterium analysiert werden können (Stadler & Kern, 2010, S. 168). Moreno ging es dabei um das Sichtbarmachen von Kräften, die innerhalb dieser Netzwerke wirken."* (Kern 2018, S. 223)

Das Sichtbarmachen der Kräfte ist ein wesentlicher Punkt für das Gelingen der Begegnungsgestaltung in der Psychodrama-Theatergruppe. Hierfür werden in der Gruppe **Begegnungsorte geschaffen**. Ein Begegnungsort im Sinne der soziometrischen Orchestrierung ist eine **Platzzuweisung und Platzannahme**. Diese Platzzuweisung kann ähnlich wie in einem Orchester durch bestimmte Kriterien erfolgen. Zum Beispiel: Geigerin zu Geigerin, Bläser zu Bläser etc. Wichtig ist dabei, welches Stück gespielt wird und wie sich das Zusammenwirken gestaltet. Hier hat die **Theatermacherin, der Theatermacher** sicher die Funktion einer Dirigentin oder eines Dirigenten.

Die soziometrische Orchestrierung ist der Rahmen für die Begegnungskultur im Psychodrama-Theater. Ein Teilnehmer hat es so formuliert:

„Die eigene Stimme im Konzert der Gruppe geht in die Tiefe!"

2.11 Das Instrument der interaktiven Regiebegleitung, gezeigt anhand eines szenischen Märchenspiels unter der besonderen Berücksichtigung der dramaturgischen sozialen Motivlage

Das Märchen: „Der Teufel mit den drei goldenen Haaren"

Die Psychodrama-Theatergruppe setzt sich zusammen aus 15 Workshop-TeilnehmerInnen.

Die TeilnehmerInnen sind zur Weiterbildung ihrer Regiekompetenz für Szenenentwicklung und Begegnungsgestaltung im Psychodrama-Theater zusammengekommen. Ihr Anliegen ist, mehr über sich zu erfahren.

„Denn in jedem Menschen lebt, mehr oder weniger bewusst, die Sehnsucht nach Verwandlung. Wir alle tragen die Möglichkeit zu allen Leidenschaften, zu allen Schicksalen, zu allen Lebensformen in uns. ‚Nichts Menschliches ist uns fremd.' Wäre das nicht so, wir könnten andere Menschen nicht verstehen, weder im Leben noch in der Kunst. Aber Vererbung, Erziehung, individuelle Erlebnisse befruchten und entwickeln nur wenige von den tausend Keimen in uns. Die anderen verkümmern oder sterben ab. Das bürgerliche Leben ist eng begrenzt und arm an Gefühlsinhalten. Es hat aus seiner Armut lauter Tugenden gemacht, zwischen denen es sich nur recht und schlecht durchzwängt." (Max Reinhardts Rede über den Schauspieler, gehalten 1928)

Speziell die dramaturgischen sozialen Motivlagen haben es den TeilnehmerInnen angetan. Sie äußern den Wunsch, diese mit der Besetzung von Märchenfiguren bei sich zu erforschen. Über Märchen dürfen nicht nur Kinder die dramaturgischen sozialen Motivlagen kennenlernen, auch Erwachsene haben es leichter, vordergründige Annahmen von Gut und Böse zu treffen. Meistens tun Kinder und Erwachsene dies, ohne das wahre regiegebende Moment hinzuzufügen. Das übernimmt meistens der Held oder die Heldin der Geschichte, indem der gute Ausgang des Märchens der Transformierung der dramaturgischen sozialen Motivlage geschuldet ist.

In diesem Fall wählt die Gruppe das Märchen „Der Teufel mit den drei goldenen Haaren". Die Gruppe erinnerte sich gemeinschaftlich an das Märchen. Ein Jüngling verliebt sich und möchte diese Frau heiraten. Nur, so einfach ist das nicht. Der Vater der jungen Frau ist ein König – und ein habgieriger König noch dazu. Es kommt daher, wie es kommen muss – der Held muss sich bewähren.

Regie und Dramaturgie werden mir als Psychodrama-Theatermacherin anvertraut. Das Instrument des Psychodrama-Theaters der **interaktiven Regiebegleitung** wird in diesem Protokoll ausführlich dargestellt.

Im Gruppengeschehen einigen wir uns, das Märchen möglichst textgetreu (das Handy liefert immer wieder die entsprechende Information, siehe z. B. auf: https://gutenberg.spiegel.de) wiederzugeben.

Eine Randbemerkung: Ariane Schön (2008) legt in ihrem Buch „Das Psychodrama von Jakob Levy Moreno. Psychodrama im Verhältnis zu ausgewählten Theaterformen der Gegenwart" in einem umfassenden Diskurs den Verzicht auf literarische Textvorlagen dar.
Das Format „Psychodrama-Theater" bedient sich sowohl der Alltagserfahrung des spielenden Menschen als auch der Zuhilfenahme vorgegebener Figuren. Die Ambivalenz zwischen Individualität und vorgeschriebener Rolle löst sich in der freien Interaktion der Spielszene auf. Die Dramenkonserven (= ein Spiel muss wortgetreu wiedergegeben werden) werden durch die interaktive Regiebegleitung geöffnet.

Zurück zum Gruppengeschehen:
Als Geschichtenerzählerin wird ein Ensemblemitglied ausgewählt, das den größten Überblick über die Geschichte hat. Diese beginnt ihre Erzählung in der Mitte des Märchens; dabei entstehen Situationen, die im Zusammenhang mit dem eigenen Leben der Ensemblemitglieder stehen. Später werden Lebenserfahrungen der TeilnehmerInnen auf der Bühne mitinszeniert. Jede Situation birgt mehr als nur das Gezeigte. Das innere Erleben wird, wie bereits erwähnt, narrativ aufgeschlossen. Durch die entstehende Bilderwelt wird es uns erlaubt, einen direkten Zugang zur Seele zu finden.

Die Erzählerin startet mit dem folgenden Teil des Märchens (aus: Jacob und Wilhelm Grimm: Die schönsten Kinder- und Hausmärchen, 29. Der Teufel mit den drei goldenen Haaren, online: https://www.projekt-gutenberg.org/grimm/khmaerch/chap031.html, 13.01.2020):

> Voll Zorn sprach der König: »So leicht soll es dir nicht werden, wer meine Tochter haben will, der muß mir aus der Hölle drei goldene Haare von dem Haupte des Teufels holen; bringst du mir was ich verlange, so sollst du meine Tochter behalten.« Damit hoffte der König ihn auf immer los zu werden. Das Glückskind aber antwortete: »Die goldenen Haare will ich wohl holen, ich fürchte mich vor dem Teufel nicht.« Darauf nahm er Abschied und begann seine Wanderschaft.

Hier spüren wir bereits etwas von der sozialen dramaturgischen Motivlage. Dem König wird die Ignoranz zugeordnet, ihn interessiert der Wunsch der Tochter nicht! Dem Glückskind und dem Teufel wird die soziale dramaturgische Motivlage der Gier zugeschrieben. Für das Glückskind ist es die Fähigkeit der Begeisterung und für den Teufel die nackte, immerwährende Gier als Gefühl: mehr, mehr und nochmals mehr.

> Darauf nahm er Abschied und begann seine Wanderschaft.
> Der Weg führte ihn zu einer großen Stadt, wo ihn der Wächter an dem Thore ausfragte, was für ein Gewerbe er verstände und was er wüßte. »Ich weiß alles,« antwortete das Glückskind. »So kannst du uns einen Gefallen thun,« sagte der Wächter, »wenn du uns sagst, warum unser Marktbrunnen, aus dem sonst Wein quoll, trocken geworden ist, und nicht einmal mehr Wasser siebt.« »Das sollt ihr erfahren,« anwortete er, »wartet nur bis ich wiederkomme.«

Hier gelingt es dem Glückskind, eine Verzögerung zu erwirken – was ein gutes Mittel ist, allzu Hitziges wieder zu dämpfen. Die Stadt fürchtet, keine Gefühlsräusche (aus dem Brunnen fließt normalerweise Wein) mehr hervorbringen zu können. Die Angst, dass das Verlangen nach Gefühl nicht mehr zu stillen ist, lähmt die Lebendigkeit der Stadt.

> Da ging er weiter und kam vor eine andere Stadt, da fragte der Thorwächter wiederum, was für ein Gewerbe er verstünde und was er wüßte. »Ich weiß alles!« antwortete er. »So kannst du uns einen Gefallen thun und uns sagen, warum ein Baum in unserer Stadt, der sonst goldene Äpfel trug, jetzt nicht einmal Blätter hervortreibt.« »Das sollt ihr erfahren,« antwortete er, »wartet nur bis ich wiederkomme.«

Hier gelingt es dem Glückskind, nicht nur die Gier durch Verzögerung zu kanalisieren, es kann auch den Neid der ‚Apfellosen' besänftigen, indem es verspricht, wiederzukommen.

> Da ging er weiter, und kam an ein großes Wasser, über das er hinüber mußte. Der Fährmann fragte ihn, was er für ein Gewerbe verstände und was er wüßte. »Ich weiß alles,« antwortete er. »So kannst du mir einen Gefallen thun,« sprach der Fährmann, »und mir sagen, warum ich immer hin- und herfahren muß und niemals abgelöst werde?« »Das sollst du erfahren,« antwortete er. »warte nur bis ich wiederkomme.«

Hier spürt das Glückskind die Einsamkeit des Fährmanns, sein Schicksal nicht ändern zu können. Er ist der Herrschaft des Zwangs schutzlos ausgeliefert.

> Als er über das Wasser hinüber war, so fand er den Eingang zur Hölle. Es war schwarz und rußig darin, und der Teufel war nicht zu Hause, aber seine Ellermutter [= Großmutter] saß da in einem breiten Sorgenstuhl. »Was willst du?« sprach sie zu ihm, sah aber gar nicht so böse aus. »Ich wollte gern drei goldene Haare von des Teufels Kopf,« antwortete er, »sonst kann ich meine Frau nicht behalten.« »Das ist viel verlangt.« sagte sie, »wenn der Teufel heim kommt und findet dich, so geht dir's an den Kragen; aber du dauerst mich, ich will sehen, ob ich dir helfen kann.« Sie verwandelte ihn in eine Ameise und sprach: »Kriech in meine Rockfalten, da bist du sicher.« »Ja,« antwortete er, »das ist schon gut aber

> drei Dinge möchte ich gern noch wissen, warum ein Brunnen, aus dem sonst Wein quoll, trocken geworden ist, jetzt nicht einmal mehr Wasser giebt; warum ein Baum, der sonst goldene Äpfel trug, nicht einmal mehr Laub treibt, und warum ein Fährmann immer herüber und hinüber fahren muß und nicht abgelöst wird.« »Das sind schwere Fragen,« antwortete sie, »aber halte dich nur still und ruhig, und hab acht was der Teufel spricht, wenn ich ihm die drei goldenen Haare ausziehe.«

Hier ist das Glückskind bereit, sich auf eine neue Rolle einzulassen – die Ameise – und dadurch in eine für ihn unbekannte Szene einzusteigen. Der Großmutter wird hier ebenso wie dem König die dramaturgische soziale Motivlage „Ignoranz" für die Ausführung ihrer Rolle gegeben, aber dieses Mal der Großmutter in der nützlichen Variante – als Mitgefühl. Das finden wir **häufig in einer ressourcenorientierten Dramaturgie: dass ein und dieselbe dramaturgische soziale Motivlage bei einer Figur als ignorierende, ausgrenzende Rollengestaltung vorkommt und bei einer anderen Figur des Stücks als mitfühlende, das Fremde akzeptierende Rollengestaltung.**

> Als der Abend einbrach, kam der Teufel nach Haus. Kaum war er eingetreten, so merkte er, daß die Luft nicht rein war. »Ich rieche, rieche Menschenfleisch,« sagte er, »es ist hier nicht richtig.« Dann guckte er in alle Ecken und suchte, konnte aber nichts finden. Die Ellermutter schalt ihn aus: »Eben ist erst gekehrt,« sprach sie, »und alles in Ordnung gebracht, nun wirfst du mir's wieder untereinander: immer hast du Menschenfleisch in der Nase! Setze dich nieder und iß dein Abendbrot.« Als er gegessen und getrunken hatte, war er müde, legte der Ellermutter seinen Kopf in den Schoß und sagte, sie sollte ihn ein wenig lausen. Es dauerte nicht lange, so schlummerte er ein, blies und schnarchte. Da faßte die Alte ein goldenes Haar, riß es aus und legte es neben sich. »Autsch!« schrie der Teufel, »was hast du vor?« »Ich habe einen schweren Traum gehabt,« antwortete die Ellermutter, »da hab ich dir in die Haare gefaßt.« »Was hat dir denn geträumt?« fragte der Teufel. »Mir hat geträumt, ein Marktbrunnen, aus dem sonst Wein quoll, sei versiegt, und es habe nicht einmal Wasser daraus quellen wollen, was ist wohl schuld daran?« »He, wenn sie's wüßten!« antwortete der Teufel, »es sitzt eine Kröte unter einem Stein im Brunnen, wenn sie die töten, so wird der Wein schon wieder fließen.«

Die Kröte wird bereits seit frühester Zeit als Symboltier herangezogen. Im Christentum wurde die Kröte als Begleiterin des Teufels gesehen. In Pieter Bruegels Zeichnung „Avaritia" tritt die Kröte als Symbol der Gier auf.

Die Kröte im Brunnen zu entdecken und zu töten bedeutet hier nicht, der Gier abzuschwören, sondern ein Tabu zu entmachten. Die BewohnerInnen der Stadt müssen sich mit ihrer Gier konfrontiert sehen. Nur so können sie ihr Verlangen nach Gefühlsräuschen verstehen lernen.

> Die Ellermutter lauste ihn wieder, bis er einschlief und schnarchte, daß die Fenster zitterten. Da riß sie ihm das zweite Haar aus. »Hu! was machst du?« schrie der Teufel zornig. »Nimm's nicht übel,« antwortete sie. »ich habe es im Traum gethan.« »Was hat dir wieder geträumt?« fragte er. »Mir hat geträumt, in einem Königreich stand ein Obstbaum, der hätte sonst goldene Äpfel getragen und wollte jetzt nicht einmal Laub treiben. Was war wohl die Ursache davon?« »He, wenn sie's wüßten!« antwortete der Teufel, »an der Wurzel nagt eine Maus, wenn sie die töten, so wird er schon wieder goldene Äpfel tragen, nagt sie aber noch länger, so verdorrt der Baum gänzlich. Aber laß mich mit deinen Träumen in Ruhe, wenn du mich noch einmal im Schlafe störst, so kriegst du eine Ohrfeige.« Die Ellermutter sprach ihn gut zu, und lauste ihn wieder bis er eingeschlafen war und schnarchte.

Hier wird die Maus symbolisch für den Neid eingesetzt – die Maus, die gerne dem anderen etwas wegnagt!

> Da faßte sie das dritte goldene Haar und riß es ihm aus. Der Teufel fuhr in die Höhe, schrie und wollte übel mit ihr wirtschaften, aber sie besänftigte ihn nochmals und sprach: »Wer kann für böse Träume!« »Was hat dir denn geträumt?« fragte er, und war doch neugierig. »Mir hat von einem Fährmann geträumt, der sich beklagte, daß er immer hin- und herfahren müßte, und nicht abgelöst würde. Was ist wohl schuld?« »He, der Dummbart!« antwortete der Teufel, »wenn einer kommt und will überfahren, so muß er ihm die Stange in die Hand geben, dann muß der andere überfahren und er ist frei.« Da die Ellermutter ihm die drei goldenen Haare ausgerissen hatte und die drei Fragen beantwortet waren, so ließ sie den alten Drachen in Ruhe, und er schlief bis der Tag anbrach. Als der Teufel wieder fortgezogen war, holte die Alte die Ameise aus der Rockfalte und gab dem Glückskind die menschliche Gestalt zurück. »Da hast du die drei

> goldenen Haare,« sprach sie, »was der Teufel zu deinen drei Fragen gesagt hat, wirst du wohl gehört haben.« »Ja,« antwortete er. »ich habe es gehört und will's wohl behalten.« »So ist dir geholfen,« sagte sie, »und nun kannst du deiner Wege ziehen.« Er bedankte sich bei der Alten für die Hilfe in der Not, verließ die Hölle, und war vergnügt, daß ihm alles so wohl geglückt war. Als er zu dem Fährmann kam, sollte er ihm die versprochene Antwort geben. »Fahr mich erst hinüber,« sprach das Glückskind, »so will ich dir sagen, wie du erlöst wirst,« und als er auf dem jenseitigen Ufer angelangt war, gab er ihm des Teufels Rat: »Wenn wieder einer kommt und will übergefahren sein, so gieb ihm nur die Stange in die Hand.«

Der Fährmann gehört weder zu dem einen Ufer noch zum anderen Ufer. Hier finden wir die Anregung, die dramaturgische soziale Motivlage „Scham" zu nützen, indem eine Gemeinschaft (der „Fährmänner") auf der Grundlage des Respekts gegründet wird.

> Er ging weiter und kam zu der Stadt, worin der unfruchtbare Baum stand, und wo der Wächter auch Antwort haben wollte. Da sagte er ihm, wie er vom Teufel gehört hatte: »Tötet die Maus, die an seiner Wurzel nagt, so wird er wieder goldene Äpfel tragen.« Da dankte ihm der Wächter und gab ihm zur Belohnung zwei mit Gold beladene Esel, die mußten ihm nachfolgen.

Die Maus steht hier für den Neid der Menschen. Die eigenen Wurzeln zu erkennen, ist die Aufgabe der Menschen in dieser Stadt!

> Zuletzt kam er zu der Stadt, deren Brunnen versiegt war. Da sprach er zu dem Wächter, wie der Teufel gesprochen hatte: »Es sitzt eine Kröte im Brunnen unter einem Stein, die müßt ihr aufsuchen und töten, so wird er wieder reichlich Wein geben.« Der Wächter dankte und gab ihm ebenfalls zwei mit Gold beladene Esel.

Hier gibt es den Auftrag, das Verborgene unter dem „Stein" zu entdecken. Das verdrängte „Habenwollen und nochmals Habenwollen" hervorzuholen. Die Aufgabe ist, sich der Situation mit Verantwortung zu stellen, was mitunter gleichbedeutend sein kann, einen schweren Stein aufzuheben.

> Endlich gelangte das Glückskind daheim bei seiner Frau an, die sich herzlich freute als sie ihn wiedersah und hörte wie wohl ihm alles gelungen war. Dem König brachte er was er verlangt hatte, die drei goldenen Haare des Teufels, und als dieser die vier Esel mit dem Golde sah, ward er ganz vergnügt und sprach: »Nun sind alle Bedingungen erfüllt und du kannst meine Tochter behalten. Aber, lieber Schwiegersohn, sage mir doch, woher ist das viele Gold? Das sind ja gewaltige Schätze!« »Ich bin über einen Fluß gefahren,« antwortete er, »und da habe ich es mitgenommen, es liegt dort statt des Sandes am Ufer.« »Kann ich mir auch davon holen?« sprach der König und war ganz begierig. »So viel Ihr nur wollt,« antwortete er, »es ist ein Fährmann auf dem Fluß, von dem laßt Euch überfahren, so könnt Ihr drüben Eure Säcke füllen.«

In dieser Passage schickt das Goldkind seinen Widersacher König zum Teufel! Der Rollentausch ist in vielen Geschichten auch so zu verstehen, dass es nun einen erfahrenen jungen König gibt. Dieser weiß sehr wohl um die Eigenheiten sozialer dramaturgischer Motivlagen.

> Der habsüchtige König machte sich in aller Eile auf den Weg, und als er zu dem Fluß kam, so winkte er dem Fährmann, der sollte ihn übersetzen. Der Fährmann kam und hieß ihn einsteigen, und als sie an das jenseitige Ufer kamen, gab er ihm die Ruderstange in die Hand und sprang davon. Der König aber mußte von nun an fahren zur Strafe für seine Sünden.
> »Fährt er wohl noch?« »Was denn? es wird ihm niemand die Stange abgenommen haben.«

2.11.1 Die Vorbereitung des szenischen Spiels

Die Grundlage für die Vorbereitung einer jeden Inszenierung ist dadurch gegeben, dass die Ensemblemitglieder jeweils eine selbst gewählte Spiel-Rolle übernehmen.

Die Ensemblemitglieder wünschen sich folgende Spiel-Rollen:
- ein mutiger bürgerlicher Jüngling
- eine Prinzessin
- ein König, Vater der Prinzessin

- eine Großmutter des Teufels
- ein Teufel
- drei goldene Haare und drei Rätsel (Anmerkung: kamen bei der Aufführung als eigene Rollen nicht zum Einsatz)
- ein Brunnen
- eine Kröte
- ein Apfelbaum
- eine Maus
- ein Fährmann
- zwei Schätze: Apfel und Gold
- ein Statthalter – benennt die Not der Stadt
- ein Soldat – dient dem Statthalter als Assistent

Die Rollenwahl

Die **Rollenwahl** wird durch die Form, wie die Erzählerin das Märchen der Gruppe vermittelt, durch die biografische Resonanz der TeilnehmerInnen sowie durch die Wahl der **Einstiegsszene** beeinflusst. Daher ist jedes szenische Spiel abhängig vom individuellen und kollektiven Interesse der Teilnehmenden.

Die von den TeilnehmerInnen bereits ausgewählten Rollen und Figuren entsprechen nicht mehr ganz der Erzählung. Die Wahrnehmung einer Abweichung ist ‚Goldes wert' – es ist das erste Aufbrechen einer Dramakonserve, ohne den Spielzusammenhang zu verlassen. Dieses Aufbrechen beweist die Entwicklungsmöglichkeit einer Inszenierung.

Was bedeutet es, eine Rolle im Psychodrama-Theater zu übernehmen?
Das Wesentliche ist, dass die Rolle grundsätzlich als interaktives Gebilde verstanden wird. Dieses interaktive Gebilde „Rolle" ist die kleinste Inszenierungseinheit einer Szene. In den Psychodrama-Theaterszenen kommen jeweils drei, fünf oder sieben Personen auf die Spielbühne. Diese Anzahl der Beteiligten ist besonders gut geeignet, das szenische Rollenhandeln auf der Spielbühne einer Spielgestaltanalyse (siehe Kapitel 3.1) zu unterziehen. Bei einer ungeraden Zahl auf der Bühne ist es leichter, den Tatentwurf in seiner Ambivalenz abzubilden.

Ohne Mitwirkende können wir unsere Rollen nicht verstehen, weder im Leben noch in der Kunst des Psychodrama-Theaters. Oder wie es das folgende, dem Kybernetiker Norbert Wiener zugeschriebene Zitat ausdrückt:

„Ich wusste nicht, was ich sagte, ehe ich nicht die Antwort darauf hörte."
Norbert Wiener

Die Rolle

Die Rolle ist immer eine Surplus-Realität (engl. surplus = Mehrwert) – das bedeutet, dass die MitspielerInnen so tun, als ob das Gespielte, Dargestellte ganz und gar **jetzt** wahr wäre. Für diese Surplus-Realität gibt es verschiedene Intensitäten. In jeder gespielten Szene ist die Surplus-Realität vorhanden. Sie entsteht durch die Verdichtung der Erfahrungen, die in die aktuelle Rollengestaltung mit einfließen. In der Inszenierung einer ausschließlich biografischen Situation wird der Verdichtungsaspekt, welcher sich im Handeln zeigt, unter Umständen sehr gering sein. Nehmen wir hingegen in einem szenischen Spiel die Rollen von Figuren an, so potenziert sich der Verdichtungsaspekt, denn in diesem Fall verfügen wir nicht nur über biografische Erlebnisse und Erfahrungen, wir können auch an den Erlebnissen und Erfahrungen der Figuren teilhaben.

Die Rollenvorbereitung

Der **Rollenwechsel** vom Ensemblemitglied einer Gruppe zum Rollenspieler, zur Rollenspielerin eines Stücks muss deutlich markiert sein. Die Spieler und Spielerinnen bereiten sich auf die Rolle vor, indem sie die Rolle wählen und benennen, zum Beispiel: „Ich bin in dem **Stück** der Teufel."

Das eigentliche **Einkleiden in die Rolle**, das heißt das Einnehmen der Rolle, beginnt mit dem **Wahrnehmungsfeld** – dieses erfasst die Atmosphäre, die die Rolle umgibt. Der Spieler, die Spielerin schlüpft in den **Spielkörper der Rolle**. Christoph Wulf beschreibt den Spielkörper der Rolle eindrücklich mit folgenden Worten:

> *„Der Körper eines zehnjährigen Jungen wird im Indianerspiel zum Körper eines Indianerhäuptlings, doch nur so lange, wie das Spiel anhält und er und seine Freunde daran glauben. In dieser Verdopplung entsteht ein Spiel-Körper, der sich nach den Regeln und Kriterien des jeweiligen Spiels bewegt, ohne dadurch in seinem Handeln wesentlich eingeschränkt zu sein. Der Junge hat also seinen Körper und den eines Indianerhäuptlings. Mit seinem Körper als Kind vollzieht er Gesten und Handlungen, von denen er annimmt, dass sie einem Häuptling gut anstünden."* (Wulf 2014, S. 140)

Die **Gefühlsebene der Rolle** ist ebenfalls eine zweifache. Zum einen nähert sich der Spieler, die Spielerin der Gefühlslage der Figur an, und zum anderen gewinnt er/sie durch in der Rolle nur teilweise bewusste biografische Erinnerungsspuren die Verbindung zu sich selbst. Dieser Vorgang ermöglicht das Erschließen der inneren Bilderwelt und deren Bedeutung für zukünftige Handlungsspielräume.

Die TeilnehmerInnen am Workshop „Psychodrama-Theater" haben durchaus Lampenfieber, wenn es ums Spielen auf der Bühne geht. Sie befürchten vielleicht, nicht gut genug zu sein. Manchmal dauert es eine Weile, bis sie begreifen, dass ihnen jeder Mitspieler, jede Mitspielerin hilft, in der Rolle zu leben. Das Lebendige daran ist die Interaktion. Unser spontanes Spiel auf der Bühne, durchaus angeleitet von der interaktiven Regiebegleitung, bedeutet die Befreiung von unseren Konventionen, die vorgeben, wie wir uns **verhalten müssen. Auf der Bühne können wir erfahren, wie wir uns verhalten und verhalten könnten.**

Tausend Möglichkeiten liegen in uns verwahrt, nur wenige kennen wir. Umso überraschter werden wir sein, wahrzunehmen, was für uns alles auf der Bühne möglich ist.

2.11.2 Das szenische Spiel

> *„Jedes Tun ist Erkennen, und jedes Erkennen ist Tun."* (Maturana 1987, S. 32)

Zurück zur Ensemblegruppe: Die TeilnehmerInnen stehen unter Spannung – und das ist gut so. In der Aufregung vor dem Spiel gehen die Theatermacherin und die Ensemblemitglieder davon aus, dass sie es nicht wissen können, wie ein Text auf die MitspielerInnen wirkt und welcher

Text sich in der gespielten Rolle nach vorne drängt. Die Spielkultur wird zu einer **Wirkästhetik**, die die unterschiedlichen Verstehenshorizonte der Mitwirkenden durch **gegebene Stichworte** vereint.

Wir beginnen …

1. Szene: Heimlich werden Pläne im Schloss geschmiedet – drei DarstellerInnen

Die interaktive Regiebegleitung bittet den König, den Statthalter und die Prinzessin auf die Bühne. Der erste Szenenentwurf wird von der interaktiven Regiebegleitung angesagt:
„Der König ist voller Sorge, weil die Prinzessin sich in einen nicht standesgemäßen Jüngling verliebt hat, und unterhält sich darüber mit seinem Statthalter. Der König will den ‚Hallodri' loswerden und berät sich mit dem Statthalter, während die Prinzessin an der Tür das Gespräch der beiden belauscht."

Die Aktivität auf der Spielbühne:
In dieser Szene besprechen der König und sein Statthalter die ernste Lage. Der König möchte sein Reich behalten und die Vermählung seiner Tochter zur Vergrößerung seines Königreiches nutzen, indem er einen guten, politisch interessanten, königlichen Anwärter für seine Tochter auswählt. Da er aber seine Tochter nicht enttäuschen möchte, stimmt er dem Plan des Statthalters zu, dem unerfahrenen Jüngling die Aufgabe aufzubürden, dem Teufel höchstpersönlich drei Haare zu stehlen. Die Königstochter horcht an der Tür.

2. Szene: Im Schlafgemach der Prinzessin – drei DarstellerInnen

Die interaktive Regiebegleitung bittet den Jüngling, den König und die Prinzessin auf die Bühne. Der König schläft, während die Prinzessin wach im Bett liegt. Der Jüngling betritt das Schlafgemach der Prinzessin. Aufgrund der Unterhaltung wacht der König auf, stellt den Jüngling zur Rede und erklärt ihm die Aufgabe, die er nun zu lösen habe. Er werde ihm dafür auch seine Tochter zur Frau geben.

Das spontane interaktive Spiel geht weiter.

In der Szene begegnen einander zuerst die Prinzessin und der Jüngling. Sie ist schwer verliebt, er verhält sich angesichts ihrer Schwärmerei aber etwas zurückhaltend. Sie umgarnt ihn, macht ihm schöne Augen. Plötzlich betritt der König das Schlafgemach und erblickt den Jüngling. Um vor seiner Tochter in dieser unangenehmen Situation edelmütig dazustehen und um seine düsteren Pläne zu verschleiern, stellt der König dem Jüngling die scheinbar unlösbare Aufgabe, drei goldene Haare des Teufels zu stehlen. Falls es ihm gelinge, sei er ein ehrenhafter Mann und bekomme seine Tochter als Belohnung zur Frau.

3. Szene: Begegnung in der ersten Stadt – fünf DarstellerInnen

Die interaktive Regiebegleitung bittet den Jüngling, den Statthalter und seinen Soldaten sowie den Brunnen und die Kröte auf die Bühne. Dem Jüngling wird das erste Rätsel aufgegeben.

Das Spiel geht weiter.

Der Jüngling kommt in die erste Stadt und begegnet dem Statthalter und seinem Soldaten. Der Jüngling möchte die Stadt auf dem Weg zum Teufel passieren. Der Statthalter erzählt vom Teufelswerk des vertrockneten Brunnens und gewährt nur unter der Bedingung den Durchlass, dass der Jüngling eine Lösung zu dem Problem bieten könne. Nachdem der Jüngling versprochen hat, dass er mit einer Antwort zurückkehren werde, wird ihm das Passieren der Stadt erlaubt.

4. Szene: Die nächste Stadt – fünf DarstellerInnen

Die interaktive Regiebegleitung bittet den Jüngling, den Statthalter und seinen Soldaten sowie den Baum und die Maus auf die Bühne. Der Statthalter und der Soldat sind dieselben DarstellerInnen wie in der ersten Szene. Der Jüngling erhält sein nächstes Rätsel. Dann interagieren Baum und Maus, bevor die anderen drei sich unterhalten.

Das Spiel geht weiter.

Die Maus nagt fleißig an den Wurzeln des Baumes. Währenddessen kommt der Jüngling in die Stadt und begegnet erneut dem Statthalter und seinem Soldaten. Der Jüngling ist in Eile und möchte eine Abkürzung durch die Stadt zum Teufel nehmen. Der Statthalter erzählt vom Teufelswerk des verdorrten Baumes und gewährt den Durchgang nur, wenn der Jüngling auch auf dieses Rätsel eine Antwort liefern könne.

5. Szene: Die Überquerung des Flusses – drei DarstellerInnen
Die interaktive Regiebegleitung bittet den Jüngling, den Fährmann und das Floß auf die Bühne. (Die Rolle des Floßes wird spontan eingerichtet.)

Das Spiel geht weiter.
Der Jüngling hat nur noch wenig Zeit und begegnet dem Fährmann, der ihn über den Fluss bringen soll. Auch der Fährmann hat ein Rätsel parat. Er möchte wissen, wie er dem Kreislauf des ständigen Hin- und Herfahrens auf dem Fluss entkommen kann. Der Jüngling verspricht dem Fährmann eine Antwort und wird von ihm mit dem Floß an das andere Ufer gebracht. Der Fährmann ruft ihm noch drohend nach: „Du weißt eh, Spielschulden sind Ehrenschulden!"

6. Szene: Im Reich des Teufels – fünf DarstellerInnen
Die interaktive Regiebegleitung bittet den Jüngling, den Teufel und die Großmutter des Teufels auf die Bühne. **Zusätzlich kommen zwei weitere, bisher unbekannte Rollen ins Geschehen**, nämlich eine Katze und ein Ziegenbock. Die Regie wählt diese weiteren Rollen, um die Transformation einer bereits gespielten Rolle (in diesem Fall die der Prinzessin) zu ermöglichen.

Daher bittet die interaktive Regiebegleitung diejenige Darstellerin, die bisher die Prinzessin gespielt hat, in der neuen Rolle als Katze auf die Bühne. Die Großmutter des Teufels beschützt diese – ihre – Katze. Damit die dramaturgische Spielzahl fünf erfüllt wird, bekommt auch der Teufel einen Begleiter, nämlich den Ziegenbock, der ebenfalls als neue Rolle hinzukommt. Die dieser Entscheidung zugrunde liegende Regieidee ist folgende: Das erotische Schmeicheln der Katze könnte der Prinzessin guttun und ihrer als ‚Backfisch' angelegten Rolle vermehrt Entwicklungsmöglichkeiten bieten.
Die Regieidee ist bei der Prinzessin auf fruchtbaren Boden gefallen.
Der Jüngling bleibt zunächst noch im Hintergrund.

Das Spiel geht weiter.
Der Teufel kommt nach Hause zur Großmutter, die in ihrem bequemen Stuhl sitzt und liebevoll ihre Katze krault. Die Katze schmiegt sich schmeichelnd – selbstgewiss, geliebt zu werden – um die Beine der Großmutter und kommuniziert in hinreißender ‚Katzensprache' mit ihr. Der Teufel ist **hungrig** und möchte etwas zu essen haben. Bevor er etwas bekommt, schickt ihn die Großmutter mit dem Ziegenbock weg, da dieser zuerst noch gefüttert werden müsse.

Der Jüngling tritt auf und fällt gleich mit der Tür ins Haus.

Die Großmutter freut sich über diesen menschlichen Besuch. Die beiden beginnen, sich anregend miteinander zu unterhalten. Die Katze umschmeichelt nun den Jüngling, der sich intensiv mit ihr zu beschäftigen beginnt. Letztlich verrät er der Großmutter den Anlass für seinen Besuch. Drei goldene Haare des Teufels muss er mitnehmen – stehlen oder wie auch immer er sie bekommen soll –, sonst wird es ihm nicht wohl ergehen. Außerdem hat er auf dem beschwerlichen Weg zu des Teufels Küche so manche Menschen vertrösten müssen: Er könne ihnen erst später aus ihrer Not helfen. Diese Hilfe ist seine Bedingung und besteht in der Lösung von drei Rätseln. Die Großmutter hat Erbarmen mit dem Jüngling. Sie merkt sich die drei Fragen und verwandelt ihn in eine Ameise, die sich unter ihrem weiten Rock verbirgt. Als seine Großmutter weiß sie genau, wie sie den Teufel überlisten kann.

7. Szene: Der Teufel und die Großmutter – fünf DarstellerInnen
Die interaktive Regiebegleitung gibt den Hinweis, dass der Teufel nun hungrig mit dem Ziegenbock zurückkehrt.

Das Spiel geht weiter.
Zornig und hungrig kehrt der Teufel mit seinem stinkenden Ziegenbock zurück in die gute Stube. Die Großmutter bereitet dem Teufel eine warme Mahlzeit mit viel Fleisch zu, und weil das ihr Enkelsohn so liebt, hat sie ein paar Krötenbeine und Menschenaugen hinzugefügt. Endlich legt der Teufel satt und müde seinen Kopf auf den Schoß der Großmutter, die ihm nach und nach die drei goldenen Haare ausreißt und ihm mit einer List die Antworten auf die drei Rätselfragen entlockt. Weshalb ist der Brunnen leer? Wieso trägt der Apfelbaum keine Früchte mehr? Wie kann der

Fährmann seiner Verpflichtung entkommen, immer hin- und herfahren zu müssen? Der Teufel ist über das Ausreißen seiner Haare so erbost, dass er die Großmutter mit ihrer Katze aus dem Haus jagt, aber zuvor hatte die Großmutter dem Teufel alle Antworten entlockt.

8. Szene: Der Weg zurück – drei DarstellerInnen
Das Floß ist auch dieses Mal wieder durch eine Person besetzt, der Jüngling und der Fährmann stehen auf der Bühne.

Das Spiel geht weiter.
Der Jüngling hat nur noch wenig Zeit und begegnet erneut dem Fährmann, der ihn über den Fluss bringen soll. Der Fährmann erinnert ihn an das Rätsel. Verzweifelt möchte er von dem Jüngling wissen, wie er aus dem ständigen Kreislauf des ewig Gleichen aussteigen kann. Der Jüngling verspricht ihm, sein Versprechen einzulösen, wenn er ihn mit seinem Floß an das andere Ufer gebracht hat.

Der Fährmann drängt entschieden auf eine Antwort. Als der Jüngling sicher am anderen Ufer angelangt ist, bittet er den Fährmann um sein Ruder.

Das Publikum schreit an dieser Stelle laut auf: „Nein!!!“

Aber der Jüngling nimmt das Ruder an sich und läuft schnell damit davon. Dann kommt er zurück, übergibt es wieder dem Fährmann und sagt: „Genauso, wie ich es jetzt gemacht habe, musst du es mit dem Nächsten machen, der kommt, damit du deine Aufgabe los wirst!“ Dann rennt er davon.

9. Szene: Die Lösung der weiteren Rätsel – fünf DarstellerInnen
Die interaktive Regiebegleitung bittet den Jüngling, den Statthalter und seinen Soldaten sowie die beiden Schätze als Rollen auf die Bühne. Der Jüngling erhält den versprochenen Lohn des Königs für die Antworten.

Das Spiel geht weiter.
Der Jüngling hat es schon sehr eilig, ins Schloss zurückzukehren, um dem König die drei goldenen Haare zu bringen. Deshalb verrät er bei der Begegnung mit dem Statthalter und dem Soldaten gleich die Lösung der beiden

Rätsel von Brunnen und Apfelbaum. Als Dank erhält er viel Gold und einen Apfel, der alle Menschen im Königreich ernähren kann.

10. Szene: fünf DarstellerInnen

Die interaktive Regiebegleitung bittet den Jüngling sowie die beiden Schätze, nämlich das Gold und den immerwährend fruchtbaren Apfel, auf die Bühne, die beide vor dem Schlosstor warten. Alle sind gespannt, zu sehen, wie es nun weitergeht. Der König spricht mit der Prinzessin und wiegt sich in Sicherheit, dass seine List gelungen ist, da es schon dunkel wird und der Jüngling noch nicht zurückgekehrt ist.

Hier erfolgt mit Absicht keine weitere kurze Erläuterung durch die interaktive Regiebegleitung, sollen doch die Spielenden selbst zu ihrer eigenen Lösung finden.

Das Spiel geht weiter.

Der König spricht ein ernstes Wort mit seiner Tochter und teilt ihr mit, dass er ja dem Jüngling eine großzügige Chance gegeben habe, sich als ein ihr würdiger Mann zu beweisen. Bevor der König seine Pläne weiter ausführen kann, die Prinzessin doch noch von der Verbindung mit dem Jüngling abzuhalten, betritt der Jüngling mit seinen Schätzen den Palast. Die Prinzessin ist entzückt und begrüßt ihn sichtlich erfreut. Dieses Mal gibt sie sich jedoch selbstbewusster als in der anfänglichen zweiten Szene. Die Rollenerfahrung der Katze hat sich im Spiel auf die Rolle der Prinzessin positiv ausgewirkt.

Stolz überreicht der Jüngling dem König die drei goldenen Haare des Teufels. Da der König jedoch mit gierigen Augen nach dem Gold schielt und das Heranbringen des Goldes lobt, erzählt ihm der Jüngling freimütig, wo das viele Gold zu finden sei: nämlich auf der anderen Seite des Flusses. Dorthin könne ihn aber nur der Fährmann bringen.

Ende des Spiels

2.11.3 Die Integration des szenischen Spiels

Es gibt großen Applaus, und ein spontanes **Rollenfeedback** auf der Bühne beleuchtet den Erlebnisgewinn der RollenspielerInnen dieses Psychodrama-Theaterworkshops:

- **Das Gold:** „Es ist ein gutes Gefühl, auf den richtigen Platz zu kommen. Ich bin froh, zum Jüngling und nicht zum König zu gehören."
- **Der Teufel:** „Es ist eine Lust, die Großmutter über den Tisch zu ziehen! – Meine ich …, die Täuschung erkenne ich nicht, denn ich selbst bin ja die Täuschung in Person!"
- **Die Maus:** „Ich suche mir ein neues Zuhause. Ich muss mehr herumflitzen. Bei einem Baum zu bleiben ist langweilig, so erkundet man auch als Maus keine Welt!"
- **Der Soldat:** „Ich komme viel herum und fühle mich mit meinen Waffen sicher."
- **Der Ziegenbock:** „Ich war mittendrin und hatte meinen fixen Platz. Es ist herrlich, zu stinken!"
- **Der Statthalter:** „Als Gehilfe des Königs war es schön, intrigant zu sein, ohne als intrigant in Erscheinung treten zu müssen."
- **Der Apfel:** „Ich bin stolz, dem Jüngling als Nahrungsquelle zu dienen."
- **Der König:** „Ich will doch nur für alle das Beste … und meine damit mich!"
- **Die Großmutter:** „Die Gier und das Manipulieren ergeben eine höllische Illusion. Alles kam, wie ich es wollte. Endlich war auch der ‚Täuscher Teufel' getäuscht!"
- **Die Prinzessin:** „Ich habe meinen Helden, meinen Romeo bekommen! Ich bin darüber sehr glücklich, dass ich mit dem Jüngling von zu Hause weggehen werde."
- **Die Katze:** „Ich bin froh, dass ich mit der Großmutter aus der Hölle wegkomme. Das weite Land der Seele ist viel interessanter!"
- **Der Jüngling:** „Der Weg ist das Ziel – schön, etwas zu meistern. Aber Durchhaltevermögen braucht es doch!"
- **Die Kröte:** „Ich war herrlich boshaft; bitterböse! Die Leute sind verblendet, wenn sie ihre Steine nicht heben!"

- **Der Brunnen:** „Ich habe die älteren Rechte, zu sprudeln, ich diene doch dem Leben!"
- **Das Floß**: „Ich wollte am liebsten untergehen. Alle fanden es selbstverständlich, dass es mich gibt!"

Die Regie fragt in die Runde: „Was bedeutet das Spiel für die Transformation der sozialen dramaturgischen Motivlagen? – Könnt ihr eine aus dem Gruppengeschehen sich herauskristallisierende neue Regieidee orten? Was ist passiert?"

Antworten der Beteiligten: Im Guten wie im Schlechten wurden **Grenzen** überwunden. Zum einen wurden dadurch Grenzen gesprengt, zum anderen auch gesetzt. Als Erlebnis teilten alle Beteiligten eine neue **Erfahrung, die ihnen zu sich selbst eine Tür öffnet**.

Die Hölle als Ort der Isolation wurde ausgeräuchert, indem einem Menschen durch das Mitgefühl (in diesem Fall war es die Großmutter) geholfen wurde.

Als Ergebnis und als Anregung für gutes Gelingen schlägt die Gruppe einen neuen Titel für das gespielte Stück vor: **„Der Verrat in der Hölle!"** Oder alternativ: „Wie die Großmutter die Intrigen des Teufels überwindet."

2.11.4 Die Wirksamkeit des Spiels auf persönlicher und Gruppenebene

Was war das Befreiende? Die Gruppe hat im Spiel auf eine kleine **Gemeinschaft gesetzt**. So konnten der Jüngling mit seinen Antworten und die Großmutter mit der Katze der Hölle entkommen. Wer beim Teufel bleibt, der sucht so wie dieser vor allem die Intrige, die Manipulation, die Konfrontation/Konstellation „Zwei-gegen-eine/n", eine Triangulierung, die die Ausgrenzung verdichtet.

Die TeilnehmerInnen haben erlebt, dass das gesellschaftliche Gebot „Du sollst verbergen, was in dir vorgeht" auf der Bühne keine Gültigkeit hat. Das enge und begrenzte Gefühlsleben der Kröte ist zu einem fließenden Gefühlsbrunnen wiedererwacht. Die seltsame Tugend der Maus, nur an einer Wurzel zu nagen, ist der Sehnsucht nach Weite gewichen. Der

Fährmann, der sich mehr schlecht als recht von einem Ufer zum anderen bewegt, genießt am Ende die Freiheit. Der Unterdrückung wird Einhalt geboten: **Nicht durch Anpassung, sondern durch Erleben sind Erfahrungsmuster zu verändern.**

Solche Erlebnisse auf der Psychodrama-Theaterbühne wirken weiter. Daher ist es nicht verwunderlich, dass am nächsten Workshop-Tag starke Reaktionen auf das Geschehen spürbar sind und auch weiterbearbeitet werden.

Hier ein kleiner Auszug aus den **Bedeutungsfeedbacks** der TeilnehmerInnen:

- **Zur Rolle als Floß:** „Die Rolle als Floß war in meinem Spiel ein wichtiges Erlebnis. Für meine Selbstachtung habe ich daraus etwas gelernt. Ich bin beachtenswert und nicht durchgängig als selbstverständlich zu nehmen! Meine Sinne sind geschärft: Wie gehen andere und ich selbst mit mir um?"
- **Zur Rolle als Baum:** „In der Rolle als Baum habe ich mich in meiner Selbstwirksamkeit erlebt. Man spielt, auch wenn man nur steht."

Die Resonanz in der Reflexion besteht manchmal nur aus einem Satz, einem Bild oder einem Symbol. In der Folge hat dies für die innere Bilderwelt und die Erkundung der eigenen Existenz gemeinsam mit dem Erlebten eine nachhaltige Wirkung. Was wir als Bereicherung empfinden, bleibt als Symbolik in dieser Bilderwelt gespeichert.

2.12 Zusammenfassung

Das Format „Psychodrama-Theater" erkundet den **Regieplan des Menschen**. Dieser ist soziokulturell angelegt. Er wird durch Interaktion, durch mimetisches Lernen bereits in der Herkunftsgemeinschaft erworben und bildet sich in der sozialen dramaturgischen Motivlage des rollenhandelnden Menschen ab. Bewegt wird die Inszenierung im Psychodrama-Theater durch szenisches Handeln. Begleitet wird das Vorgehen im Spiel mit dem Instrument der interaktiven Regiebegleitung. Der Mensch erreicht über die Erkundung einer Rollenfigur seine eigene innere Bilderwelt, die unseren Wesenskern ausmacht. Das eigene Lebensspiel des Menschen wird durch das Spiel in der Gemeinschaft gestärkt, die Welt erscheint als Bühne. Im Psychodrama-Theater ist die Bühne der Aktionsort, der den gesamten Interaktionsprozess beheimatet. Der Schlussbeifall der Beteiligten ist es, der die Verdopplung durch die Figuren hinwegfegt. – Die Figuren lösen sich auf und machen Platz für die biografische **Resonanz und Referenzerfahrung in jedem und jeder Einzelnen von uns**.

2.13 Exkurs: Eine autobiografische Resonanz

Der Anfang des Märchens – das nicht Erzählte, Gesagte – füllt ebenso den Raum der inneren szenischen Bilderwelt. Für meine biografische Erkundung hat mich besonders der nicht erzählte Teil des Märchens „**Der Teufel mit den drei goldenen Haaren**" angesprochen.

Hier nun dieser Teil – der Anfang des Märchens:

> Es war einmal eine arme Frau, die gebar ein Söhnlein, und weil es eine Glückshaut um hatte, als es zur Welt kam, so ward ihm geweissagt, es werde im vierzehnten Jahre die Tochter des Königs zur Frau haben. Es trug sich zu, daß der König bald darauf ins Dorf kam, und niemand wußte, daß es der König war, und als er die Leute fragte, was es Neues gäbe, so antworteten sie: »Es ist in diesen Tagen ein Kind mit einer Glückshaut geboren; was so einer unternimmt, das schlägt ihm zum Glück aus. Es ist ihm auch vorausgesagt, in seinem vierzehnten Jahre solle er die Tochter des Königs zur Frau haben.« Der König, der ein böses Herz hatte und über die Weissagungen sich ärgerte, ging zu den Eltern, that ganz freundlich und sagte: »Ihr armen Leute, überlaßt mir euer Kind, ich will es versorgen.« Anfangs weigerten sie sich, da aber der fremde Mann schweres Geld dafür bot und sie dachten: »Es ist ein Glückskind, es muß doch zu seinem Besten ausschlagen,« so willigten sie endlich ein und gaben ihm das Kind.
> Der König legte es in eine Schachtel und ritt damit weiter, bis er zu einem tiefen Wasser kam: da warf er die Schachtel hinein und dachte: »Von dem unerwarteten Freier habe ich meine Tochter geholfen.« Die Schachtel aber ging nicht unter, sondern schwamm wie ein Schiffchen, und es drang auch kein Tröpfchen

Wasser hinein. So schwamm sie bis zwei Meilen Von des Königs Hauptstadt, wo eine Mühle war, an dessen Wehr sie hängen blieb. Ein Mahlbursche, der glücklicherweise da stand und sie bemerkte, zog sie mit einem Haken heran und meinte große Schätze zu finden? als er sie aber aufmachte, lag ein schöner Knabe darin, der ganz frisch und munter war. Er brachte ihn zu den Müllersleuten, und weil diese keine Kinder hatten, freuten sie sich und sprachen: »Gott hat es uns beschert.« Sie pflegten den Findling wohl, und er wuchs in allen Tugenden heran.

Es trug sich zu, daß der König einmal bei einem Gewitter in die Mühle trat und die Müllersleute fragte, ob der große Junge ihr Sohn wäre. »Nein,« antworteten sie, »es ist ein Findling, er ist vor vierzehn Jahren in einer Schachtel ans Wehr geschwommen, und der Mahlbursche hat ihn aus dem Wasser gezogen.« Da merkte der König, daß es niemand anders als das Glückskind war, das er ins Wasser geworfen hatte, und sprach: »Ihr guten Leute, könnte der Junge nicht einen Brief an die Frau Königin bringen, ich will ihm zwei Goldstücke zum Lohn geben?« »Wie der Herr König gebietet.« antworteten die Leute, und hießen den Jungen sich bereit halten. Da schrieb der König einen Brief an die Königin, worin stand: »Sobald der Knabe mit diesem Schreiben angelangt ist, soll er getötet und begraben werden, und das alles soll geschehen sein, ehe ich zurückkomme.«

Der Knabe machte sich mit diesem Brief auf den Weg, verirrte sich aber und kam abends in einen großen Wald. In, der Dunkelheit sah er ein kleines Licht, ging darauf zu und gelangte zu einem Häuschen. Als er hineintrat, saß eine alte Frau beim Feuer ganz allein. Sie erschrak, als sie den Knaben erblickte und sprach: »Wo kommst du her und wo willst du hin?« »Ich komme von der Mühle.« antwortete er, »und will zur Frau Königin, der ich einen Brief bringen soll; weil ich mich aber in dem Walde verirrt habe, so wollte ich hier gern übernachten.«, »Du armer Junge,« sprach die Frau, »du bist in ein Räuberhaus geraten, und wenn sie heim kommen, so bringen sie dich um.« »Mag kommen wer will,« sagte der Junge, »ich fürchte mich nicht; ich bin aber so müde, daß ich nicht weiter kann,« streckte sich auf eine Bank und schlief ein. Bald hernach kamen die Räuber und fragten zornig, was da für ein fremder Knabe läge. »Ach,« sagte die Alte, »es ist ein unschuldiges Kind, es hat sich im Walde verirrt, und ich habe es aus Barmherzigkeit aufgenommen: es soll einen Brief an die Frau Königin bringen.« Die Räuber erbrachen den Brief und lasen ihn, und es stand darin, daß der Knabe sogleich, wie er ankäme, sollte ums Leben gebracht werden.

> Da empfanden die hartherzigen Räuber Mitleid, und der Anführer zerriß den Brief und schrieb einen anderen, und es stand darin, so wie der Knabe ankäme, sollte er sogleich mit der Königstochter vermählt werden. Sie ließen ihn dann ruhig bis zum anderen Morgen auf der Bank liegen, und als er aufgewacht war, gaben sie ihm den Brief und zeigten ihm den rechten Weg. Die Königin aber, als sie den Brief empfangen und gelesen hatte, that wie darin stand, hieß ein prächtiges Hochzeitsfest anstellen, und die Königstochter ward mit dem, Glückskind, vermählt; und da der Jüngling schön und freundlich war, so lebte sie vergnügt und zufrieden mit ihm.
> Nach einiger Zeit kam der König wieder in sein Schloß und sah, daß die Weissagung erfüllt und das Glückskind mit seiner Tochter vermählt war. »Wie ist das zugegangen?« sprach er, »ich habe in meinem Brief einen ganz anderen Befehl erteilt.« Da reichte ihm die Königin den Brief und sagte, er möchte selbst sehen was darin stände Der König las den Brief und merkte wohl, daß er mit einem anderen, war vertauscht worden. Er fragte den Jüngling, wie es mit dem anvertrauten Briefe zugegangen wäre, warum er einen anderen dafür gebracht hätte. »Ich weiß von nichts,« antwortete er, »er muß mir in der Nacht vertauscht, sein, als ich im Walde geschlafen habe.«

(Aus: Jacob und Wilhelm Grimm: Die schönsten Kinder- und Hausmärchen, 29. Der Teufel mit den drei goldenen Haaren, online: https://www.projekt-gutenberg.org/grimm/khmaerch/chap031.html, 13.01.2020)

Meine eigene Erinnerungsspur, als ich das Märchen zum ersten Mal hörte, führte mich zu Onkel Franz. Hätte er doch einen „Räuber“ gefunden, der ihm seine Schicksalsbotschaft umgedeutet hätte. Er, der noch dazu ohne Glückshaut auf die Welt kam.

Onkel Franz, der Onkel ohne Glückshaut, einer, der sich nicht befreien konnte

Onkel Franz, das älteste Kind meiner Großmutter mütterlicherseits, ist wohl derjenige in meiner Familie, von dem mir schon sehr früh berichtet wurde, dass er wohl überlebensstark sei, aber keine Glückshaut mit auf die Welt gebracht habe.

Jede einzelne Geschichte findet Erinnerungsspuren. Meine führt mich in den zweiten Wiener Gemeindebezirk – Ecke Kleine Pfarrgasse – zum Kohlengeschäft von Onkel Franz, einem Bruder meiner Mutter. Es steht dort immer noch an der Ecke das rosafarbene Haus, an das ich mich so gut erinnere.

Der Zeitpunkt meiner ersten Erinnerungsspuren zu Onkel Franz muss Winter 1955/56 gewesen sein. Der Staatsvertrag war unterschrieben und Österreich frei.

Das Kohlengeschäft verdankte Onkel Franz – er war unter der Woche immer mit einem schwarzen Kohlengesicht zu sehen – meinem ungarischstämmigen Großvater. Dieser hatte die wunderbare Gabe, auch in schwierigen Zeiten für alle gleichermaßen zu sorgen. Daher bestand meine Familie eben aus Kohlenhändlern. Großvater war noch in der k. u. k. Zeit aus Ungarn nach Wien, in die Hauptstadt, gezogen, um dort sein Glück als Kutscher zu versuchen. Bei einer Herrschaft lernte er eine wunderschöne, ebenfalls junge Dienstmagd kennen. Sie war erst 15 Jahre alt, als er sich verliebte. Er war Anfang zwanzig.

Aber wie in der Ballade konnten sie nicht zusammenkommen. Der Grund war nicht das jugendliche Alter der Braut, denn das war in dieser Zeit und in diesem Milieu nichts Besonderes; die Herrschaft duldete die Frucht ihrer Liebe nicht. Der erstgeborene Sohn, Franz, musste bei fremden Leuten, entfernte Verwandte meiner Großmutter, in der Slowakei untergebracht werden. Dort verbrachte er bei Bauern die ersten Lebensjahre. Es mangelte ihm wohl stets an wegbegleitender Liebe. Meine Großmutter hat diese Geschichte immer wieder erzählt. Sie war auch noch im hohen Alter entsetzt darüber, dass Franz, ihr Erstgeborener, nur Erdäpfel, aber keine Milch bekommen hatte.

Jahre später hatte mein Großvater aber das Diktat der Herrschaft überwunden. Erspartes Geld, Klugheit, List und eine Portion Hausverstand hatten alle Familienmitglieder unter ein Dach gebracht. So war auch mein Onkel Franz wieder zu den Seinen gekommen. Allerdings gab es dann auch Geschwister, mit denen er sich messen musste; unter anderem meine Mutter, eins von den viel jüngeren Geschwistern.

Meine Mutter lebte mit ihren Eltern und meinem Vater mit meinem älteren Bruder und mir in einer Baracke in Kagran. Das war das Zentrum der Großfamilie.

Onkel Franz war in den fünfziger Jahren bereits verheiratet. Er kam mit seiner Tochter Elfi und seiner Frau öfters sonntags zu uns, zu Kaffee und Kuchen. Auf diese Besuche freute ich mich immer ganz besonders, denn von Onkel Franz gab es immer Taschengeld für das Kinderkino.

Geldgeschenke waren für uns Kinder damals nicht sehr üblich, schließlich lebten wir zu diesem Zeitpunkt noch in äußerst ärmlichen Verhältnissen. Aber ich glaube, meine Eltern freuten diese Gaben ebenfalls. An den darauffolgenden Sonntagen gab ich das Geld im Kino stets gemeinsam mit meinem um acht Jahre älteren Bruder Walter aus. So hatten meine Eltern wahrscheinlich auch die nötige Ruhe für Intimität, denn immerhin lag circa neun Monate nach so einer Kinovorstellung unser jüngerer Bruder Toni in der Wiege.

Onkel Franz hatte ebenso wie Onkel Hans und meine Mutter von meinem Großvater, wie bereits erwähnt, ein Kohlengeschäft bekommen. Jedoch konnte nur mein Vater mit dem Lastwagen fahren – das bedeutete für mich als Kind immerhin großartige Ausfahrten mit Papa. Wir fuhren mit dem Lastauto über die Reichsbrücke zum Nordbahnhof, holten dort in großen Säcken Kohle, Koks und Holz und brachten diese in das Kohlengeschäft zu Onkel Franz in die Kleine Pfarrgasse.

Die Fuhre wurde von Vater und Onkel Franz abgeladen und auf kleine Handwagen verstaut. Danach gab es auch für mich einen Groschen und ein Stollwerk extra.

Einige Jahre später, Anfang der sechziger Jahre, passierte das Unglück mit Onkel Franz, dem Onkel ohne Glückshaut.

Er, der gewohnt war, sich Zuwendungen und Dienstleistungen zu erkaufen, stand plötzlich vor einer emotionalen Mauer. Seine Balance von Nehmen und Geben war wohl immer bedroht gewesen, in eine Schieflage zu kommen. Aber als er sich in seine Hausärztin verliebte und dieser einen Diamantring schenken wollte, erklärte ihn seine Frau für verrückt. Anlass dafür hatte er ihr durch seine Tat gegeben. Die Ablehnung traf ihn so tief, dass er den Diamantring in größter Verzweiflung in den Kanal warf. Er war sich und den Seinen so fremd, dass er glaubte, nur dieser Liebeswahn könne ihn retten.

Er hatte gehofft, in der Hausärztin einen Menschen zu finden, der ihm endlich zuhörte; einen Menschen, zu dem er vielleicht wirklich gehörte. Seine Seele hatte die Ärztin gebraucht. Diese Heilerin sollte ihm die **feh-**

lende Glückshaut bieten. Er, der sich immer als der Erstgeborene bezeichnet hatte, aber sich selbst als ewig Verstoßener erlebt hatte, wollte endlich frei sein durch Liebe und Mitgefühl. Denn nur die mit der Glückshaut sind auserkoren, dass ihnen alles gelingt. Wer eine Glückshaut hat, wird gehört und hört auch die anderen. Aber die Ärztin war nicht die wohlwollende Teufelsgroßmutter aus unserem Märchenspiel. Wie auch? Der grüne Heinrich, wie er im Wiener Volksmund heißt, holte Onkel Franz schließlich ab, und er blieb bis zum Ende seiner Tage auf der Baumgartner Höhe, auf der Psychiatrie, das ist zu diesem Zeitpunkt als Anstalt zu verstehen. Die dort herrschenden Zustände waren zu dieser Zeit mehr als trist. Die Station auf der Baumgartner Höhe muss die Hölle gewesen sein.

In gewissen Abständen besuchte meine Mutter Onkel Franz auf der Station. Sie nahm Marmorkuchen vom Anker (einem Bäckergeschäft) mit, auch Zigaretten – aber sie sah ihn nie mehr rauchen. Die Zigaretten sind wohl im PflegerInnenzimmer geblieben ...

Diese Ereignisse sind ein Anlass gewesen, in späteren Jahren nachzudenken, was die Glückshaut sein könnte, die wir alle nötig haben. Ist es nicht die Zärtlichkeit, die den Schrecken der dramaturgischen sozialen Motivlage zu überwinden weiß? In diesem Fall wohl eine umfassende Wahrnehmung aller vier Kategorien. Und ist es nicht das wohlwollende Gespräch, welches den Schatten drohenden Unheils beiseitedrängt?

> *„Die Sehnsucht nach Zärtlichkeit bleibt dabei bei vielen auf der Strecke, weil man sich als Kind der Lüge einer aufrichtigen Liebe verschreiben musste. Trotzdem gibt es immer wieder Menschen, die sich aus diesem Morast befreien können, weil die Sehnsucht da ist, eine Sehnsucht, die letztlich immer wieder von einer Mutter entzündet wird, die selbst in diesem Morast gefangen war.“* (Gruen 2007, S. 197)

3 Regiekompetenz – Erfahrungsgewinn durch Probehandeln

Der szenische Erfahrungsgewinn zeigt sich durch die Integration der szenischen Handlung in das Lebenskonzept der Beteiligten.

Psychodrama-Theater unterscheidet sich vom Psychodrama der Gegenwart als Therapieverfahren im engeren Sinn dadurch, dass Letzteres in jüngster Zeit das individualisierte, **meistens** an Traumen gebundene Heilverfahren anstrebt. Psychodrama-Theater hingegen ist dem Ansatz der Gruppe treu und bildet symbolisch eine Gemeinschaft mit Kunst, Natur, Kultur und Gesellschaft. Die dadurch bereits erschaffenen Figuren bilden den Kristallisationspunkt der Themenbildung. Der Mensch im Psychodrama-Theater wird demnach als dramaturgisches Wesen verstanden: Alles ist im Fluss und im Übergang. Der Moment des Innehaltens wird zur verdichteten Erfahrung.

3.1 Das Instrument der Spielgestaltanalyse, gezeigt anhand der Traumarbeit im Psychodrama-Theater

Eine besondere Form der verdichteten Erfahrung erleben wir im Traum. Meistens sind Traumbilder so angeordnet, dass wir sie kaum unseren wirklichen Wünschen zuordnen können. Diese Verschleierung erlaubt uns, zu experimentieren. Im **Traum** können wir uns leichter unbequemen Wahrheiten nähern. Es ist wichtig, Distanz zu unserer Alltagsrealität aufzubauen, um so vielleicht vorerst den eigenen moralischen Ansprüchen zu entkommen, die uns möglicherweise einengen und einklemmen in ein „Du musst".

Im Traum selbst gestalten wir Ereignisse, die sich in latenten Wirklichkeitskonstruktionen offenbaren. Diese Ereignisse bleiben als Traumgeschehen an sich unscharf (siehe Abbildung 4). Der Moment, in dem wir den Traum auf die Bühne bringen, den Rollengestaltungsraum beleben – ihm eine Brisanz zuordnen –, verwandelt sich die latente Wirklichkeitskonstruktion des Traumes in eine manifeste Wirklichkeitskonstruktion

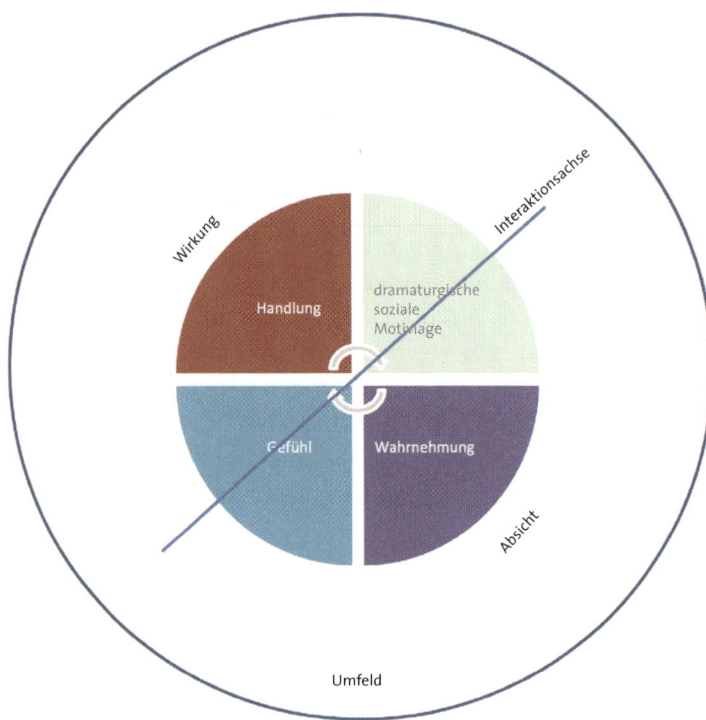

Abb. 4: Die latente Traumkonstruktion, deutlich das Verblassen der dramaturgischen sozialen Motivlage

(siehe Abbildung 5). Eine manifeste Wirklichkeitskonstruktion ist eine Szene, die wir uns mit allen Sinnen aneignen können.

Im Format „Psychodrama-Theater" kann man sich die **Entwicklung** von dem **latent vorhandenen Traum als Wirklichkeitskonstruktion** (mit den vier interaktiven Feldern der inneren Szenengestalt) hin zur **manifesten** Wirklichkeitskonstruktion **Traum** folgendermaßen vorstellen:

Die Interaktionsachse sucht wie ein Radar im Umfeld die Möglichkeit zur Integration. Durch das Ausblenden der sozialen dramaturgischen Motivlage im Traum (Zensur) ist die Träumerin, der Träumer gezwungen, die zum Teil nicht einfach zu interpretierenden Szenenfolgen beim Erwachen in konkrete Situationen zurückzuverwandeln. So muss der Traum wieder „Körper" werden. Das bedeutet, ein nachvollziehbares zwischen-

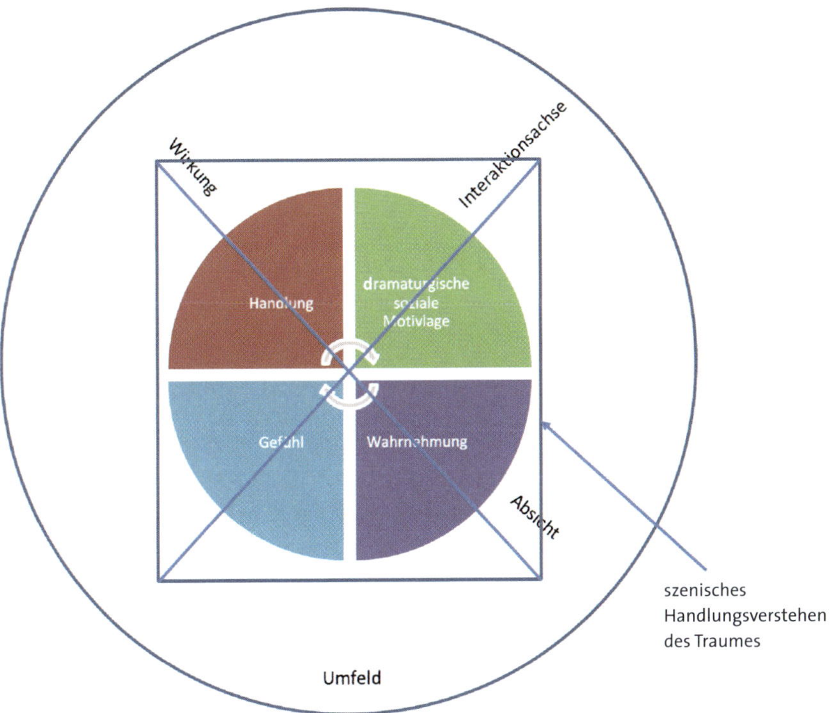

Abb. 5: Die manifeste Traumkonstruktion. Die dramaturgische soziale Motivlage wird erkundet und mit dem Gefühl abgestimmt.

menschliches Handeln der Beteiligten szenisch zu konstituieren. Die suchende Interaktionsachse bekommt dadurch einen festen Halt. Das szenische Geschehen verfügt nun durch das „Körperwerden“ – das geschieht durch das Einbringen der sozialen dramaturgischen Motivlage – über eine **Integrationsachse, welche Absicht und Wirkung einer Handlung verbindet**.

Die Überleitung zu dem manifesten Traumerlebnis bedarf der Ergänzung, die die Regie (siehe auch **erstes Instrument des Psychodrama-Theaters**) herbeiführt, indem sie **den szenischen Handlungsentwurf konkretisiert** und Beziehungsentwürfe erprobt.

Diese Rückverwandlung in **konkretes** zwischenmenschliches Handeln weist dieselbe Spannung auf, die zwischen latenter und manifester

Traumkonstruktion gegeben ist. Ist doch gerade in diesem Prozess das Hereinlassen der dramaturgischen sozialen Motivlage gefragt.

In der Psychodrama-Theatergruppe erzählten einige TeilnehmerInnen aufgeregt, sie hätten nach dem vergangenen Workshop-Tag viel geträumt. Der Wunsch der Gruppe, die Suche nach der dramaturgischen sozialen Motivlage weiter zu vertiefen und Träume verstehen zu lernen, wurde spontan aufgegriffen.

Das Thema der Gruppe, sich die eigene Realität zuzumuten, spiegelte sich in dem ausgewählten Traum am deutlichsten wider. Damit wurde eine Person aus der Psychodrama-Theatergruppe zur Autorin ihres Traumes. Sie betrat die Spielbühne und erzählte:

> „Der Traum begann in einer großen Wohnung mit mehreren Zimmern, von denen zwei Räume im Fokus des Traumes stehen. Es gibt ein Schlafzimmer, und im Bett liegt mein ‚Traummann' (der zunächst nichts mit meinem realen Mann gemeinsam hat) und schläft. Im Nebenzimmer wartet ein Mann, der mich zu einer Affäre überreden möchte. Die Situation ist sehr aufregend für mich. Jedoch ist mir die Verstrickung nicht klar, auf die ich mich dabei einlasse. Ich weiß nicht, was ich da eigentlich tue."

Rollenauswahl

Die interaktive Regiebegleitung der Theatermacherin hilft der Autorin, drei Rollen zu bestimmen und auszuwählen.

Die folgenden Rollen werden gemeinsam definiert:

- ein ‚fieser Typ', der eine Frau verführen möchte
- eine Frau, die von dem ‚fiesen Typen' verführt werden soll
- ein großartiger Traummann

Die interaktive Regiebegleitung zur Autorin: „Welche Rolle möchtest du spielen?"
Die Autorin: „Den fiesen Typ!"
Die interaktive Regiebegleitung zur Theatergruppe: „Wer möchte eine Frau spielen, die von dem fiesen Typen verführt werden soll?"

Die interaktive Regiebegleitung zur Theatergruppe: „Und wer möchte den großartigen Traummann spielen?"

Die **SpielerInnen kleiden sich in ihre Rollen ein** (siehe in Kapitel 2.11.1 das Thema „Rollenvorbereitung"). Das machen sie, indem sie
- sich zueinander in der soziodramatischen Rolle (Frau, Mann, Liebhaber ...) positionieren;
- sich körperlich definieren (Alter, Aussehen);
- die aktuelle Gefühlslage mit einigen typischen Sätzen bekunden
- und bestätigen, sich an die Vorgaben der Autorin zu halten.

Nach der Beschreibung der drei Figuren beginnt die erste Szene.

Verortung der Szene
Die interaktive Regiebegleitung fragt: **„Wo seid Ihr?"**
Die RollenspielerInnen des Traums richten die Bühne ein. Es geht zunächst immer um eine imaginäre Gestaltung der Bühne. Wenige Requisiten markieren einzelne Bereiche. Unterteilungen der Bühne werden ebenso angedeutet. In dieser Szene liegen Mann und Frau im Ehebett. Der Nachbar lebt in der Wohnung nebenan. Die drei Personen wohnen Tür an Tür.

Die **Rolleneinkleidung** erfolgt **spontan durch die Darsteller und Darstellerinnen**. Sollte es **Ungereimtheiten** bezüglich der Stimmigkeit der Personen zueinander geben, so greife ich als **Theatermacherin, in der Rolle des psychodramatischen Regiecoach**, ein und führe mit den Personen ein **Interview mit Fragen**, die den **Kontext der Situation festigen.**

Die Rollenfiguren

Fieser Typ: Peter

Die Person, die Peter spielt, spricht: „Ich heiße Peter, bin Mitte 40, schlank und muskulös. Früher war ich Fußballspieler in der Dorfmannschaft. Jetzt schaue ich gerne Fußballspiele im Fernsehen. Ich muss ein wenig aufpassen, nicht ein kleines Bäuchlein zu bekommen; dabei helfen mir Besuche im Fitnessstudio.

Zum Zeitunglesen brauche ich mittlerweile eine Lesebrille. Ich bin gerne unterwegs und mag Alkohol; Alkohol enthemmt und löst Moralvorstellungen. Frauen finde ich großartig, vor allem fürs Bett und zum Spaßhaben; sie müssen nicht bei mir bleiben. Im Kühlschrank befindet sich stets eine gekühlte Flasche Wein für den Fall eines Damenbesuchs. Gestern war ich lange mit Kumpels unterwegs. Es stehen noch Bierflaschen vom Vortag im Zimmer herum. Jetzt habe ich schon drei Nächte keine Frau gehabt. Heute Nacht möchte ich wieder was erleben."

Traummann: Daniel
Die Person, die Daniel spielt, spricht: „Mein Name ist Daniel, und ich bin Ende 40. Als erfolgreicher Geschäftsmann achte ich auf meinen Körper und meine Gesundheit. Ich gehe regelmäßig laufen. Ich rauche nicht, trinke wenig und freue mich über unsere Aktivurlaube. Meine große Liebe und ich sind ein tolles Team. Wir können die Zweisamkeit sehr genießen, und wir haben beide unseren Freiraum. Ich bin geschäftlich viel unterwegs. Ich fühle mich großartig."

Frau: Beatrix
Die Person, die Beatrix spielt, spricht: „Ich heiße Beatrix und bin 40 Jahre alt. Seit 13 Jahren bin ich nun mit meinem Mann Daniel zusammen. Unsere Beziehung langweilt mich mehr und mehr. Aber ich bewundere meinen Gatten, weil er so erfolgreich ist und mir in materieller Hinsicht ein sorgenfreies Leben ermöglicht. In unserer gemeinsamen Zeit machen wir wunderbare Urlaube, die er akribisch vorbereitet."

Das Spiel beginnt.
Der fiese Typ und die Nachbarin geben sich einer hinreißenden Verführungsszene hin, und weil es so aufregend war, gleich noch ein weiteres Mal. Der Mann nebenan im Schlafzimmer schläft tief und fest.

Mein Kommentar zu dieser Szene: „Um das Verbotene zu ignorieren, wird in dieser Szene der Ehemann von der Träumerin zum braven, schlafenden Kind gemacht, das nichts weiß, während sie sich heimlich (triangulierend) mit dem Nachbarn vergnügt. Somit ist sie in der erotischen

Interaktion auf der Spielbühne des Psychodrama-Theaters quasi eindeutig zur Frau geworden und der Nachbar zum Mann, der schlafende Traummann zum Kind."

Anmerkung für den Leser, die Leserin:

> *„In den meisten Spielfilmen mit erotischer Thematik wird daher ex negativo verfahren. Wo Kinder überhaupt vorkommen, erschöpft sich ihre Rolle darin, abends zu Bett gebracht zu werden. Man redet ihnen gut zu, recht lieb zu sein, recht bald und recht fest zu schlafen, und diesem Auftrag folgen sie auch."*
> (Noll Brinckmann, zit. nach Ruhs et al. 1969, S. 41)

Erstes Rollenfeedback

- **Traummann – Daniel:** „Ich fühle mich großartig. Ich lebe in Hülle und Fülle und kann alles genießen. Aber wieso kommt meine Frau auf die Idee, es sei bei mir langweilig?"
- **Frau – Beatrix:** „Ich habe meinen Mann belogen, aber die Abenteuerlust ist groß. Ich sage ihm nur, dass es bei ihm **langweilig** ist. Alles Weitere verschweige ich ihm."
- **Mann – Peter:** „Alles fügt sich bestens. Ich fühle mich unbeschwert. Ich hole mir, was ich brauche; was sonst noch ist, fällt bei mir nicht ins Gewicht."

Regieanleitung für die nächste Szene

Anmerkung für den Leser, die Leserin:
Regieanleitungen für weitere Szenen **orientieren sich** grundsätzlich **an Feedbacks der TeilnehmerInnen**. In unserem Fall spielte die Traumautorin Beatrix. Daher hatte ihr Schlüsselbegriff „Langeweile" eine wichtige Bedeutung.

Beatrix geht noch einmal zum Filou – es gefällt ihr. Der Dritte soll nicht abgezogen werden – der Traummann bleibt weiter ein Teil der Szene. Es geht hier nicht um Moral, sondern um die Ethik der Begegnung. Die Frage lautet: „Wie kann sich Sprachlosigkeit, die sich hinter der Langeweile verbirgt, auflösen?"

In der nun folgenden Szene versuchen mehrere Personen, mit der ursprünglichen Rollenspielerin Beatrix, der gelangweilten Ehefrau und der abenteuerlustigen Liebhaberin, die Rolle zu tauschen und in deren Rolle zu schlüpfen. Der Auftrag, die Sprachlosigkeit gegenüber dem Traummann aufzuheben, gestaltet sich dabei als schwierig.

Die Experimentierphase und eine mögliche Lösung:

- Die „erste Beatrix" versucht es mit Beschönigen. Ein Versuch, den gierigen Anteil zu verbergen.
- Die „zweite Beatrix" probiert es mit Diplomatie. Ein Versuch, Neid und Eifersucht zu untergraben.
- Die „dritte Beatrix" mit Wut, nach dem Motto: ‚Ich reibe ihm sein Perfektsein unter die Nase.'
- Die „vierte Beatrix" spricht ohne Vorwurf aus, was sie beschäftigt.

Die Erleichterung nach der Handlung der vierten Person ist nicht nur auf der Spielbühne zu spüren, sondern im ganzen Psychodrama-Theaterraum.

Wie man bei der Lösung der Aufgabe beobachten kann, sind vier soziale dramaturgische Motivlagen der beteiligten Personen an dem Traumspiel zu verändern. Es gelingt durch einen Aspekt – indem die vierte „Beatrix" die **Ignoranz** gegenüber ihrem eigenen Tun überwindet.

Der Traum zeigt alle Basisvarianten der dramaturgischen sozialen Motivationslage auf: Zum einen könnte **Neid** eine Rolle spielen – Neid der Frau auf den erfolgreichen Mann – sowie ihre Manipulationsversuche, nicht die Konsequenzen bzw. die Verantwortung ihres Handelns tragen zu müssen. Dazu gesellt sich die verdrängte Eifersucht des Mannes (er schläft tief und fest), die dem Neid der Frau entgegenkommt. Die gelebte **Gier** des Nachbarn, in dieser Nacht etwas erleben zu wollen, befeuert die Dynamik. Die **Ignoranz** der Beteiligten untereinander lässt möglicherweise nur ein Verbergen der wahren Wünsche zu. Liegt ein Verbergen vor, ist auch die

Scham nicht weit, und damit wird der Sprachlosigkeit ein deutlicher Vorschub gegeben.

Die Autorin des Traumes freute sich über die Lösung – war sie doch schon seit längerer Zeit auf der Spurensuche, woher ihr Unbehagen kommt. Sich mit dem Thema der Ignoranz zu beschäftigen, gab ihr einen neuen Impuls, mit wachem Blick auf ihr Leben zu achten.

Nachbemerkung: Der spielerische Einsatz der Protagonistinnen und Protagonisten hatte trotz der schwierigen Aufgabe den Darstellerinnen und Darstellern viel Spaß gemacht, der Flow des Spiels war deutlich zu spüren. Der Genuss war sichtlich auch dem Wettbewerb geschuldet: Wann gelingt's?!

Für das Gelingen setzt das Psychodrama-Theater ein weiteres Instrument ein – **die Spielgestaltanalyse**. Sie **verbindet Absicht und Wirkung** einer Handlung zu einem **Muster aller Beteiligten**, welches sich durch eine unbewusste, aber durch das Spiel verdeutlichte **Spielregel** zeigt. **Eine Spielregel trifft gleichermaßen auf alle Beteiligten zu.**

Das bedeutet natürlich, das gegensätzliche Denken aufzuheben. Zum Beispiel: Protagonist verhält sich gut, Antagonist handelt schlecht. Es ist, wie es bereits Paul Watzlawick (1997) formuliert hat, eine 2. Ordnung der Betrachtung vonnöten. Im vorliegenden Geschehen der Traumarbeit ist es die Spielregel: „Ich ignoriere dein Leben, und damit auch meines!" Die Befreiung fand sich hernach durch die neue Spielregel: „Ich getraue mich zu sagen, **was ich tue**!"

Alle Beteiligten im Traum hatten sich ja bis zuletzt ignorierend dem/der Anderen gegenüber gezeigt. Das Spielen an sich wurde jedoch sehr lustvoll erlebt, auch wenn bei den einzelnen handelnden Personen die Lösung zunächst nicht offensichtlich war.

3.2 Zusammenfassung

Der latente Trauminhalt wurde in einen szenischen Handlungsentwurf übergeleitet und durch das **konkrete Spiel** auf der Bühne erforscht. Durch wiederholtes Erproben wurde das implizite Spielwissen ausgelotet. Somit gelang es, ein szenisches Handlungsverstehen zu kreieren, welches neue Beziehungsentwürfe zulässt.

Psychodrama-Theater hat fünf wesentliche Instrumente für die Entwicklung der interaktiven Begegnungsgestaltung. Die Instrumente der Überleitung der Erzählung in einen szenischen Handlungsentwurf und die interaktive Regiebegleitung wurden bereits in Kapitel 2 („Regiekompetenz – **Erlebnisgewinn** durch Szenen und Rollengestaltung") vorgestellt. Im aktuellen Kapitel („Regiekompetenz – **Erfahrungsgewinn** durch Probehandeln") ist das Instrument der Spielgestaltanalyse in den Vordergrund gerückt. Um dieses Instrument anzuwenden, ist die Betrachtung des gemeinsamen Ganzen erforderlich.

Im fünften und sechsten Kapitel wird dem fünften Instrument – der soziometrischen Orchestrierung – eine besondere Aufmerksamkeit zukommen. Davor, in Kapitel 4, findet noch das dritte Instrument, die Analyse der kleinsten Inszenierungseinheit – der Rollengestalt – als Rollengestaltanalyse ihren Platz.

3.3 Exkurs: Eine autobiografische Resonanz

Mein Vater, der Schnuller und die Zigarette

Aus meiner Kindheit kann ich ein Beispiel rund um das 5. Lebensjahr anführen. Ich habe nicht zufällig dieses Alter für das Beispiel gewählt. Ist es doch der Lebensabschnitt, in dem das magische Denken und die kindlichen Rollenspiele ihren Höhepunkt finden. Und so ist es auch nicht verwunderlich, dass gerade in dieser Zeit die sozialen dramaturgischen Motivlagen sich im kognitiven Bewusstsein des Menschen einen Platz suchen.

Die soziopolitische Situation meiner Szene ist auch in diesem Fall die der Nachkriegszeit – 1955, ein kalter Wintertag.

Der Vater ist aus dem Krieg bereits 1945 heimgekehrt. Er wog zu diesem Zeitpunkt 45 Kilo. Klein von Wuchs war er sowieso, schwach, krank, Kettenraucher. Doch ein Wunsch war ihm wichtig: seine Familie zu ernähren.

Das Erlernte im Krieg, er hatte Nachrichtentechnik an der Universität studiert, war jetzt nicht vonnöten, um die Not zu lindern. So beschloss der Großfamilienrat (Opa, Oma mütterlicherseits, meine Mutter und ihre beiden Brüder), er solle in die Kohlenhandlung des Schwiegervaters einsteigen.

Wie bereits aus dem Gesagten hervorgeht, bedeutete das Kohlenaustragen für diesen Mann eine körperliche Überforderung. Sein großes Vergnügen war das Rauchen.

Für mich als Fünfjährige war hingegen der Höhepunkt des Tages das gemeinsame Abendessen mit meinem Vater. Das muss man sich so vorstellen: da der Kohlenhof, dort ein windschiefes Häuschen, eine schmutzige Küche, ein schmutziger Tisch, ein von Kohlenstaub geschwärzter Vater, eine vom Spielen auf dem Kohlenhof schmutzige Tochter auf dem Schoß des Vaters. Vor ihm eine Flasche Schwechater Bier und zwei Packungen 3er-Zigaretten ohne Filter. Das Essen: fette Ölsardinen und Brot, jeden Abend.

Meine Milch wird während dieser Essenszeit auf dem Herd von der Mutter zu einem Grießbrei verkocht. Ich lutsche beharrlich an meinem Schnuller. – Diese Tätigkeit sieht wohl in dem Szenario auch nicht gerade appetitlich aus.

Meine Mutter zu meinem Vater: „Hör doch endlich zum Rauchen auf – du hast den Krieg überlebt und jetzt stirbst du uns noch am Rauchen, du weißt, deine Lunge ist gefährdet!!!"

Ich, stark verängstigt, auf das Gesagte der Mutter resonierend zu meinem Vater: „Ja, Papa, du musst aufhören, die Mama sagt, du bist bald tot!"

Meine Mutter in erbostem Ton weitersprechend: „Halt deinen Mund, du, mit deinem ewigen Schnuller im Mund! Du könntest es dir auch abgewöhnen!!!"

Mein Vater zu mir: „Na komm, da machen wir jetzt ein Geschäft. Du Sonnenschein (mein Kosename als Kleinkind) legst jetzt deinen Schnuller in den Aschenbecher und ich dämpfe die Zigarette aus, hm?"

Ich zu meinem Vater: „Ja, das mache ich, aber dann du, du rauchst auch nicht mehr, ja?!"

Mein Schnuller lag in dem von Zigarettenstummeln überfüllten Aschenbecher.

Das Bild, welches sich meiner Mutter bot: da der schmutzige Ort, ein Küchentisch, ein müder, erschöpfter Vater, die fünfjährige Tochter auf dem Schoß, das karge Abendessen – ein überfüllter Aschenbecher. Endlich ist der Grießbrei fertig. Das Kind schmiegt sich mit ängstlich aufgerissenen Augen an den Vater. Fühlt mehr die Bedrohung, als dass es diese begreift. Sie ist zum Verzicht auf ihre eigene Befriedigung bereit.

Das Kind kann endlich zu Bett gebracht werden. Im Bett bietet die Mutter dem Kind den gereinigten Schnuller an. Aber die kleine Maria Theresia weigert sich standhaft, trotz größter Einschlafschwierigkeiten, diesen zu nehmen. Denn damit war ja auch das Versprechen verbunden, dass der Vater nie mehr rauchen werde.

Mein Vater, meine Mutter und ich ...

Als die Mutter wieder in die Küche zurückkehrte, rauchte der Vater bereits die nächste Zigarette ... Die Mutter explodierte und verwies auf die Tapferkeit der kleinen Tochter – beschämt dämpfte der Vater die Zigarette aus. (Der Vater hat bis zum 18. Lebensjahr der Tochter keine Zigarette mehr angerührt.)

Anmerkung: Ein Versprechen ist keine Spielregel im Sinne der Spielgestaltanalyse, eine moralische Ansicht eben, mehr auch nicht.

Im ersten Teil der Geschichte geht es nur um die Interaktion der Beteiligten, erst im zweiten Teil, durch das Zustandekommen der Triade von Vater, Mutter und Kind, wo es um keine Ausgrenzung mehr geht, wird deutlich, dass die **Interaktion** der Beteiligten zunächst eine **Absicht** signalisiert, aber erst durch die **Integration** der neuen Spielregel „Wir nehmen einander ernst!" die **Wirkung** erreicht.

---

4 Regiekompetenz – Erkenntnisgewinn durch Aneignung des Spielwissens

Die Möglichkeit, einen **Erlebnisgewinn** und einen **Erfahrungsgewinn** im Psychodrama-Theater zu erwirken, haben die vorangegangenen Kapitel bereits gezeigt. Der **Erkenntnisgewinn** ist ein weiterer springender Punkt. Für gewöhnlich sagt man etwas nicht als kühne Tatsachenbehauptung auf eigene Rechnung. Man gibt etwas wieder. Und versucht so, Zukünftiges abzusichern. Der Mensch hat eben das Bedürfnis, eine vollständige Kenntnis des Kommenden zu erlangen. Nur – geht das? Dazu ein Zitat:

> *„[…] und diese vollständige Kenntnis des Kommenden ist genau das, was der wirklichen Erfahrung fehlt, insbesondere der Interaktion zwischen Menschen."*
> (Goffman 2016, S. 545)

Wir versuchen, dieses Manko mit Erkenntnis auszugleichen. Erkenntnis an sich führt zu überraschenden Optionen einer Handlungserweiterung.

4.1 Die Vorbereitung des Stücks durch Perspektivenwechsel und Rahmenbruch

Bevor ein klassisches literarisches Stück zur Inszenierung in der Gruppe vorgeschlagen wird, wird dieses Stück sorgfältig vorbereitet. Die Vorbereitungen können unterschiedlicher Art sein – das gemeinsame Anschauen eines Films oder eines Theaterstücks usw. Die Vorbereitung dient nicht nur der Kenntnis des Stücks, der Auseinandersetzung mit den darin vorkommenden Themen und Figuren, sondern sie ist auch der Auftakt für den **Rahmenbruch** der vorgegebenen Geschichten. Denn was die Ensemblegruppe aus der Geschichte macht, entzieht sich meiner Kenntnis. Es geht beim Rahmensetzen oder beim Rahmenbruch nicht um eine willkürliche Veränderung. Es geht vielmehr um ein Sichöffnen für das Vorhandene. Der Weg soll bereit sein für eine neue Perspektive. Die veränderte Perspektive ermöglicht, die Dramenkonserve, also die wortgetreue Wiedergabe, in ein pulsierendes Ereignis zu verwandeln. **Ohne einen Rahmenbruch gibt es keine Erkenntnis**, bleibt das Spiel eine bloße Wiedergabe des Verbürgten. Denn auch hier gilt der gleiche Grundsatz wie für Szene und Rolle: **„Wir können eine Geschichte nur verstehen, wenn sie durch eine andere Geschichte eine Deutung erfährt!"**

Ein Beispiel für einen gelungenen Rahmenbruch findet sich bei Erving Goffman. Er berichtet von einem Vorfall aus dem Jahr 1955 in der Stierkampfarena in Sevilla, wo der Rahmenbruch zu einem neuen Erlebnis führte (ich nehme an, auch zu einer neuen Erkenntnis, nämlich, was dem Menschen über den Kampf hinaus Freude in einer Kampfarena machen kann):

> *„Von einem schnaubenden, wütenden Stier auf die sichere Holzbarriere getrieben, hatten die Toreros in der Stierkampfarena von Sevilla in Spanien das Feld allein dem Stier überlassen. Als sie dort unrühmlich herumstanden, bot eine weiße Katze sowohl dem Stier als auch dem Stierkampfritual Trotz, indem sie von den Rängen der Arena stieg. Die Stierkämpfer machten große Augen, und die Katze machte die Runde in der Arena. Als sie schließlich hinter der Barriere verschwand, gab die Menge donnernden Beifall, wie es gewöhnlich nur den tapfersten Stierkämpfern zuteil wird."*
> (Goffman 2016, S. 457)

4.2 Die Rollengestaltanalyse der Figuren eines Dramas als Auftakt für ein vertieftes Spielwissen

Wenn ein Mensch eine Spiel-Rolle einnimmt, ist er der Protagonist und verdoppelt sich in der Spiel-Rolle. (Die Einnahme einer Spiel-Rolle kann auch durch die Aneignung einer Figur geschehen.) Handelt es sich aber um die Rollengestaltanalyse der Figuren selbst, so sind die Figuren quasi die ProtagonistInnen und verwandeln sich in die Menschen ihres Dramas. Beide Möglichkeiten werden im Psychodrama-Theater geübt. Sie geben dem impliziten und expliziten Spielwissen Nahrung.

Später, in der Psychodrama-Theaterinszenierung, werden genau diese scheinbar realen Personen wieder zu inneren Figuren der Darstellerinnen und Darsteller. Diese inneren Figuren befeuern das spontan inszenierte szenische Spiel auf der Psychodrama-Theaterbühne.

Die TeilnehmerInnen der Workshops eignen sich die Figuren des Stückes an. Sie lernen deren Handlungsspielräume kennen. Auch die Enge, die Sehnsucht und die Ausweglosigkeit der Figuren können sich als äußerst sinnstiftend erweisen, wenn es darum geht, die Bedürfnislage zu erkennen und neue Handlungsspielräume zu kreieren.

Die Theatermacherin kann im Prozessverlauf der Gruppe neue und geänderte Szenen und Aspekte vorschlagen, die eine Entwicklungsmöglichkeit der dramaturgischen sozialen Motivlage aufzeigen oder die Rollen- und Spielgestaltung der Akteurinnen und Akteure verdeutlichen.

Die Rollengestaltanalyse beschäftigt sich mit der Erlebniswelt der Figuren bzw. ProtagonistInnen. Vier hier angelegte Fragen bilden das Gerüst:

1. Frage: Welche Figur ist der Protagonist/die Protagonistin zu wem in der Szene? → Seine/ihre **soziale Rolle**. Dazu gehören auch das Alter der Person, die Bezugnahme auf ein Du und das Ordnen des sozialen Netzwerks in einer bestimmten Situation. Letzteres zeigt sich im Bühnengeschehen durch eine besondere Form der soziometrischen Orchestrierung. Die soziometrische Orchestrierung wird im Bühnenspiel als **Choreografie** der Handlung wahrgenommen.

2. Frage: Mit welcher **Atmosphäre** ist der Protagonist/die Protagonistin (die Figur) in dem Drama konfrontiert? Das Feld der dramaturgischen sozialen Motivlage und die Wahrnehmung gehen hier eine schnelle Allianz ein. Wie bewegt diese Allianz den Protagonisten/die Protagonistin?

3. Frage: Was könnte das vorherrschende **Gefühl** in seinem/ihrem Inneren sein? Welche Regung wird in der Szene gezeigt? Welches Gefühl steuert die Selbstwirksamkeit? Hier stehen das Gefühls- und das Handlungsfeld in einer starken Verbindung.

4. Frage: Wie wird gehandelt? Wie wird der Rollengestaltungsraum in der Szene wahrgenommen? Welche **Interaktionsmuster, Kontakt-**

muster werden zugelassen und welche nicht? Mit dieser vierten Frage wird bereits eine Brücke zur **Spielgestaltanalyse** gebaut. Denn hier ist der Anfang gemacht, das gesamte Muster der an der Szene Beteiligten zu reflektieren.

Die **Menschen handeln auf der Bühne** von der Idee beseelt, sich selbst in der Rollengestalt zu zeigen. Dieses Vorhaben ist bestimmten Anziehungs- und Abstoßungstendenzen ausgesetzt. So entsteht mit den Mitspielern und den Mitspielerinnen ein **situatives Spielwissen**, welches nur in dem gemeinsamen Akt der Szenen aktualisiert werden kann.

Dieses Spielwissen wird einerseits erkundet durch bewusste Wahrnehmungen (Rollenfeedback, Beobachtungsfeedback etc.) und anderseits durch die Analyse der Beziehungsdynamik aller Beteiligten, die ein kollektives szenisches Unbewusstes in einem solchen Akt bilden. **Dieses kollektive szenische Unbewusste bezieht sich auf das „Zwischen"**, auf das, was zwischen den Menschen passiert. Es ist übersummativ – es geht über die individuelle Möglichkeit **einer** Rollengestaltung hinaus.

Das Bewusstwerden eines solchen **unbewussten Prozesses des Zwischenmenschlichen** ermöglicht, das **Integrationsmuster des Aktes** zu verändern. In der Psychodrama-Theaterpraxis geschieht das häufig, indem ein symbolischer Begriff herangezogen wird, um dem Individuum eine neue Perspektive auf das **Beziehungsgeschehen** zu ermöglichen.

Die Ergebnisse einer solchen Auseinandersetzung spiegeln sich im impliziten und expliziten Spielwissen wider. Das Hinzufügen der Spielgestaltanalyse, die sich dem Erkennen des kollektiven szenischen Unbewussten zuwendet, bereichert mit der bereits mehrfach erwähnten „Spielregel" das Tatgeschehen. Die **interaktive Regiebegleitung** nützt diese Erweiterung, wenn es darum geht, Szenen oder Themen zu kreieren, die nicht nur einer Geschichte folgen, sondern auch eine **Begegnungsdynamik** zulassen, die sowohl Interaktionselemente wie Integrationselemente beinhaltet.

4.3 Das Instrument der Rollengestaltanalyse, gezeigt anhand der Figuren des Stücks „Die Glasmenagerie"

Das Ziel dieser Herangehensweise ist es, aus der großen (Lebens-)Geschichte eine kreativ-szenische Geschichte zu machen. Die biografischen Zusammenhänge finden sich in kreativ-szenischen Geschehnissen wieder. Diese Form bannt die Gefahr, sich in überfordernde oder traumatische Szenen des Lebens zu verstricken.

„Die Glasmenagerie" ist ein Theaterstück, welches Tennessee Williams 1945 verfasste.[1] Dieses Theaterstück war auch sein erster großer Erfolg.

Das Bühnenbild dieses Theaterstücks ist sehr schlicht: Ein Dachboden, durchaus ärmlich eingerichtet. Ein Bild an der Wand zeigt einen Mann: Amandas Ehemann und Vater der beiden gemeinsamen Kinder, Tom und Laura. Diese – Tom und Laura – sind bereits junge Erwachsene. Damit sind auch schon die aktiv Mitwirkenden aufgezählt. Zu erwähnen ist noch Jim, ein Schulkollege von Laura und Freund von Tom, der nicht mehr bieten kann, als ein junger Mann zu sein. Das Stück ist in den USA angesiedelt, in St. Louis, Missouri.

Die Geschichte

Der Vater hat sich schon vor vielen Jahren abgesetzt und weder Tom noch Laura beim Erwachsenwerden begleitet. Die Mutter ist in einer Südstaatentraumwelt hängen geblieben, Tom möchte gerne ein Dichter sein. Laura hingegen soll bald an den Mann gebracht werden. Sie pflegt ihre Glastierchen und zieht sich auf Grund einer Behinderung durch Kinderlähmung mehr und mehr von der Welt zurück.

Die Dekonstruktion des Stücks, das Aufbrechen der Dramakonserve

Im folgenden Abschnitt wird keine chronologische Reihenfolge des Dramas wiedergegeben. Es wurden protagonistenbezogene Szenen ausgewählt, die einen Einblick in die Rollengestaltung einer „Person" gewähren. Dieser Aufwand ermöglicht eine vertiefende Vorbereitung für den Rahmen, den das Theaterstück „Die Glasmenagerie" im nächsten Psychodrama-Theaterworkshop bietet.

---

[1] Siehe z.B.: Williams, Tennessee (2017). *Die Glasmenagerie*. Frankfurt am Main: Fischer Taschenbuch.

4.3.1 Laura, als Protagonistin

Hinführung zum Szenenausschnitt 1: Tarnen und Täuschen

Laura, die Protagonistin, ist im ersten von mir gewählten Szenenausschnitt zu Hause, beschäftigt sich mit ihren Glastierchen und erschrickt, als sie die Mutter kommen hört. Rasch geht sie zu den Schaubildern des Schreibmaschinenkurses. Sie ist außerordentlich nervös und versucht, die Mutter in ein Gespräch über das Schreibmaschinenschreiben zu verwickeln, was ihr angesichts der Tatsache, dass die Mutter gerade von der Lehrerin des Schreibmaschinenkurses kommt, nicht gelingt. Die Mutter ist aufgebracht, hat ihr doch die Lehrerin vermittelt, Laura kaum zu kennen. Sie sei nur einmal da gewesen und sei aufgefallen, als sie sich vor lauter Aufregung übergeben habe. Seither wurde sie nicht mehr beim Kurs gesehen. Die Mutter zerreißt die Schreibmaschinentafeln. Laura versucht völlig gelähmt, irgendeine Bewegung zu machen, und möchte das Grammofon in Betrieb nehmen. An dieser Stelle rastet die Mutter vollends aus: Wo war Laura, während sie geschwänzt hat? Laura berichtet plötzlich freimütig: Sie war im Kino und, wenn sie das Geld fürs Mittagessen gespart hatte, im Zoo, im Glaspalast, wo die tropischen Pflanzen wachsen, und ... Die Mutter setzt Lauras Ausflugsbeschreibungen ein düsteres Bild entgegen: Laura, die „Übriggebliebene“, die vom Gnadenbrot anderer abhängig ist und keinerlei wirtschaftliche Kompetenzen erwirbt.

Im ersten Szenenausschnitt wird Laura zu einer Gefangenen in der Welt der Mutter. Als Gitterstäbe dieses Gefängnisses fungiert die **Scham**. Laura schämt sich ihrer Verkrüppelung, die Mutter schämt sich, eine unvollkommene Tochter zu haben.

Betrachtung der Protagonistin Laura in der Szene mittels der Rollengestaltanalyse

Was erlebt **Laura, die Tochter**?

- Die **Atmosphäre** ist lauernd. Dicke, undurchdringliche, zorngeschwängerte Luft ist für Laura spürbar. Das Spiel, welches Laura spielen kann, ist, mittels Verstellung den Versuch zu wagen, die Wünsche der Mutter dem Anschein nach zu erfüllen.

- Laura macht die **Rollenerfahrung einer Tochter**, die täuscht, sich kränklich fühlt und nichts zu sagen hat.
- Laura äußert sich, dass sie schöne Dinge gesehen habe und auch erfühle. Aber bereits während sie sich äußert, weiß sie, dass sie ihre eigenen Wünsche zurückstellen muss. So bleibt das **Gefühl**, das die Welt da draußen auch schön sein kann, tief in ihrem Inneren verborgen. Stattdessen muss sie sich für ihre Handlungen schämen.
- **Die Frage nach der Selbstwirksamkeit:** Laura ist wieder am **Rückzug**. Die **Beschämung** ist stärker als der Wille zur eigenen Lebensgestaltung.
- Das **Konfliktmuster**, in dem Laura agiert, – in der Szene „Schulung/ Lehrerin – Mutter – Schülerin/Tochter" – signalisiert ihr: **Sie ist am falschen Ort.** Im Schreibmaschinenkurs muss sie erbrechen, im Kino auf das Mittagessen verzichten, zu Hause sich hinter der Schreibmaschine verstecken. Die Beschreibung der Mutter, wie ihre Zukunft aussieht, erschwert Laura die Situation noch mehr: wie ein flattriger Vogel, aber ohne Nest!

Wie müsste sich Lauras Interaktionserfahrung in diesem Szenenmuster verändern? Was braucht Laura? Wie könnte sie ein stärkeres Gefühl von **Selbstwirksamkeit** bekommen, Selbstachtung wiedergewinnen, Selbstfürsorge üben? Und wie könnte Laura ein Mehr an Selbstbestimmung erlangen? → Der zaghafte Versuch, zu zeigen, was sie macht und wie sie ist, ist in dem längsten ihrer Monologe in dieser Szene spürbar. Sie versucht, der Mutter ihre Aktivitäten zu vermitteln, die sie in der Zeit unternahm, während die Mutter glaubte, sie sei im Unterricht. Durch die starke Entwertung dieser Handlungen seitens der Mutter versiegt Lauras Kraft aber wieder. Die Kleinode ihrer Erfahrungen zählen nicht.

Die Rolle der Weltenwanderin tut Laura gut – aber die Rolle ist nicht verknüpfbar mit der Rolle der Tochter dieser Mutter. Die Panik der Mutter, die die lebenslange Abhängigkeit Lauras von ihr, der Mutter, vor Augen hat, erzeugt Angst und nochmals Angst.

Das Überwinden der starken Wut und Zornenergie seitens der Mutter ist das erklärte Ziel des **Rollengestaltungsraums** von Laura. Aber dafür müsste Laura den Ort der Handlung verändern. Sie müsste die Mutter einladen, **ihre**, Lauras, Orte abzugehen: „Mutter, geh mit mir die Orte ab, die ich gesehen habe, und schau, was ich sehe. Vielleicht verändert sich auch dein Blick auf die Welt!" Dieser Gedanke könnte für Laura eine wichtige Unterstützung bilden, eine Veränderung ihrer Rolle als Tochter bedeuten. Es gilt, einen neuen Weg abzuschreiten: von der sich verbergenden Tochter zur „Ich habe was zu zeigen"-Tochter. (In der Psychodrama-Theaterinszenierung werden wir uns mit dem Thema „falscher Ort" näher beschäftigen.) Laura ist angewiesen auf Schutz.

Schauen wir uns den zweiten ausgewählten Szenenausschnitt zu Laura an.

Hinführung zum Szenenausschnitt 2: Protagonistin Laura und die falschen Helfer, „die lustigen Betrüger" (Damit ist ein Büstenhalter gemeint, der den Busen größer erscheinen lässt.)

Jim, der Arbeitskollege von Tom, Lauras Bruder, ist zum Abendessen eingeladen – er wird von der Mutter als Lauras zukünftiger Ehemann erachtet. Die Vorbereitungen für das Abendessen sind in vollem Gang. Die Mutter und Laura sind noch allein daheim.

Amanda, die Mutter, steckt den Saum von Lauras neuem Kleid ab. Laura steht deshalb mit erhobenen Armen im Zimmer. Für einen Moment sieht sie ihre eigene Anmut im Spiegel.

Laura ist jedoch zutiefst beunruhigt. Die Mutter holt gerade zwei Puderquasten hervor, wickelt sie in Taschentücher und stopft sie Laura in den Büstenhalter. Auf die Frage, was die Mutter da mache, bekommt Laura zur Antwort, dass dies die lustigen Betrüger seien. Das sei notwendig, da Laura doch sehr flachbrüstig sei!

Betrachtung der Protagonistin Laura in der Szene mittels der Rollengestaltanalyse

Was erlebt **Laura als Tochter**?

- Die **Atmosphäre** ist von einer nicht sehr erfreulichen Aufgeregtheit, aber auch Seitenhiebe auf das Mögliche werden nicht ausgelassen.
- Laura wird **als Tochter** zur herausgeputzten Puppe.

- Das **Gefühl**, welches sich in ihrem Inneren für den Moment breitmacht, ist das der Anmut. Nach außen versiegt dieses Gefühl, ihr ergeht es wie einem Blatt im Wind, das in die Luft geblasen wird, aber gleich wieder am Boden landet – genau wie die „lustigen Betrüger", die sie vor dem Schlafengehen aus dem Büstenhalter nehmen wird.
- **Die Selbstwirksamkeit, der Rollengestaltungsraum:** Die Arme nach oben halten und still sein. Ihre Wünsche werden ignoriert.
- Das **Konfliktmuster** der Szene zeigt aber noch eine weitere Erschwernis für Laura: Die Mutter bildet ein vermeintliches Bündnis mit dem Bruder. Laura bleibt mit ihren Wünschen allein.

Was fehlt Laura für ihre Selbstwirksamkeit, um Scham und die Manipulation der Mutter zu überwinden? Wo ist ihre Bündnismöglichkeit? Die Mutter spricht gnadenlos von ihrem Vorhaben. Laura wird nicht gefragt. Wie kann Laura in dieser Situation ihren Rollengestaltungsraum benutzen? → **Jetzt** wäre der richtige Zeitpunkt, die Puderquasten aus dem Büstenhalter zu nehmen (den lustigen Betrügern abzuschwören) und auf gesunde Distanz zu gehen: „Ich bin so geschaffen, wie ich geschaffen bin. Meine Existenz ist kein Fehler."

Diese Handlung und Haltung können sie natürlich nicht vor dem Liebeskummer bewahren, der auf sie zukommt, aber sie bieten eine Heilungschance für ihre Selbstachtung. Damit könnte Laura lernen, die dramaturgische soziale Motivlage „Scham" anders zu nützen; nicht nur im Beschämungsaspekt zu verharren, sondern auch dieser dramaturgischen sozialen Motivlage den Zugehörigkeitsaspekt sinnstiftend zu entlocken.

Hinführung zum Szenenausschnitt 3: Laura offenbart sich und bestimmt sich noch nicht selbst

Jim kommt auf Besuch. Laura war schon in der Schulzeit in Jim verliebt. Er nannte sie damals „blaue Rose" und beachtete sie nicht weiter.

Die Mutter hält sich mit Tom in der Küche auf, das helle, stimulierende Lachen der Mutter ist im Wohnzimmer gut zu vernehmen, wo Jim und Laura sich allein unterhalten (müssen).

Jim flirtet mit Laura, er ermuntert sie, Selbstvertrauen zu haben, und küsst sie auf die Lippen. Selig sinkt Laura auf die Couch. Jim hingegen merkt im selben Moment, das dies zu viel war – er fischt nach einer Zigarette und wendet sich ab.

Während Amandas mädchenhaftes Lachen aus der Küche im Wohnzimmer noch zu hören ist und Laura Jim verklärt ansieht, beschließt Jim, der Farce ein Ende zu bereiten. Jim merkt, dass er mit seinem Flirt zu weit gegangen ist. Als Ablenkungsmanöver bietet er Laura ein Minzbonbon an. Er deklariert sein Desinteresse für Laura, obwohl er die guten Absichten ihres Bruders Tom, einen netten Mann für die Schwester zu finden, verstehen könne. Er selbst ist bereits gebunden: Er sei mit einem Mädchen namens Betty liiert – nett, ruhig und häuslich. Er habe sie auf einer Mondscheinfahrt im Boot auf dem Alton Creek kennengelernt. Das Boot habe „Majestic" geheißen und es sei Liebe auf den ersten Blick gewesen! Laura klammert sich an die Couchlehne – Jim atmet erleichtert auf.

Als die Mutter das Wohnzimmer betritt, kommt es zu einer raschen Verabschiedung. Jim merkt an, dass er Betty versprochen habe, sie vom Bahnhof abzuholen.

Betrachtung der Protagonistin Laura in der Szene mittels der Rollengestaltanalyse

Was erlebt **Laura als in Jim Verliebte**?

- Die **Atmosphäre** ist unheilschwanger – alles ist falsch und geht zu Bruch. Die Couch wird zur kleinsten Gefängnis- und Schutzzelle.
- Lauras **Rolle** ist die der **falschen Braut**. Sie hat nun die Gewissheit, dass nicht sie, Laura, sondern die andere, Betty, die Wertschätzung und Liebe bekommt. Für sie ist ein Minzbonbon bereitgehalten.
- Das **Gefühl**, welches in ihrem Inneren tobt, ist unbeschreiblich, es ist alles auf einmal und in diesem Moment gleichzeitig greifbar: Begehren, Neid, Eifersucht, Einsamkeit ...
- Lauras **Selbstwirksamkeit** besteht in der Anstrengung, gute Miene zum bösen Spiel zu machen. Alles, was in ihr an Begehren tobt, muss stillgelegt werden. Dieses Stillgelegtwerden ordnet sich, gemäß dem zugrunde liegenden Konzept des Buches, der dramaturgischen sozialen Motivlage Kategorie „**Gier**" zu. Hier gibt es ein Verlangen, dem nicht Rechnung getragen wird.

- Das **Konfliktmuster** der Szene zeigt Laura in dem Versuch, eine Wahl zu treffen – eine Wahl, die nicht gelingen kann. Denn es sind vorab keine Zugehörigkeiten geklärt.

Schwieriger als gerade in diesem Moment kann die **Selbstfürsorge** nicht werden. Um zu überleben, muss Laura alles vergessen, ignorieren, was bis jetzt zwischen ihr und Jim geschehen ist. Die Angst und die Hoffnungslosigkeit, welche sich in dieser Situation breitmachen, haben gesiegt.

Laura muss in dem Stück das Ersehnte wieder mit Beschämungsgefühlen beantworten. Das Tabu, das mit Scham behaftete Verpönte, schiebt sich vor das Erhoffte und verdeckt auf diese Art die Sicht darauf, ähnlich einer Sonnenfinsternis. Wird dieses beschriebene Ereignis zur Antizipation von zukünftigem Geschehen, gestaltet sich daraus ein expliziter Lebensentwurf.

Wird ein Lebensentwurf in der Folge mit dem Leben dahinter verwechselt, so entfernen wir uns von uns selbst. Wir schmälern die eigene Selbstwirksamkeit. Diese Erfahrung hinterlässt den Abdruck eines Entfremdungsgefühls. Durch diese Entfremdung von uns selbst, unserer inneren Bilderwelt, verengen sich unser implizites und explizites Spielwissen. Der Rollengestaltungsraum wird in diesem Vorgehen stetig verkleinert.

Was könnte Laura, nun am Boden zerstört, tun, um doch noch etwas **Selbstwirksamkeit** für sich zu gewinnen? → Das ist die schwierigste Frage in diesem Theaterstück, verfügt Laura doch scheinbar über die geringste Bewegungsmöglichkeit. Aber sie lässt sich in **ihrem Herzen berühren**! Ja, auch von Jim. Und wenn sie lernt, zu entscheiden, von wem sie sich berühren lässt, ist sie vielleicht die stärkste Persönlichkeit in dieser ihrer Welt. Sich berühren lassen ist die nachhaltigste Bewegung, zu der wir Menschen fähig sind. (In der Psychodrama-Theaterinszenierung mit den Workshop-TeilnehmerInnen werden wir erleben, wie die Figur „Laura" in den jeweiligen Spielerinnen und Spielern die **eigene Sprache findet**.)

4.3.2 Tom, als Protagonist

Hinführung zum Szenenausschnitt 1: Toms symbolische Welt

Die wichtigste Person in Toms symbolischer Welt ist der Vater als Bild an der Wand. Die Schwester ist eine Lichtgestalt in seinem Leben, auch wenn sie ihm nur als zuckendes Kerzenlicht bleibt. Er ist **ein Heimatloser auf der Feuertreppe**.

Tom, seine Mutter Amanda und seine Schwester Laura sitzen beim Abendessen in der ärmlichen Wohnung. Die Mutter nörgelt ständig an Toms Essgewohnheiten herum, kritisiert sein spätes Nachhausekommen und weist immer wieder auf seinen schlechten Lebenswandel hin. Seine nächtlichen Kinobesuche betrachtet sie mit Skepsis. Tom geht lieber nach draußen, um eine Zigarette zu rauchen, als sich das Nörgeln der Mutter weiter anzuhören. Die Schwester versucht Tom zu beschwichtigen – die Mutter meine es ja nicht so.

Betrachtung des Protagonisten Tom in der Szene mittels der Rollengestaltanalyse

Was erlebt **Tom als Sohn, als Bruder**?

- **Die Atmosphäre:** Niemand hört dem/der Anderen wirklich zu. Als hätten die Personen offene Münder, aber geschlossene Ohren.
- Toms **Rolle** als Sohn und Bruder ist, dass er sich selbst wie auf einem schwankenden Schiff empfindet: Einmal ist er ein gemaßregeltes Kleinkind, einmal ein zigarettenrauchender „Opernstar“ auf der Feuertreppe, einmal muss er sich der Beschwichtigung der Schwester fügen.
- Das **Gefühl** der Sehnsucht und Einsamkeit bleibt hinter seinem Groll versteckt, mehr vom Leben haben zu wollen.
- **Die Frage nach der Selbstwirksamkeit:** Nur ein Blick auf das Bild des Vaters gibt ihm die Gewissheit, dass es ihn gibt. Die soziale dramaturgische Motivlage „Gier“ ist durch Kargheit ausgewiesen. Jedes Verlangen scheint zwecklos zu sein.
- Das **Konfliktmuster** der Szene: Tom hat den Boden unter den Füßen verloren.

Fürs Erste könnte es Tom nützen, sich selbst zu beweisen, dass er auch etwas zu sagen hat. Vielleicht spricht er zunächst nur in seiner Fantasie zum Vater, der in der Familie nun nichts mehr zu sagen hat, und dieser Vater darf in seiner Fantasie wohlwollend antworten, ganz im Sinne eines inneren Dialogs. Auch er braucht einen echten Bündnispartner, der ihm zuhört und sein Verlangen wahrnimmt.

Exkurs:
Diese Szene und ihre Erweiterung habe ich anlässlich einer Demonstration, wie Psychodrama-Theater wirkt und wie das neue Format „Psychodrama-Theater" zu verstehen ist, in Linz bei einem Jour fixe (einer periodischen Veranstaltung der Fachsektion Psychodrama im ÖAGG) umgesetzt. Die Veranstaltung dauerte circa drei Stunden. Die TeilnehmerInnen waren InteressentInnen aus unterschiedlichen therapeutischen Richtungen. Außerdem fanden sich zu dieser Veranstaltung auch künstlerisch tätige Menschen ein. Am Beginn stand die Hinführung zur Szene: Eine kurze Inhaltsangabe des gesamten Theaterstücks, danach lag der Fokus auf der Szene des Abendessens, an welchem Jim bereits teilnimmt.

Die Szene: Mutter, Laura, Tom und Jim sitzen beim Abendessen am Tisch. Der Vater hängt als Bild an der Wand (wird von einer Person dargestellt). Die Mutter versucht Tom in die Küche zu ziehen, damit Jims erotische Annäherung an Laura erfolgen kann.

Die MitspielerInnen der Szene:
- Vater, wohlwollend und anwesend
- Mutter
- Laura
- Tom
- Jim

Nachdem die Szene aus dem Stegreif kurz von fünf TeilnehmerInnen an diesem Jour fixe angespielt worden war, bestätigte ich den Spielenden ihre spontane und beeindruckende Performance. Ich gab zu verstehen, dass **die interaktive Regiebegleitung** nun in Aktion treten werde. Es gebe einen

Vorschlag für die Spielenden, damit sie in ihren Rollen **zu mehr Selbstwirksamkeit** kämen. Die Regiekompetenz ist die dirigierende Kraft. Im Psychodrama-Theater wird durch die interaktive Regiebegleitung ebenso die Regiekompetenz des Individuums gestärkt.

Der Vorschlag der interaktiven Regiebegleitung der Theatermacherin in dieser Spielsituation: Der Rollenspieler „Vater“ löst sich als Bild von der Wand ab. (Das Bild wurde zunächst mit einem Darsteller besetzt, der das Bild an der Wand mimte.) Er tritt hinter seine Familie und gibt dabei jeweils einem Rollenspieler, einer Rollenspielerin wertschätzende Unterstützung, so als sei das Handeln der ProtagonistInnen getragen vom väterlichen Wohlwollen im Hier und Jetzt.

Die Wirkung in der darauffolgenden Szene war für die Spielerinnen und Spieler verblüffend – die Beschämung aufgrund des ‚Kuhhandels‘ der Mutter mit Jim und der fragwürdigen Allianz der Mutter mit dem Sohn löste sich im Nichts auf. Jim und Laura fanden einen passenden Abstand zueinander und ließen ihre jeweiligen Zugehörigkeiten zu.

Zurück zu Tom im Stück von Tennessee Williams:

Hinführung zum Szenenausschnitt 2: Toms Versuch, die Hörigkeit abzuschütteln

Tom und Amanda sitzen allein am Frühstückstisch, Laura wurde um Butter geschickt.

Die Mutter setzt mit Vorwürfen Tom nach – und wiederholt ihre Beobachtungen, dass Tom in einem miserablen Zustand sei. Er hingegen hält ihr sein eingeengtes Leben vor. Er sei nicht scharf darauf, 55 Jahre seines Lebens in einem Betonbunker zu verbringen, um „Kontinentale Schuhwaren“ zu sortieren. Er habe keine Lust mehr, für 65 Dollar im Monat alles aufzugeben, wovon er geträumt hat. Sein Blick wandert immer wieder zum Bild des Vaters. Er will abermals gehen.

Die Mutter hält ihn zurück, es gebe eine Lösung. Laura müsse versorgt werden, sie sei behindert und solle heiraten. Tom habe doch sicher einen netten Arbeitskollegen, der das tun möchte. Die Mutter wird handgreiflich, sie packt Tom am Arm. Tom gibt sich geschlagen, er wird Jim einladen.

Betrachtung des Protagonisten Tom in der Szene mittels der Rollengestaltanalyse

Was erlebt **Tom als Sohn und Bruder**?

- **Die Atmosphäre:** Falsche Fragen füllen den Raum, ein wesentliches Element von Missbrauch.
- **Das Gefühl:** Ein tiefes Entfremdungsgefühl bemächtigt sich seiner, er akzeptiert das falsche Handeln.
- **Die Frage nach der Selbstwirksamkeit:** Er verschließt sich, seine wirklichen Absichten finden keinen Ausdruck. Er ignoriert sich selbst.
- Das **Konfliktmuster** der Szene: Tom muss die „Verantwortung" übernehmen – er klammert jedoch sich selbst in dieser Verantwortungsübernahme aus. Dadurch verstärkt sich seine Entfremdungserfahrung. **Er versucht sich selbst nicht mehr im Geschehen zu sehen**. Das mag wohl auf den ersten Blick verwirrend erscheinen, ist aber häufig so, wenn wir uns bemühen, die Verantwortung letztlich auf den Anderen abzuwälzen.

Hinführung zum Szenenausschnitt 3: Ein Geheimnis wird gelüftet – aber wem gegenüber?

Tom und Jim sitzen auf der Feuertreppe, eine Zigarette rauchend. Tom drückt seinen Ekel über seine Arbeit aus – wenn er nur einen Schuh in die Hand nimmt, dann kocht er schon über. Er beschreibt sich selbst als Traumtänzer, aber er zieht ein Papier aus der Tasche und zeigt es Jim. Er ist Mitglied der „Gewerkschaft der Seeleute" geworden. Den Beitrag für diese Mitgliedschaft hat er vom Stromgeld abgezweigt. Jim gibt zu bedenken, dass das seine Mutter nicht freuen wird – aber Tom ist sich sicher, dass er schon über alle Berge sein wird, wenn die Mutter sein Verschwinden bemerkt. Er sei eben wie sein Vater, der sei schon vor 17 Jahren auf und davon.

Betrachtung des Protagonisten Tom in der Szene mittels der Rollengestaltanalyse

Was erlebt **Tom als Freund und Bruder**?

- **Die Atmosphäre:** Vertrautheit und die dunkle Wolke der Geheimniskrämerei …
- Toms **Rolle** als Freund und Bruder ist, sich aus der Affäre im wahrsten Sinne des Wortes zu ziehen.
- **Das Gefühl:** Tom will verlassen, ist verlassen und fühlt sich verlassen.
- **Die Frage nach der Selbstwirksamkeit, dem Rollengestaltungsraum:** Tom erzählt Jim die Wahrheit darüber, was er tun möchte, leitet aber gleichzeitig eine große Lüge ein – denn auch ihm ist klar, dass Jim und Laura kein Paar werden. (Sonst könnte er ja bleiben!) In seiner **Gier nach dem Leben** findet er für die Wahrheit kein Maß.
- Das **Konfliktmuster** wird hier bestimmt durch das Fehlende. Trost und Abschied – eine Inszenierung des Herzens wird Tom nicht zuteil.

Wie kommt Tom zu seiner Selbstwirksamkeit? → Er müsste zu seiner Entscheidung stehen und **bekennen, was er in Zukunft ignorieren will und was nicht.** Das ist allerdings ein noch zu schwieriger Schritt für ihn, aber lassen wir uns durch seine Schlussworte trösten, in denen er am Ende des Stücks feststellt, er, Tom, habe den Vater gesucht und die Schwester in seinem Herzen gefunden. Und dort und nur dort ist der sich selbst vertrauende, selbstbestimmte Tom zu finden.

Wir alle sind gefährdet, fahlen Sonnen zu folgen sowie zu unterlassen, was zu tun ist, und zu tun, was zu unterlassen ist. Das Gift der Beliebigkeit ist sehr wirksam. Manchmal jedoch kann das Wunder der Berührung durch Liebe und Mitgefühl die Wunde, die uns die Sinne vernebelt, ein wenig schließen.

4.3.3 Amanda, als Protagonistin

Die dritte Protagonistin, die Mutter Amanda, bereitet mir ein wenig Kopfzerbrechen. Welche Szenenausschnitte soll ich wählen?

Hier gibt es ein Zwischenspiel meiner biografischen Resonanz:
Für die Szenengestalt im Psychodrama-Theater braucht es mindestens drei Figuren. Es ist klar, dass es die Mutter Amanda ist, die sich noch in dieser Vorbereitungsarbeit auf den Workshop zeigen darf. Laura und Tom sind Figuren, die in meinem Inneren einen lebendigen und lebhaften Dialog miteinander führen. Mit Amanda ist das so eine Sache: Welche Passagen des Stücks sprechen für die Figur in mir? Meine Mutter verfügte weder über Schönheit noch über einen besonderen Charme. (Ich war immer ganz froh, dass ich ihr nicht ähnlich sehe.) Aber auch meine Mutter ‚opferte' sich ‚auf'. Ihr war für die Großfamilie keine Hilfe zu schwer. Sie machte gerne Pläne, was für das eine oder andere Familienmitglied gut sein könnte. Meine Mutter blieb zeit ihres Lebens bei ihrem Mann und hatte eine Enkelkinderschar. In diesem Punkt unterscheidet sie sich von Amanda als Mutter. Jedoch haben beide, Amanda und meine Mutter, einen Mangel an Einfühlsamkeit gemeinsam. Einfühlsamkeit war eben nicht ihre Stärke. Der traurigste Moment und zugleich der Moment, in dem meine Mutter aber am stärksten mit Amanda eine unleugbare Ähnlichkeit aufwies, war der, als das Leben meiner Mutter zu einem einzigen Monolog in der Abhängigkeit von meinem Bruder, der sie pflegte, verschmolz.

Hinführung zum Szenenausschnitt 1: Ein Versuch der Existenzsicherung

Amanda sitzt im Wohnzimmer und telefoniert. Sie möchte Zeitschriftenabonnements verkaufen. Die Zeitschrift heißt „Der Hausfreund".

Zunächst erfolgen am Telefon die obligaten einschmeichelnden Begrüßungsformeln seitens Amanda. Das Thema „Gesundheit und Großartigkeit der Gesprächspartnerin" wird angesprochen. Aber sehr bald wird anhand der Mühe, die sich Amanda gibt, klar: Das Abonnement wird nicht gekauft bzw. verlängert. Die potenzielle Kundin legt am anderen Ende der Leitung unmissverständlich auf.

Betrachtung der Protagonistin Amanda in der Szene mittels der Rollengestaltanalyse

Was erlebt **Amanda als Verkäuferin**?

- **Die Atmosphäre:** Wieder einmal liegt Abweisung in der Luft. Das „Betteln", getarnt als Verkaufsgespräch, wirkt peinlich.
- Amandas **Rolle** als Verkäuferin wird respektlos abgewehrt.
- **Das Gefühl:** Sie gibt sich gelassen, ist aber außerordentlich wütend.
- **Die Frage nach der Selbstwirksamkeit:** Sie versucht, beharrlich zu sein.
- **Das Konfliktmuster:** Ein jeder benutzt hier den Anderen als Blitzableiter.

Hinführung zum Szenenausschnitt 2: Amanda streut ihre Bitten in die Welt

Mutter und Tom sitzen allein am Frühstückstisch, Laura wird weggeschickt – sie soll Butter einkaufen (siehe auch Hinführung zur Szene 2 in Kapitel 4.3.2).

Der Sohn muss helfen, Laura zu verkuppeln: Amanda nimmt Tom fest am Arm, sie möchte nicht, dass er das Zimmer verlässt. Sie eröffnet ihm ihren Wunsch, er möge einen Kollegen von der Arbeit einladen, damit Laura jemanden kennenlernt. Es gebe doch sicher ein paar nette Männer! Tom wehrt sich zunächst. Aber schlussendlich sagt er zu. Er darf nun gehen.

Amanda greift wieder zum Telefon, um Zeitschriftenabonnements zu verkaufen. Sie telefoniert mit Ella Cartwright, hat aber auch mit dieser Kundin kein Glück.

Betrachtung der Protagonistin Amanda in der Szene mittels der Rollengestaltanalyse

Was erlebt **Amanda als Mutter, als Verkäuferin**?

- **Die Atmosphäre:** Wieder liegt Abweisung in der Luft. Das Bedrängen wirkt von vornherein peinlich.
- In ihrer **Rolle** als Mutter betont Amanda die „guten Absichten", wo die guten Aussichten nicht gegeben sind.

- **Das Gefühl:** Sie gibt sich gelassen, ist aber außerordentlich wütend und neidisch, dass es andere besser haben.
- **Die Frage nach der Selbstwirksamkeit, der Rollengestaltungsraum:** Sie betont die Armseligkeit, die sie umgibt, und versucht ihre Überforderung zu verwalten, indem sie Tom nötigt, etwas Falsches zu tun.
- **Das Konfliktmuster**, den Lebenshunger zu stillen, ist auch bei ihr durch einen falschen Einsatz vermasselt. Ihre dramaturgische soziale Motivlage „Gier" hat noch kein Ventil gefunden, das rechte Maß für das Verlangen zu entdecken.

Wie könnte Amanda ihre Bedürfnisse artikulieren lernen, ohne in die Bedürftigkeit abzurutschen? → In der Bedürftigkeit empfindet man sich selbst immer als Fehler. (Auch wenn dieser sich als Überschätzung tarnt!) Und man muss noch mehr manipulieren, um diesen Fehler zu vertuschen. Der, die Bedürftige will die Erlösung von außen für das Außen. Der Mensch, der zu seinen Bedürfnissen steht, ist jedoch in der Lage, diese mit den eigenen Möglichkeiten abzugleichen.

Vielleicht könnte Amanda zu Tom sagen: „Mach's für mich! Ich fühle mich überfordert, für deine Schwester zu sorgen!" Aber dann könnte Toms Antwort wie befürchtet ein Nein sein. (Wenn Tom sich nicht triangulieren ließe. Wenn er sagen würde, so etwas mache ich nur, wenn es sich meine Schwester wünscht.) **Das rechte Maß kennt sowohl ein Nein wie auch ein Ja.**

Hinführung zum Szenenausschnitt 3: Amanda ersucht das Universum um Hilfe

Es ist Nacht, der Mond scheint durchs Fenster ins Wohnzimmer. Amanda ruft Laura aus der Küche zu sich ins Wohnzimmer. Laura kommt mit einem Geschirrtuch in der Hand. Sie wollte soeben den Abwasch machen. Die plötzliche euphorische Aufgeregtheit der Mutter ist für Laura verwirrend. Amanda wünscht sich, dass Laura sich von dem silbrigen Streifen des Mondes etwas erbittet. Laura ist durcheinander – was soll sie sich wünschen? Die Mutter antwortet ihr unter Tränen: „Glück, nur ein kleines bisschen Glück!"

Betrachtung der Protagonistin Amanda in der Szene mittels der Rollengestaltanalyse

Was erlebt **Amanda als Mutter ihrer Tochter**?

- **Die Atmosphäre:** Es ist Vollmond und Sehnsucht über Sehnsucht wallt durch den Raum.
- Amanda in der **Rolle** als Mutter hat endlich Gelegenheit, Laura zu drängen, dass sie sich das wünscht, was sie – Amanda – möchte („Kind, ich weiß doch, was für dich gut ist!").
- Amanda in der **Rolle** als gefühlvolle, romantische Frau richtet ihren Blick verklärt zum Mond.
- **Das Gefühl:** Sie empfindet eine Liebe zu den Wünschen.
- **Die Frage nach der Selbstwirksamkeit, der Rollengestaltungsraum:** „Ich kann nur das sehen, was ich mir wünsche, ich will nicht sehen, was ich habe." (Und so entgeht ihr der zweite Mond: das Glück, das sie bereits hat – mit ihren beiden Kindern.)
- **Das Konfliktmuster:** Alles ist in dieser Szene „Mond" ... verschwommen, unklar und doch bedeutungsschwanger.

Vielleicht braucht Amanda ein wenig Ruhe und die Gewissheit, nicht immer für alles zuständig zu sein. Nicht immer jemanden ‚**hinstoßen**' zu müssen, wo er oder sie gar nicht sein will. Diese Ko-Abhängigkeit von Tom und Laura zu lösen ist nicht leicht; den Trugschluss aufzugeben, mit Manipulation die Kontrolle zu erlangen und zu behalten, wäre das **Glück für alle Beteiligten**. Dies könnte der Liebe zu den Menschen eine neue Chance geben.

Eine Vorschau

In dem von mir inszenierten Psychodrama-Theaterstück „Die Glasmenagerie" wird am Ende des Interaktionsprozesses im Workshop das Rollenfeedback der Figur „Mutter" lauten: „Als Mutter hat es mir gar nicht so gepasst, dass mein Kind die Freiheit wollte. Ich wollte es auch nicht so schnell hergeben und hatte Angst, dass das Kind mir entgleitet."

4.4 Zusammenfassung

Wie oben bereits erwähnt, lässt die **Dekonstruktion des Stücks mindestens zwei Analysemöglichkeiten für die Theatermacherin** zu: **die Rollengestaltanalyse der ProtagonistInnen und die Spielgestaltanalyse – in der Zusammenschau der Eigenheiten der Spielenden.** Die Spielgestaltanalyse bietet der Regieidee gutes Material.

Durch die vorliegende Konstruktion des Stückes ist es möglich, die drei beschriebenen ProtagonistInnen auch einer Spielgestaltanalyse zu unterziehen.

Betrachtet man alle drei ProtagonistInnen – Laura, Tom und Amanda – gleichermaßen, so erspürt man die unbewusste Einigung der Beteiligten auf eine **gemeinsame Spielregel**. Sie lautet: „Du sollst nicht merken, was in mir vorgeht, und wenn du's merkst, habe ich und hast du mit einer abgrundtiefen Enttäuschung zu rechnen!"

4.5 Exkurs: Der Besuch im Theater und eine autobiografische Resonanz

Der Besuch im „richtigen Theater" – mit dem Blick ins Publikum, in die Dunkelheit, welche die Berührung, die Bewegtheit verbirgt

Manchmal wende ich mich für einen kleinen Augenblick von der richtigen Theaterbühne, zum Beispiel im Wiener Akademietheater, ab und blicke um mich. Dann denke ich mir: Wo sitzt jetzt die Mutter, die mit schlechten Schulnachrichten ihrer Kinder rechnen muss? Der Vater, der schon lange nicht mehr bei seinen Kindern wohnt? Die an der Brust operierte Frau, ist sie vielleicht links oben auf der Galerie und holt gerade ein Taschentuch hervor? Wo sitzt der Sohn, der den sonntäglichen Telefonanruf seiner stets unzufriedenen Mutter fürchtet? Und wer ist von einer Krankheit geplagt, die wohl nicht mehr heilen will?

Manchmal höre ich ein Gespräch in der Theaterpause mit. Menschen äußern sich dann gelegentlich kritisch über das Stück. Es ist auch ein Versuch, ihre Autonomie darüber, was sie soeben erlebt haben, zurückzugewinnen.

Im klassischen Zuschauersaal im Theater, vielleicht im kuscheligen Lesesessel zu Hause – die Art und Weise, wie der Betrachter, die Betrachterin ein Kunstwerk in seinem, ihrem Kopf nachbildet, hängt immer von der persönlichen Erfahrung ab. Denn der Leser, die Leserin wird auch hier das Vorgefundene mit den Erwartungsmustern des eigenen Lebensentwurfs vergleichen.

Ein kleiner Lichtkegel, vielleicht so hell wie eine Taschenlampe, strahlt eine kleine **biografische Episode meines Lebens an**.

Es war zu erwarten, dass dieses Theaterstück ebenfalls eine gehörige Portion biografische Assoziationen in mir selbst auslösen würde.

Onkel Hansi, das Gipsbett, das Schlupfloch und ich

Onkel Hansi war ein weit jüngerer Bruder von Onkel Franz. Sein eigenes Schicksal war aber nicht minder unerfreulich, obwohl ich ihn immer als lustigen und gut aufgelegten Menschen erlebt habe. Onkel Hansi war im Jahr 1961, ich war etwa 11 Jahre alt, mittellos. Wie kam es dazu? Seine Frau hatte eine Kopfoperation, die nicht nur missglückt war. Sie war dadurch auch sehr entstellt. Man muss sich vor Augen halten, dass gerade seine Frau in der Familie als Schönheit gegolten hatte! Die Pflegekosten und die Versorgung seiner beiden Söhne verschlangen das ganze Geld und führten letzten Endes zur Aufgabe des auch ihm anvertrauten Kohlengeschäftes. Fast zwangsläufig folgte Onkel Hansis Absturz – Alkohol und Schulden.

Meine Mutter, nicht immer die einfachste Frau, aber doch einfach und hilfsbereit von ihrem Gemüt, bot zweifache Hilfe an. Einerseits für Onkel Hansi – damit er sich etwas verdient – und zum anderen wusste sie dadurch auch mich betreut.

Ich leide an einer schweren Verkrümmung meiner Wirbelsäule. Dieses Ungemach begleitet mich seit frühester Kindheit. Die Therapie der Ärzte zur damaligen Zeit: tagsüber Mieder, Nachtruhe im Gipsbett und zum Gehen orthopädische Schuhe. Und ein etwas modernerer Ansatz: orthopädisches Turnen zwei Mal die Woche.

Also war Onkel Hansi abgestellt, mit mir zwei Mal die Woche von Kagran (damals verkehrstechnisch noch ein entlegener – fast – Vorort von

Wien) in den ersten Bezirk zu fahren, um mit mir dort hinter der Stephanskirche die orthopädische Ambulanz aufzusuchen.

Eines Tages war es in der Ambulanz in der Trainingsstunde allerdings sehr schlimm. Ein ganzes Ärzteteam stand um mich herum, bemalte meinen nackten Körper mit einem roten Stift, um die Verkrümmungen gut sichtbar zu machen, und die Veränderung, die durch die Turnübungen entstehen, zu dokumentieren.

Ich kann mich noch gut erinnern, wie wir beide – Onkel Hansi und ich – anschließend ins Wirtshaus gingen und uns sehr betrübt unsere Leidensgeschichte erzählten. Er bestellte sich von dem Taschengeld, welches ihm meine Mutter als Entschädigung für seine Mühe wöchentlich gab, gleich ein Viertel Wein und mir ein riesiges Stück Schokotorte und ein Kracherl (Limonade).

Diese gute Sitte habe ich daraufhin mit Onkel Hansi beibehalten. Und noch erweitert. Ich fand, wir dürften uns was Gutes gönnen; so warf ich auch mein Taschengeld in die Waagschale und ging mit Onkel Hansi einkaufen. Die Einkaufstouren waren ein wenig obskur, erstand ich doch auf diese Art eine Bibel (es war eben ein theologischer Buchhändler ums Eck), aber auch viele Kuscheltiere im toll sortierten Spielzeugladen. So etwas bekam man damals in Kagran nicht!

Mit siebzehn Jahren habe ich mich von der Gipsschale befreit und sie aus dem vierten Stock des Internats in die Tiefe stürzen lassen.

Ein wunderbares Schlupfloch in meiner Misere war ein Bündnispartner – natürlich war Onkel Hansi ein wenig marod, aber wir verstanden uns gut, denn wir mussten uns nichts vormachen. Und wir kannten zu diesem Zeitpunkt unser Lebensspiel – wir beide brauchten Trost.

5 Regieführung in der Gruppe: Regiekompetenz und Gemeinschaftsbildung

Zur Regieführung in der Gruppe zählt die Kompetenz, einer Gruppe eine **Gemeinschaftsbildung** angedeihen zu lassen. Die Regiekompetenz für die „Regieführung in der Gruppe" besteht in der Bewältigung der Aufgabe, Räume für das zwischenmenschliche Spiel zu sichern. Das Ziel der Psychodrama-Theatergruppe ist es, das implizite und explizite Spielwissen der Szenengestalt zu erkunden. Dazu bedient sich die Regieführung ebenfalls der fünf Instrumente, der Matrix des Beziehungsentwurfes und weiterer in diesem Kapitel angeführter Methoden und Techniken. Die Inszenierung stützt sich auf das szenische Handlungsverstehen. Die Regieführung soll die Basis für die interaktive **Regiebegleitung** vorbereiten. Letztere dient der **Entfaltungsmöglichkeit** der Spieler und Spielerinnen.

5.1 Der Beziehungsentwurf „Gruppe"

Spielwissen wird in der Gemeinschaft erworben und in der Gemeinschaft weiterentwickelt. **Das szenisch-motivationsorientierte Gruppenleiten führt zur Gemeinschaftsbildung.** In der Psychodrama-Theatergruppe wird damit ein Bild der Zugehörigkeit erzeugt. Der erste Moment der Gemeinschaftsbildung ist das Sicheinfinden in einer Gruppe, die sich zum Ziel setzt, szenisches Arbeiten zu gestalten.

Wie jede Gruppenbildung unterliegt auch diese einer gewissen Gruppendynamik. Das ergibt sich aus den Menschen, die mit ihren sehr unterschiedlichen inneren Bilderwelten ankommen. Der erste Handlungsimpuls der Ankommenden ist immer, dass ihre innere Welt der äußeren entsprechen soll. Das wird mit unterschiedlichen Ausdrucksweisen in die Tat umzusetzen versucht. So entdeckt man zunächst stimmgewaltige und schüchterne Menschen. Menschen, die den Anderen sofort unterstützen wollen oder die dessen Äußerungen zu unterdrücken versuchen.

Damit aus den vielen „inneren Welten" eine Ensemblewelt wird, ist die Hinführung zu einem Interaktionsritual wichtig. Das Theater an sich ist eine rituelle Einrichtung. Es verfügt über konstituierende Elemente, wie **Bühne, ZuschauerInnenraum, Anfang und Ende der Vorstellung**. Diese wesentlichen Punkte bezeichnen bereits die vier Eckpfeiler, die ein gelungenes, weil dynamisches Ritual ausmachen.

Die **Aufgabe des Interaktionsrituals** ist es, **etwas sichtbar zu machen, was sonst unsichtbar bliebe.** – Moreno selbst hat das Psychodrama zwischen Theaterkunst und spirituellem Ritual positioniert.

Wie ist der Ablauf?

Nach einer kurzen **Vorstellrunde** und gegebenenfalls einem **Erwärmungsspiel** wird bereits das Instrument der **soziometrischen Orchestrierung** eingesetzt. Den TeilnehmerInnen werden Platzierungen angeboten, denen sie sich zuordnen können. Diese Platzierungen zeigen die innere Anziehungs- und Abstoßungskraft des Individuums in der Gruppe. Durch den Zuordnungsprozess aber entsteht gleichzeitig wieder eine Gruppenbildung, in der sich das Individuum gestärkt sieht. Durch diese Dynamik entwickelt sich die notwendige Vertrautheit, die es braucht, damit die **Bühne zum Schauplatz von Lebensrealitäten** werden kann.

Die Lebensrealität des Tatgeschehens, als Teil des Beziehungsentwurfes, ist die Ausgangslage für die „soziometrische Orchestrierung der Gruppe“. Sie hilft, in der Gruppe verpönte Lebensentwürfe aufzudecken und eingeklemmtes Leben zu befreien. Sie geht bei der Gruppenbildung über das Gestalten des soziometrisch festgelegten Ortes hinaus. Die soziometrische Orchestrierung der Gruppe benutzt aktiv die Brille der dramaturgischen sozialen Motivlage, um das Entstehen und Vorhandensein der Interaktion untereinander besser zu gewichten. In Kapitel 2.8 wird die Arbeitshypothese der dramaturgischen sozialen Motivlage erläutert.

Besucht ein Mensch eine Psychodrama-Theatergruppe, so bringt er, sie unterschiedliche Erfahrungen mit. Manches Mal entstanden traurige Momente, wenn der Mensch beschämt wurde, oder wunderbare Momente, wenn der Mensch willkommen war und dazugehörte. Die innere Szenengestalt beherbergt diese Erfahrungen, in denen ein breites implizites und explizites Spielwissen angelegt ist. Wir bewegen uns daher auf einem gemeinsamen Boden.

Mit dieser Vorgehensweise ergibt sich ein **neues psychodramatisches Konzept der Gruppenleitung**. Diese Gruppenleitung betrachtet, ähnlich wie in Kapitel 3 (Traumarbeit) beschrieben, das Eintreffen der GruppenteilnehmerInnen als eine noch nicht angekommene Person (= latente Gruppenperson). Die TeilnehmerInnen sind zunächst Suchende, die mit ihrem inneren Radar einen Anhaltspunkt auskundschaften. Ähnlich wie in der Traumarbeit muss dieser anfängliche Suchprozess eine „Verkörperung" erfahren. Die Regieführung ermöglicht daher den TeilnehmerInnen, zum Gruppenkörper zu werden. Damit ist der Grundstein gelegt, die Gruppe als **„eine Beziehungsfigur"** zu verstehen. Die teilnehmende Person wird eingeladen, sich und die Welt in diesem **Beziehungsentwurf** kreativ zu interpretieren, um so ein Teil des Ganzen zu sein (= manifeste Person in der Gruppe).

Wie in der Traumarbeit muss auch hier die dramaturgische soziale Motivlage für die szenische Verankerung sorgen. Die Annahme ist, dass eine jede Gruppe einen generellen Beziehungsentwurf produzieren kann. Da es sich hier nicht um ein individuelles, sondern um ein **kollektives Geschehen** handelt, werden **drei Felder** des **Beziehungsentwurfes „Gruppe" mit dem Fokus auf die Anliegen der dramaturgischen sozialen Motivlage beleuchtet**. In Abbildung 6 bleibt daher das Feld der dramaturgischen Motivlage ohne Sprechblase (sie ist symbolisch gesehen der „Protagonist"). Die drei beleuchteten Felder werden in jeder Ensemblegruppe deutlich angesprochen und mittels einer geeigneten Anregung durch die Regieführung abgeholt. (Siehe Ausführungen in „Der Beziehungsentwurf ‚Gruppe' …" auf der nächsten Seite). So entsteht ein Gruppenbeziehungsgefüge mit einem großen Potenzial. In den szenischen Ereignissen des Gruppenprozesses werden sich weiterführende Interaktions- und Integrationsachsen etablieren. Dieses Vorgehen ermöglicht eine Wachsamkeit, die dem Geschehen in der Gruppe Ernsthaftigkeit, Verantwortung und Wertschätzung ermöglicht.

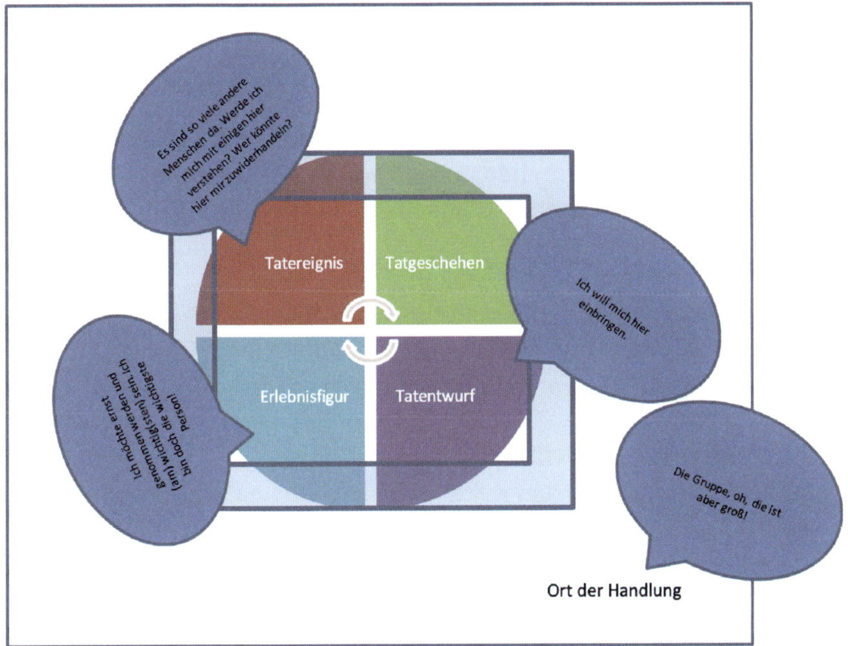

Abb. 6: Der Beziehungsentwurf „Gruppe“

Der Beziehungsentwurf „Gruppe“ beschreibt den Weg von die – es – ich zum gemeinsamen Spiel

Ort der Handlung: „Die Gruppe, oh, die ist aber groß!“ → Die Regieführung bietet an dieser Stelle der Gruppe entsprechende Erwärmungsübungen an. Dieses erste Kennenlernen mit Erwärmungsübungen ist der Beginn einer szenischen Orchestrierung des Gruppenprozesses. Die soziale dramaturgische Motivlage von Gier und Angst bekommt einen Rahmen.

Das Tatereignis: „Es sind so viele andere Menschen da. Werde ich mich mit einigen hier verstehen? Wer könnte hier mir zuwiderhandeln?“ → Die Regieführung nützt die Kleingruppenbildung, um Ambivalenzen und Unterschiede einer Vertrauensbasis zuzuführen. Die Aufgabenstellungen für diese Kleingruppen ermöglichen Abgrenzung. Die soziale dramaturgische Motivlage „Ignoranz“ wird hiermit in die soziometrische Orchestrierung der Gruppe eingebaut und konstruktiv genutzt.

Die Erlebnisfigur: „**Ich** möchte ernst genommen werden und (am) wichtig(sten) sein. Ich bin doch die wichtigste Person!“ → Die Regieführung setzt die soziometrische Orchestrierung der Gruppe fort. Sie bietet hier dem/der Einzelnen eine Möglichkeit zur Zentrierung auf sich selbst an. Diese Zentrierung kann mittels individueller Symbolbildung erfolgen oder/und mit Einnahme der Publikumsrolle. Dieses Vorgehen ist eine wesentliche Stütze für die TeilnehmerInnen. Der eigene individuelle Zugang zum Gruppenprozess unterstützt und sichert die Selbstachtung, eine sinnvolle Möglichkeit, die dramaturgische soziale Motivlage „Neid“ zu leben.

Der Tatentwurf: „Ich will mich hier einbringen!“ → Die Regieführung verankert spätestens an dieser Stelle das Regiethema und unterstützt die Gemeinschaftsbildung der Spiel-Rollen-Gruppen für die szenische Gestaltung auf der Bühne. Das Gelingen der soziometrischen Orchestrierung zeigt sich in der Bereitschaft aller, am Spielgeschehen teilzunehmen. Die soziale dramaturgische Motivlage „Scham“ (Lampenfieber) ist einem Zugehörigkeitsgefühl und einer erwartungsvollen Aufregung unterstellt.

5.2 Die Gruppenkohäsion und die Spielräume

> *„Der Begriff der Gruppenkohäsion bezeichnet die Kräfte, die eine Gruppe zusammenhalten, indem sie die Mitglieder aneinander und an die Gruppe binden. Die Entstehung von Kohäsion geht einerseits auf Attraktionsmechanismen und Bindungsbedürfnis zurück, wächst andererseits aber auch durch gemeinsame Aktivitäten, Erfahrungen und Erfolgserlebnisse. Die Förderung der Gruppenkohäsion ist gerade im Entstehungsprozess einer Gruppe eine wichtige Leitungsaufgabe.“*
> (Ameln, Gerstmann & Kramer 2004, S. 333)

Ist eine gewisse Gruppenkohäsion erreicht, wird die **Spielordnung** installiert. Die Spielordnung sieht vor, dass die Ensemblemitglieder vier Räume bespielen.

- Der erste Raum ist der Mensch mit seiner mitgebrachten eigenen Biografie.
- Der zweite Raum ist der des Ensemblemitglieds in der Ensemblegemeinschaft.
- Der dritte Raum ist der des Publikums.
- Der vierte Raum ist die szenische Mitgestaltung auf der Bühne.

Um die Übergänge und Zwischenräume zwischen den zu bespielenden Räumen zu sichern, verfügt das Format „Psychodrama-Theater“ über zusätzliche **Methoden und Techniken**.

5.3 Spezielle Methoden und Techniken des Psychodrama-Theaters

Die wichtigste Methode, um die Zwischenräume und Übergänge zu begleiten, ist das **Regieinterview**.

Ein Beispiel zum Regieinterview

Ein Spieler möchte die Rolle Hamlets aus dem gleichnamigen Shakespeare-Stück einnehmen.

Die interaktive Regiebegleitung, die sich der Technik des Regieinterviews bedient, hilft dem Spieler „Hamlet“, seinen Beziehungsentwurf zu entdecken. Zunächst werden die Rolle, die Wahrnehmung der Atmosphäre, die Gefühlslage und der Handlungskontext definiert. Plötzlich zeigt sich in den Ausführungen des Protagonisten eine Besonderheit, zum Beispiel geht ihm Ophelia, seine Verlobte, auf die Nerven, er möchte sie am liebsten ignorieren – was nicht dem Beginn des Stücks entspricht. In diesem Fall fragt die interaktive Regiebegleitung: „Was ist passiert, dass dieses Gefühl oder diese Wahrnehmung entstanden ist?“ Der Spieler muss und soll nicht sein Gefühl korrigieren, sondern es lediglich wieder seinem Beziehungsentwurf zuordnen. Vielleicht gibt der Protagonist in dem skizzierten Fall zur Antwort: „Die Beziehung engt mich ein. Ich möchte mich gemein verhalten können. Ich will der Bestimmer der Situation sein.“

Beziehungsentwurf der Spiel-Rolle „Hamlet":

- **Ort der Handlung:** Der Königshof bei der Ankunft Hamlets (= Umfeld)
- **Das Tatereignis:** Der Vater fehlt, er ist tot (ermordet). (= Handlung)
- **Die Erlebnisfigur:** der um den Thron betrogene Prinz (= Gefühl)
- **Das Tatgeschehen:** Ein Betrogener ist ein Beschämter. „Ich sehe mich umringt von Menschen, die mir etwas wegnehmen wollen. Ich kann mich nicht auch noch um Ophelia kümmern, bitte!" (= Feld der sozialen dramaturgischen Motivlage „Scham" und „Ignoranz")
- **Der Tatentwurf:** Als Beschämter verfügt er nicht mehr über die Potenz, Ophelia zu begehren. (= Wahrnehmungsfeld)
- **Die Deutung des impliziten Spielwissens** ist für den Protagonisten: „Beschämung bis in den Tod von allen Beteiligten".

Die Publikumsrolle

Eine weitere Methode des Psychodrama-Theaters ist die Publikumsrolle. Diese hat zwei Funktionen: Sie ist eine Verbindung des spielenden Menschen zu seiner persönlichen Geschichte und sie ist anschließend ein Rahmen für die Reflexion seines Handelns auf der Bühne. In der Publikumsrolle, die jeder Spieler und jede Spielerin vor dem Betreten der Bühne einnimmt, findet er/sie seinen/ihren Rückhalt in seiner/ihrer inneren Bilderwelt. Die Publikumsrolle des Spielers, der Spielerin kann zum Beispiel die Mutter des Protagonisten sein, „die heute im Psychodrama-Theater zu Besuch ist", um den Sohn oder die Tochter auf der Bühne zu sehen.

Doppeln, Spiegeln

Die klassischen Psychodramatechniken wie das **Doppeln** und **Spiegeln** fließen in die interaktive Regiebegleitung ein. Durch die Verdopplung des Menschen mittels der Spiel-Rolle ergibt sich ein Interventionsanlass. Doppeln bedeutet Verstärkungen auszusprechen, die die Rolleneinnahme unterstützen. Besonders direkte Sätze (siehe oben Tatgeschehen „Hamlet") können die Rolle sehr stimmig werden lassen. Auch durch die besondere Betonung der umgebenden Atmosphäre kann dies geschehen. Eine Möglichkeit des Spiegelns ist, die Rollenspielerin oder den Rollenspieler zu stützen, indem das Publikum durch Zuruf die Rolle formt. Das Spiegeln selbst ist ebenfalls dem Publikum oder dem Spieler überlassen, indem Beobachtungen aufgerufen und umgesetzt werden.

Die interaktive Regiebegleitung hat hier die Möglichkeit (wie bereits im Märchen- und im Traumspiel gezeigt), durch kleine Veränderungen des Rollenhandelns die Rolle zu verdeutlichen.

Spiegelrollen

Ein besonderer Fokus im Psychodrama-Theater sind die sogenannten **Spiegelrollen**. Mehrere, aber **mindestens zwei Rollen** zeigen die **gleiche soziale dramaturgische Motivlage** auf.

Betrachten wir zum Beispiel die Spiel-Rollen aus dem Märchenspiel: den Teufel, das Glückskind und die Fragesteller der Städte, die **die Gier zur Grundlage ihres Tatgeschehens** machen. Der Teufel, indem er immer mehr und mehr möchte, die Fragesteller der Städte, die in ihrer Not und Angst erstarren, bei denen sich die Gier verdreht, und das Glückskind, welches die Aufgabe hat, die Gier zu zähmen.

Rollenwechsel, Rollentausch

Der **Rollenwechsel** von Teilnehmer und Teilnehmerin einer Ensemblegruppe zur Publikumsrolle oder/und Spiel-Rolle vollzieht sich ebenfalls mit der Unterstützung des Regieinterviews.

Der **Rollentausch** findet zwischen der Publikumsrolle und der Spiel-Rolle auf der Bühne statt.

Arrangements und Handlungstechniken

Darüber hinaus braucht jedes Ensemble **Arrangements** und **Handlungstechniken**, um die Spiel-Rollen auf der Bühne umzusetzen.

Die Arrangements unterscheiden sich durch Thema, Stück und Zielsetzung des Theaterworkshops. Die Art und Weise, wie ein Stück dekonstruiert wird und wie die Dramakonserve aufgebrochen ist, entscheidet, wie viel von dem ursprünglichen literarischen Text noch umgesetzt wird. Das

szenische Handlungsverstehen ist hier die **sinnstiftende Vorgabe für die Inszenierung auf der Spiel-Bühne**.

Grundsätzlich ist das Arrangement des Workshops auf die Bedürfnisse der TeilnehmerInnen abgestimmt. Daher finden sich in diesem Buch Beispiele, die nur so, in dieser Gestaltung, von einer bestimmten Gruppenzusammensetzung zu einem bestimmten Zeitpunkt dramaturgisch aufgegriffen wurden. Es ist ein interaktiver Prozess zwischen den Spielenden und der Theatermacherin. Das grundsätzliche Vorgehen beinhaltet jedoch ein Regieführen und die interaktive Regiebegleitung.

5.4 Die Handlungstechniken der Theatermacherin/des Theatermachers

Das **Regieführen** umfasst das **gesamte Konzept** eines Workshops.

Zur Regieführung gehören folgende Aufgaben:

- die Auswahl des Stücks in Hinblick auf die Aufgabenstellung für den konkreten Workshop;
- die Vorbereitung, zum Beispiel durch die Rollengestaltanalyse oder durch das szenische Handlungsverstehen der Figuren;
  (Die **Rollengestaltanalyse** zeigt ein Verhalten in **einer** Spiel-Rolle in **einer** Szene auf. Das **szenische Handlungsverstehen** ist ein Reflexionsverfahren als Vorbereitung für einen Beziehungsentwurf, es gibt ein **Bild der Lage** ab!)
- die soziometrische Orchestrierung der Psychodrama-Theatergruppe;
- das Einbringen des Interaktionsrahmens der Spielordnung.

Der Interaktionsrahmen erfordert von der Theatermacherin/vom Theatermacher zwei unterschiedliche Bewegungen, die sich auch im Aktionsraum „Psychodrama-Theater" widerspiegeln: zum einen der Großraum, in dem noch keine Spiel-Rolle im engeren Sinn eingenommen wird – hier ist die **Regieführung** aktiv; sowie der Publikumsraum mit der Spielbühne, in dem die **interaktive Regiebegleitung** in den Vordergrund rückt.

5.5 Die Handlungstechniken der Spieler und Spielerinnen

Den SpielerInnen stehen folgende Handlungstechniken zur Verfügung:

- Sie definieren den Ort der Handlung und richten diesen auf der Bühne ein.
- Sie definieren ihre Spiel-Rolle, durch Alter, Aussehen und sozial passende Beziehungen zu den anderen SpielerInnen einer Szene.
- Sie beziehen sich insofern auf das Stück, als dadurch ein Wechselspiel ineinanderpassender Stichworte entsteht.

Das Erfolgserlebnis einer jeden szenischen Arbeit besteht in der Freude am Spiel und in dem damit verbundenen Erlebnis.

5.6 Zusammenfassung

Der Weg einer Gruppe, das implizite Spielwissen kennenzulernen, wird durch die Regieführung ermöglicht. Die innere Szenengestalt findet ihren Ausdruck sowohl im Beziehungsentwurf des einzelnen Menschen als auch im Beziehungsentwurf einer ganzen Gruppe. Die Arrangements einer Inszenierung stützen sich auf das szenische Handlungsverstehen.

6 Das Instrument der soziometrischen Orchestrierung, gezeigt anhand eines Workshops zum Stück „Die Glasmenagerie"

„Kunst ist präsentative Symbolik, d.h. bildhaft gegenständliche Darstellung von sinnlich unmittelbaren Interaktionsformen. Die Kunst ist das Wechselspiel zwischen beschreibender, diskursiver und präsentativer Symbolbildung. Gibt es doch ohne Inszenierung keine Fantasie. Nur so wird aus der Dichtung und dem Spiel Erkenntnis."
(Schönherr 2008, S. 14)

Thema des Psychodrama-Theater-Workshops: „Die Glasmenagerie" nach Tennessee Williams

Dieser Workshop wird nachfolgend in seinem protokollarischen Verlauf wiedergegeben, kommentiert und um methodische Erläuterungen ergänzt.

Im Ersten Wiener Psychodrama-Theater findet sich eine große Gruppe von TeilnehmerInnen ein. 20 Personen, Frauen und Männer, möchten Psychodrama-Theater erleben.

Für die TeilnehmerInnen des Weiterbildungslehrgangs „Regiekompetenz für Szenenentwicklung und Begegnungsgestaltung" ist es der dritte Ausbildungsworkshop. Zu dieser Gruppe hinzugekommen sind noch TeilnehmerInnen der monatlich stattfindenden Theaterabende, die diese Workshops auf keinen Fall missen wollen. Unsere Arbeitszeit umfasst Freitag von 18.00 bis 21.00 Uhr und Samstag von 10.00 bis 17.00 Uhr; dazwischen gibt es eine kurze Mittagspause, die wir gemeinsam oder in kleinen Gruppen verbringen.

Im angekündigten Theaterstück **„Die Glasmenagerie"** von Tennessee Williams geht es für die WeiterbildungsteilnehmerInnen im Besonderen um die eigene Auseinandersetzung mit den **Figuren des Stücks**. Das Stück lebt von der Enge, aber auch von der **Resonanz**, die gerade diese Enge provoziert.

6.1 Teil I der Psychodrama-Theaterinszenierung: Die Aneignung der Gemeinschaftserfahrung

Freitag – Beginn: 18.00 Uhr

Wir beginnen mit dem Erkunden des **Ensemblerahmens**, der mit der soziometrischen Orchestrierung des Psychodrama-Theaters gebildet wird. Die soziometrische Orchestrierung erfolgt tatsächlich durch Taktgeben (meistens habe ich eine kleine Trommel dabei).

Mit dem ersten Trommelschlag erfolgt die Aufforderung seitens der Theatermacherin an die Gruppe, sich in Dreiergruppen zusammenzufinden. Diese Platzierung wird bei diesem Workshop direkt mit dem **medialen Rahmen** gekoppelt. Der Einstieg in die Gruppe und in die Geschichte erfolgt in diesem Arrangement gleichzeitig.

Nach einer kurzen Begrüßung – die meisten kennen einander bereits – sind die Dreiergruppen gebildet. Eine Person kennt fast immer die Geschichte des Stücks. Der Auftrag für die Dreiergruppen ist, das Stück einander zu erzählen.

In der anschließenden Abholrunde – das ist der **zweite Trommelschlag** – geht es um die Frage: „Welche Gedanken und Gefühle hat die Geschichte **jetzt** in mir ausgelöst?" Jede Geschichte verursacht eine Resonanz, die in die Gruppe eingebracht wird.

Zusammengefasst liegt erwartungsgemäß **der Fokus auf den Themen** Illusionen, zerplatzte Träume, Frustration, Beklemmung, Mitgefühl, Resignation, Flucht in die Scheinwelt, Trauer um das nicht gelebte Leben, Aussichtslosigkeit, innere Isolation und Einsamkeit in der Mitte anderer Menschen.

Fragen tauchen auf. Zum Beispiel:
„Als das Einhorn [aus Glas] zerbricht, ist das eine Chance? Bedeutet das eine Annäherung an das Menschsein?"
„Lust auf Leben und Abenteuer – wie überwinde ich Einschränkungen?"

Die Gruppe meint, dass sie gespannt darauf sei, welche Erfahrungen gemacht werden, wenn die Szenen gespielt werden. Was macht den **Unterschied** zum Erzählen aus?

Nun wende ich das Blatt. Mit einem weiteren, **dritten Trommelschlag** gebe ich der Gruppe den Raum, die eigene Lebenserfahrung als Resonanz auf das Stück zu erkunden. Die TeilnehmerInnen können ihre eigene biografische Erfahrung miteinander teilen. Dieses Vorgehen verstärkt den Ensemblerahmen.

Mit diesen knappen Worten, die hier wiedergegeben werden, skizziere ich zu Beginn des Workshops mein eigenes körperliches Handicap (die Theatermacherin praktiziert hier die selektive Offenheit): „Wegen einer Rückgradverkrümmung lag ich bis zu meinem 17. Lebensjahr im Gipsbett. Die Auswirkung bis heute: Schröpfgläser meiner Masseurin mag ich nicht! Mit 17 warf ich dann diese Gipsschale vom vierten Stock des Mädcheninternats in den Hof hinunter und beschloss, ‚gesund zu sein'."

(Der Leser, die Leserin hat natürlich über den biografischen Hintergrund der Geschichte in der Zwischenzeit weitaus mehr gelesen, aber als Theatermacherin genügt es, ein kleines Sharing auszusprechen, damit das Gesagte bei den Menschen die eigenen Themen zum Klingen bringt.)

Zurück zur Gruppe: Für die nachfolgende soziometrische Orchestrierung der Spielgruppen auf der Bühne sind hier die Anliegen der TeilnehmerInnen dargestellt.

Im Kreis sitzend erzählen sich die Menschen ihre zum Thema des Stücks passenden Ereignisse ihres Lebens. Der Vorgang hat zu einer erstaunlichen Offenheit geführt. Die zum Teil sehr berührenden Sequenzen sind hier auszugsweise protokollarisch wiedergegeben:

- Körpergröße: Ich wurde in der Schule gehänselt. – Selbstbild: „Du bist klein" – Attribut: entzückende Person
- 1954 geboren, Handicap: Ich bin eine Frau. – „Du bist kein Mann" – Das führte dazu, dass ich sehr kämpferisch wurde und mich bis heute für unterprivilegierte Menschen einsetze. Mein Lied: „Woman is the Nigger of the world"

- Ich verschluckte mit 1,5 Jahren eine Haarspange und lag deshalb lange im Krankenhaus. Eine Narbe ziert seither meinen Körper. Viele ÄrztInnen fragten mich bisher: „Was ist denn das?“ Und auch die Kinder fragten. In der Schule war ich immer das Mädchen mit der Narbe – eine schambesetzte Erfahrung. Der Bauch ist das Objekt – der muss makellos sein. Diese Zuschreibungen zermürbten mich.
- Ich war dünn wie eine Bohnenstange – langer Hals, keine Kleidung hat gepasst. So, wie ich mich der Welt präsentierte, hat es auch nicht gepasst.
- Von meiner Mutter wurde ich immer mit meinen Cousinen verglichen, die intelligenter waren als ich. Das Thema, nicht so gescheit zu sein, begleitet mich bis heute – für mich das zu machen, dass es passt.
- Psychosomatisches Asthma: Angst, lebensbedrohlich, hoher Leidensdruck, habe früher keine Nacht gut geschlafen. Da ich keinen Mann und keine Kinder habe, fühle ich mich sozial ausgegrenzt.
- Mit 17 Jahren schulpsychologischer Test: Ich sei für gar nichts talentiert, ich sollte schauen, dass ich einen Mann bekäme. Es hat mich sehr lange belastet, dass mir gesagt worden war, ich könne nichts. Eine große Demütigung.
- Ich habe schon so viele Rollen gehabt: zu klein, zu mager, zu dick, ich wurde gehänselt – das hat alles tiefe Spuren hinterlassen, ich fühlte mich fremd in meinem Körper.
- Ich bin schwanger ... das Kind kann möglicherweise behindert sein. *(WIR sind in der Gruppe sehr berührt.)*
- Meine Brust entwickelte sich erst sehr spät, ich habe mich geschämt. Daher war die Hauptsache, dass es dunkel war, damit mich niemand sehen konnte. Aus Protest hörte ich auf, BHs zu tragen.
- Handicap Gesundheit: Alle meine Geschwister hatten Asthma. Ich erlebte mich als einzige Gesunde – und fühlte mich immer schlecht, weil ich gesund war. Ich habe das Gefühl, ich darf nicht sagen, wer ich bin, was ich kann, Lebensfreude empfinden. Immer kleiner machen, als ich bin, damit sich die anderen besser fühlen können. Es ist seltsam, so beschenkt zu sein, doch man darf es nicht zulassen.
- Ich hatte vor einem Jahr einen Autounfall. Seither bin ich an Knie und Wirbelsäule verschraubt – und habe das Bedürfnis, meine Gesundheit zu erhalten, so wie sie jetzt ist. Ich kann es nicht verändern, die Folgen

des Unfalls sind da. Ich hatte immer den Vorsatz, dass ich sehr alt werde. Aber was mach ich, wenn ich mit den Schmerzen so alt werde?

- Die Größe ist auch bei mir ein Thema – weil die Menschen mich als Kind wahrnehmen und mich auch so behandeln. Es gibt Männer, die mich hochheben – so, als dürften sie das einfach, weil ich klein bin.
- Ich möchte als erwachsene Frau wahrgenommen werden. „Dem Kellner zahlen schreien"-Trauma": Ich habe Angst, dass er mich nicht hört, ich habe das Gefühl, keiner hört mir zu. Neurasthenisches Handicap: Globusgefühl, Panikattacken, Darmprobleme – der Körper sagt, es passt etwas nicht. Diese Schwäche hat mir aufgezeigt, dass etwas nicht gepasst hat, und deshalb hatte ich meine Talente nicht entfalten können.
- Ich bin in der Oststeiermark aufgewachsen, wo man einen starken Dialekt spricht. Ich habe immer anders gesprochen als die anderen, und dadurch war ich in meinem Leben stark ausgegrenzt. Aber ich hatte keine Wahlmöglichkeit. Das begleitet mich immer noch emotional. Ich habe eine negative Erwartung, dass es nicht passt, wenn ich was sage und wie ich was sage.
- Bei mir war es auch die Sprache: Ich habe einen S-Fehler. Ich habe immer schnell gesprochen, keiner konnte mich verstehen. In der Hauptschule habe ich zwar dann Hochdeutsch langsam gesprochen, aber dann wusste keiner mehr, wo ich herkam, und alle taten immer so, als könnten sie mich nicht verstehen. Ich passe mich jetzt stets sprachlich der Gegend an, und deshalb erkennt man nicht, woher ich komme.
- Ich war als Jugendlicher unsportlich – Wirbelsäulenhaltung. Die Wirbelsäule wurde zwar reguliert – ich versuche, ohne Schmerzmittel auszukommen.
- Ich wurde sehr jung eingeschult, und ich tat mir schwer im Rechnen; das war wie bei meiner Oma, die konnte auch nicht rechnen. Das Rechenproblem hat sich lange durch meine Schulzeit gezogen. Ich versuchte, aus der Situation zu kommen, es war mir peinlich; daher habe ich viele Situationen vermieden, sogar das Zählen des Wechselgeldes. Beim Elternabend in der ersten Klasse Volksschule eines meiner Kinder verstand ich endlich, was mir gefehlt hat. – Denn die Art, wie ich Rechnen gelehrt bekommen hatte, war schlichtweg falsch gewesen.

- Ich habe viele körperliche Handicaps, ich bin wie ein Mensch zweiter Klasse: weil ich lange keinen Mann fand, zu dürr war, dann zu dick, Asthma hatte. Bei mir ist Folgendes angekommen: Du bist zu deppad (= dumm) für alles, zu inkompetent. Ich fing dann an, mich anzupassen, es jedem recht machen zu wollen. Das war wieder nicht in Ordnung, und es wurde gesagt: Du hast kein Rückgrat, du bist wie ein Flummi. Dann wurde ich renitent und goschert (= frech, patzig). Doch irgendwann fing ich an, mich mit Psychologie zu beschäftigen.
- Eine verwickelte, fragile Geschichte: Ein Fehler hat zehn großartige Dinge in meinem Gefühl sofort in den Schatten gestellt. Ich war ein Mangelwesen, ich sollte für meine Umgebung perfekt sein – doch dann fand ich die Geschichte „Das kleine ICH bin ICH". Die hat mir sehr geholfen.
- Meine Augen: Ich kam schielend auf die Welt, ich kann nicht mit beiden Augen gleichzeitig schauen. Wenn ich müde bin, lege ich eines auf die Seite, das heißt, ich schaue bewusst nur mit einem Auge. Gewisse Dinge kann ich nicht machen, z. B. einen IKEA-Kasten zusammenbauen; dabei bin ich so visuell veranlagt. Und jetzt werde ich auch noch altersweitsichtig. *(Das Zusammenbauen des IKEA-Kastens löste bei den TeilnehmerInnen ein gutmütiges Gelächter aus: Das sei sowieso eine bestimmte Art von Kunst!)*
- Ich trage noch immer manchmal eine große Ambivalenz in mir: Urvertrauen einerseits, aber andererseits gibt es Bereiche, dass ich nicht passe, dass das, was ich tue, nicht passt, bezogen auf Situationen, und das nervt mich. Ich habe aber Mut, Dinge trotzdem zu tun, und ich habe mich aus dem wunderschönen Konstrukt der gebauten Beziehung gelöst und mich getrennt. Das zu tun war ein Zeichen für mich: Es kann passen, wenn man bereit ist, das eigene Leben auf den Kopf zu stellen.

Mein Kommentar zu der Dynamik der Erzählungen: „Einen sogenannten Fehler aufzuweisen ist ein Zeichen, dass etwas auf unterschiedlichsten Ebenen fehlt. Um eine Gemeinschaft zu finden, in der Fehler in Ordnung sind, weil es normal ist, dass es den einen oder anderen Fehler gibt, folgt vonseiten der Theatermacherin eine **weitere Taktansage mit der Trom-**

mel, die es ermöglicht, wieder in die soziometrische Ordnung der Gruppe zu finden."

Der vierte Takt: Wir gestalten den Aktionsraum um – es werden Publikumsreihen gebildet, aber noch keine Publikumsrollen eingenommen.

Wir befinden uns in der Phase, die sich nun mit den **Resonanzen** aus der Geschichte „Die Glasmenagerie" und mit den Resonanzen aus der biografischen Erinnerungsspur der TeilnehmerInnen **beschäftigt**.

Zunächst erfolgt die soziometrische Ordnung der Handicaps. Es werden vier Kategorien von Verletzungen abgeleitet:

- Handicaps, die über **Körper** und Scham erzählt werden (zum Beispiel als erwachsene Person zu klein oder zu groß geraten zu sein; oder der Busen ist zu klein, zu groß);
- Handicaps, die über **Gesundheit** und Körper definiert werden (zum Beispiel als Kleinkind eine Haarspange verschluckt und nun durch eine hässliche Narbe über den ganzen Bauch gebrandmarkt);
- Handicaps, die über **soziales Handeln** definiert werden (zum Beispiel ausgegrenzt zu werden, weil man/frau zu dumm ist, oder als Frau kein Mann geworden zu sein);
- Handicaps, die über **Kulturtechniken** definiert werden (zum Beispiel Schwierigkeiten mit Rechnen oder Schreiben).

Entsprechend den **vier Gruppierungen gibt es jeweils fünf SpielerInnen**.

„Wieso ergibt sich das so punktgenau?", werde ich gefragt. Meine Antwort als Theatermacherin lautet: „Es ist das gemeinsame szenische Bild der Zugehörigkeit, auf das sich die Gruppe kollektiv bereits geeinigt hat. Dieses Bild ist durch die Verknüpfung der unterschiedlichen Rahmen entstanden."

Mein Kommentar ist ein Hinweis für zukünftige interaktive RegieführerInnen: „Die wichtige Aufgabe der Theatermacherin ist das **genaue Hinhören** auf die Stichworte der TeilnehmerInnen. Das ist die größte

Aufgabe der Regieführung bei der soziometrischen Orchestrierung der Psychodrama-Theatergruppe. Die Fragen an die Gruppe müssen die unbewussten Wünsche der TeilnehmerInnen ansprechen. So bekommt die Gemeinschaft die Gewissheit, auf einem guten Weg zu sein."

Der fünfte Takt: Der Publikumsrahmen und der Spielrahmen werden eingerichtet. Fünf Rollen aus dem Stück – Laura, Mutter, Tom, Jim und der abwesende Vater – werden jeweils von den Fünfergruppen/Teams besetzt.

Die Aufforderung der interaktiven Regiebegleitung lautet:
„Jetzt sollen alle auf die Bühne gehen, die ihr Handicap über die ... definiert haben. Sie stellen sich auf die Bühne und überprüfen, ob sie in dieser Gruppierung kooperieren wollen. Wenn ja, nehmen sie wieder im Publikumsraum Platz. Tauscht euch aus – welche Rolle zieht euch an? Ihr könnt kurz die Rollen besprechen – wir finden für die unterschiedlichsten Wünsche soziometrische Lösungen."

Anschließend machen es die drei anderen Gruppen/Teams in der gleichen Weise. **Nun ist die Spiel-Rolle gewählt.**

Die Anregung der interaktiven Regiebegleitung:
„Ich möchte immer einen Teilnehmer oder eine Teilnehmerin pro Team auf der Bühne begrüßen. Dieser oder diese geht dann auf die Bühne und nimmt eine von ihm oder ihr gewählte Rolle ein, bevor das Publikum dieser Rolle Eigenheiten auf der Bühne zuruft. Im Anschluss an diese Zurufe gibt der Spieler oder die Spielerin auf der Bühne ein erstes Feedback, wie es ihm oder ihr mit den Zuschreibungen geht; welche Resonanz das auslöst."

Eine Person aus dem Team geht auf die Bühne.
„Welche Rolle suchst du dir aus?", lautet die Frage der **interaktiven Regiebegleitung**.
Der Spieler: „Ich suche mir die Rolle von **Tom** aus!"

Das Publikum gibt der Spiel-Rolle Tom eine Rolleneinkleidung: „Ich bin verträumt, betäube mich mit Alkohol, hänge an meiner Schwester, möchte dichten, bin unzufrieden mit meiner Existenz."
Der Spieler meint nach einer Weile: „Ich übernehme die Rolle als Tom in meiner Fantasie und empfinde mich als mutig und verträumt, betäube mich mit Alkohol, möchte weg. Mein Vater ist mein Vorbild, ich hänge an meiner Schwester und hasse ab und zu meine Mutter."
Die **interaktive Regiebegleitung** fragt: „Welche Resonanz löst das in dir aus?"
Der Spieler: „Ich bin in einem Strudel gefangen – es zieht mich nach innen."

Aus dem nächsten Team geht eine Person auf die Bühne.
„Welche Rolle nimmst du ein?", fragt die **interaktive Regiebegleitung**.
Der Spieler: „Ich nehme die Spiel-Rolle **Jim** ein."
Die **interaktive Regiebegleitung:** „Was stellen wir Jim für seine Rolle zur Verfügung?"
Das Publikum (dieses Mal in der Du-Form, aus der Fremdsicht, und nicht in der Ich-Form, aus der Selbstsicht. Offensichtlich entstand dieser Wunsch, um die Enttäuschung, die Jim für Laura darstellt, zu verwinden!): „Aufreißer, du hast gute Manieren, zerstörst das Einhorn, küsst Laura, hast Mitleid mit Laura, flirtest gerne; glaubst, du bist ein toller Hecht; du bist ein toller Hecht; mitleidig, aber auch sauer, weil du da reingedrängt wirst."
Die **interaktive Regiebegleitung** will wissen: „Was löst die Zuschreibung in dir aus?"
Der Spieler: „Ich als Jim bin sehr ambivalent, aber sehr getrieben, alles, was möglich ist, auszuprobieren."

Aus dem nächsten Team geht **ein Spieler** auf die Bühne: „Ich wähle die Spiel-Rolle **Vater**."
Das Publikum: „Ich habe die Mutter umgarnt. Ich habe mich über das Telefon in eine andere Person verliebt. Ich habe meine Familie verlassen und bin im Laufe meines Lebens Alkoholiker geworden. Ansichtskarte geschickt und Gruß: ‚Hallo – lebt wohl!' geschrieben. Die Leute sagen, ich bin verantwortungslos, auf der Suche nach was Besserem, bin wichtig,

habe Kinder zurückgelassen. Aber ich habe meinen Traum verwirklicht, musste weg, bin jetzt allerdings nicht glücklich. Ich wünschte, ich wäre tot; ich habe Angst."
Der Spieler: „Ich als Vater fühle mich ähnlich wie Tom: wirr und in einen Strudel gerissen."

Aus dem nächsten Team: „Ich wähle die Spiel-Rolle **Laura**!"
Das Publikum: „Ich tu mir selbst leid, bin schwach und zerbrechlich. Ich habe eine Gehbehinderung, die mein Leben bestimmt. Ich bin für das Kleine und Feine im Leben, mein Lieblingstier ist das Einhorn. Ich trau mir nichts zu, niemand traut mir was zu. Ich will geliebt werden, ich möchte nicht erwachsen werden."
Die Spielerin: „Ich in der Spiel-Rolle als Laura fühle mich minderwertig."

Eine Person soll aus dem Publikum für die Rolle der Amanda und Mutter auf die Bühne kommen: „Da es nur **vier Teams** gibt, soll sich noch jemand aus dem Publikum finden."

Eine Person nimmt spontan die Spiel-Rolle der **Mutter** ein.
Das Publikum: „Ich lebe in der Vergangenheit. Ich war so schön, hatte viele Verehrer, meine Kinder sind Taugenichtse. Ich möchte die Kontrolle behalten, was wird aus meinen Kindern in der Zukunft? Ich muss für Laura einen ordentlichen Mann suchen; mein Mann war ein Arsch. Ich kann nicht vor und nicht zurück, habe Angst vor dem Alltag und vor der Verarmung. Wie schön hätte alles werden können. Ich habe meine Chancen vertan, es ist eine Schande, ein behindertes Kind zu haben. Womit habe ich das verdient?"
Die Spielerin in der Spiel-Rolle der Mutter: „Ich bin verbittert und tieftraurig über das Leben. Ich muss hart sein. Ich spüre mich nicht sonderlich gut, das muss ich unterdrücken. Dann spüre ich das Wasser in den Augen, aber das blinzle ich weg."

Durch das jeweilige Entsenden eines Teammitgliedes auf die Bühne wurde **der soziometrische Zusammenhalt** gemeinsam mit dem Publikum gestärkt.

Ein kurzes Feedback rundet im Anschluss die Ereignisse des Abends ab. Bevor jedoch der Abend des Psychodrama-Theaters zu Ende geht, werden noch die **Publikumsrollen eingenommen**.

Die Aufforderung der interaktiven Regiebegleitung lautet: die Publikumsrolle im Zusammenhang **mit den erinnerten Handicaps** zu wählen. Beispiele für gewählte Publikumsrollen:

- meine Logopädin
- mein jüngster Sohn
- meine Schwester
- meine Schulkollegin
- meine Großmutter usw.

Die DarstellerInnen in der Publikumsrolle sprechen so, als wäre die Logopädin, der jüngste Sohn, die Schwester usw. anwesend und gäbe ein Statement zum Darsteller/zur Darstellerin ab.

Die Publikumsrolle wird von der Theatermacherin mit der **Technik des Regieinterviews** begleitet.

6.2 Teil II der Psychodrama-Theaterinszenierung: Die Aneignung der medialen Figuren des Dramas

Samstag – Beginn: 10.00 Uhr

Nach der Begrüßung und einer Erkundigung nach den Träumen der Nacht sind alle bereit, mit dem Spiel auf der Bühne zu beginnen. Die Publikumsrollen werden eingenommen.

Die Regieführung bittet die Gruppe/das Team, welche/welches sich über den **Körper** definiert, auf die Bühne.

Zunächst findet die Gruppe über eine **Erwärmungsübung** ihre gemeinsame Gestalt. „Die Glasmenagerie" ist ein Stück, in dem den ProtagonistInnen die PartnerInnen abhandenkommen. Die Theatermacherin gibt daher dem Team die Möglichkeit, sich eine Person aus dem Publikum für die Erwärmungspartnerübung zu wählen. (Soziometrisch ist es durchaus interessant, wer dazu gewählt wird.) Die Erwärmungsübungen sind auch im oben angeführten Sinn bewusst so gewählt, dass sie zu zweit durchgeführt werden können. Das **Motto** lautet: **das Fehlende zeigen und auf der Bühne komplettieren.**

6.2.1 Die Gruppe „Körper"

Die Gruppe „Körper" betritt die Spiel-Bühne. Die Erwärmungsübung hat hier das Ziel, die Körperlichkeit bewusst wahrzunehmen. Die Körperlichkeit wird hier als Interaktionsansatz verstanden.

Die Übung: Die DarstellerInnen auf der Bühne gehen zu zweit zusammen. Eine Person ist ein/eine MarionettenspielerIn und die zweite Person ist die Marionette. Der/die MarionettenspielerIn versucht, den Körper der anderen Person wie eine Marionette zu bewegen. Nach zwei Minuten erfolgt ein Wechsel.

Die **interaktive Regiebegleitung (dramaturgische Aspekte einbringend)** gibt für das erste szenische Spiel drei Schauplätze vor: die Wohnung der Wingfields, die Lagerhalle der Schuhfabrik und natürlich darf auch das Lehrerzimmer nicht fehlen, welches am unteren Bühnenrand im Psychodrama-Theater eingerichtet wird. Die erste Sequenz des Spiels soll in den Lagerhallen stattfinden, wo es für die Szenengestalt drei Personen gibt: Tom, Jim und einen Vorarbeiter. Die **interaktive Regiebegleitung** schlägt vor, dass der Spieler, der sich die Spiel-Rolle **Vater** gewünscht hat, hier die Spiel-Rolle **Lagervorarbeiter** einnimmt.

Die erste Sequenz: Die Männer in der Schuhfabrik

Die Personen kleiden sich mit folgenden Worten in die Spiel-Rollen ein:

- „Ich, **Tom**, bin dauernd auf dem Klo, weil ich auf dem Klo Gedichte schreibe, und laufe deshalb Gefahr, gekündigt zu werden. Ich gehe gerne ins Kino, rauche und trinke gerne und bin 20 Jahre alt. Mein Kumpel Jim sagt Shakespeare zu mir."
- „Ich, **Jim**, besuche einen Kurs für Rhetorik und möchte Politiker werden. Ich weiß nicht, warum ich so einen Abstieg gemacht habe und

hier die Schuhe sortieren muss. Ich bin 20 Jahre alt, habe schon einiges erlebt, stelle etwas dar, bin fesch, das weiß ich, und die Frauen lieben mich. Ich bin zu Höherem geboren."

- „Ich, der **Vorarbeiter Miller**, bin verärgert, weil bei den zwei Möchtegerns nichts weitergeht. Ich bin um die 40; zu mehr als Vorarbeiter hat es leider nicht gereicht. Mit den jungen Männern ist es schwierig – was die für Sachen im Kopf haben!"

Tom fällt durch seine Abwesenheit auf, weil er sich auf das Klo verdrückt hat. Jim und Miller ergehen sich in einem unfreundlichen Geplänkel. Aber die Situation der Männer eskaliert nicht. Dann unterhalten sich Jim und Tom über ein besseres Leben.

Die zweite Sequenz: Im Lehrerzimmer des Colleges, wo ein Schreibmaschinenkurs angeboten wird. Die Mutter, Amanda, spricht vor.

Die Rolle der Lehrerin wird von dem Gruppenmitglied gespielt, welches das Team als Unterstützerin bei der Paarübung auf die Bühne gerufen hat.

- „Ich, **Amanda, die Mutter** von Tom und Laura, bin 45 Jahre alt. „Ich bin in meiner Fantasie eine Dame. Auch ich bin zu Höherem geboren. Ich hatte viele Verehrer, aber leider bin ich auf einen Trottel hereingefallen."
- „Ich, **Laura**, hab Probleme mit meinem Fuß. Ich bin 18 Jahre alt, diese Welt ist nichts für mich. Ich sitze immer zu Hause; auch am Vormittag, wenn meine Mutter nicht da ist."
- „Ich, die **Lehrerin**, hatte eine ‚Eintagesschülerin'. Ich bin 44 Jahre alt."

Die Mutter erkundigt sich bei der Lehrperson über Laura. Die Aussage der Lehrperson: „Laura kam an einem Tag, dann erbrach sie so, dass es ein Graus war. Danach kam sie nicht mehr. Ich weiß gar nicht, wer sie wirklich ist." Amanda ist blass vor Entsetzen. Sie verlässt das Zimmer.

Die dritte Sequenz: In der Wohnung der Wingfields; Amanda möchte sich etwas dazuverdienen.

Die Mutter Amanda konfrontiert ihre Tochter mit der Information aus dem Lehrerzimmer. Laura bekennt: Sie sei nur spazieren gegangen, habe

sich versteckt. Es sei so peinlich gewesen, vor allen Kursteilnehmerinnen zu erbrechen.
Ein **kurzes Feedback und eine Reflexion des Erlebten** zeigen, dass ‚die Männerwelt' (Schuhfabrikszene) unerfreulich mit monotoner Arbeit angefüllt ist; aber sie ist funktional und sichert (noch) das Auslangen der Männer. Die ‚Frauenwelt' ist eine hilflose, verzweifelte, sich nicht mitteilen könnende.

Die SpielerInnen der Teams nehmen wieder im Publikumsraum Platz.

6.2.2 Die Gruppe „Gesundheit"

Die **interaktive Regiebegleitung bittet die Gruppe/das Team auf die Bühne, die/das sich über das Kriterium „Gesundheit" gefunden hat.** Hier hat das Erwärmungsspiel die Aufgabe, zu vermitteln, dass Gesundheit mehr ist als ein Funktionieren des Körpers.

Das Erwärmungsspiel für diese Fünfergruppe: die Aura des Spielpartners, der Spielpartnerin spüren und mit offenen Augen nachzeichnen; in einem zweiten Schritt die Körperumrisse der Aura mit geschlossenen Augen nachzeichnen. Dann gibt es einen Wechsel. Auch diese Fünfergruppe holt sich aus dem Publikum eine Unterstützerin.

Nach dieser Erwärmungsübung gibt es wohlige und positive Rückmeldungen.

Die **interaktive Regiebegleitung schlägt vor**, dass die Darstellerin, die die Spiel-Rolle „Tom" gewählt hat, sich in eine Frau verwandelt – nämlich in die Frau, der Amanda Wingfield in der nun folgenden Szene ein Zeitschriftenabo verkaufen möchte. Dieser dramaturgische Eingriff wird von mir in der Gruppe kommentiert: „**Tom** verwandeln wir in eine Frau – in die **Frau, der Amanda das Abo verkaufen möchte.** Amanda bringt in der Szene nichts zustande, denn die Abonnentinnen verweigern sich ihr. So kommt der Abstieg der Mutter deutlich spürbar zum Ausdruck. (Im realen Stück will sie Tom ebenfalls etwas verkaufen, und der will das „Abo Laura" – symbolisch betrachtet – ja auch nicht kaufen!) **Jim** in den Abonnenten zu verwandeln würde zwar auch passen, aber er ist nicht so nahe einer abhängigen Beziehung zur Mutter, eher zu Laura. Und hier geht es um ein Ganzes, um die Frage: Wer bin ich?"

Die erste Sequenz der Spielgruppe „Gesundheit": Amanda möchte ein Abo verkaufen.

- „Ich, **Amanda**, ziehe mich ins Büro zurück. Wenn ich wenigstens ein Abo loswerden würde, könnte ich die Stromrechnung bezahlen!"
- „Ich bin **Frau Esterhazy** – Geld spielt keine Rolle, aber ich muss aufpassen, dass mir Menschen nichts andrehen. Amanda Wingfield – die möchte das bestimmt. Ich bin 35 (das behaupte ich manchmal), aber eigentlich schon 45, verheiratet, und mein Mann ist nicht viel daheim. Ich lese gerne Tratsch- und Klatschgeschichten. Amanda tut mir leid, aber ich kann nicht die ganze Welt retten, und eigentlich soll sie nicht mehr anrufen."

Die **Regieführung** stellt Amanda eine Bedienstete zur Verfügung. Diese könnte ja die gnädige Frau Esterhazy am Telefon verleugnen. Eine Person aus dem Publikum meldet sich.

- „Ich bin die **Bedienstete** von Esterhazy, und wenn das Telefon läutet, verleugne ich die Anwesenheit meiner Herrschaft!"
- „Ich, **Laura**, poliere Glastierchen und höre, wie Mutter um unsere Existenz kämpft. Ich habe wunderschöne Glastierchen; aber ich schweige."
- „Ich, der **Vater**, hänge wie ein Bild an der Wand und gebe Kommentare von mir. Ich bin nur ein Bild, und ich bin froh, dass ich weg bin. Laura, meine Tochter, tut mir leid, meine Frau war nicht zum Aushalten. Die hat so geklebt an mir. Kritisch war's mit ihr, meine Frau hat alles nur schwarzgesehen. Diese ewige Unzufriedenheit machte mich mürbe." (Der Spieler der Spiel-Rolle „Vater" steht als Vaterbild am Bühnenrand.)

Im Spiel nervt Amanda Frau Esterhazy wegen des Abos. Sie zeigt hervorragende Überredungskünste, die aber nicht fruchten. Die Bedienstete waltet ihres Amtes, stellt sich als Schutzmauer zwischen die vermögende und die bettelnde Protagonistin. Laura schweigt während der Szene.

Die zweite Sequenz des Spiels: Jim verabschiedet seine Verlobte auf dem Bahnhof.

- „Ich, **Jim**, verabschiede auf dem Bahnhof meine Verlobte. (Der Spieler nimmt als Verlobte, die er Naomi nennt, wieder die Person der Aufwärmübung). Bin froh, dass sie drei Tage wegfährt. Ich will ja Politiker werden, ich muss mich um meine Dinge kümmern; ich hab da einiges am Laufen und Sprachkurse. Naomi passt zu mir und meiner Politikerrolle, sie ist sexy, schön – und so eine richtige Puppe. Ihre Ausbildung ist nicht wichtig – Hauptsache, sie ist eine Granate."
- „Ich bin Naomi, Jims **Verlobte**. Er fehlt mir, ich bin so verliebt. Ich mach jetzt noch meine Ausbildung fertig, um im Kaufhaus im Büro zu arbeiten. Ich kann auch was – Maschineschreiben sowieso."

In der Bahnhofszene sind die handelnden Personen zueinander kokett, es wird das Image des idealen Paares gesucht, aber nicht gelebt.

Nach dieser Sequenz gehen die SpielerInnen der Gruppe „Gesundheit" von der Bühne ab und nehmen wieder im Publikumsraum Platz. Die **Reflexion** zeigt das Schwanken zwischen Aufstieg und Fall auf. Lebens- und Bindungsunsicherheiten sind aus dem Spielverlauf nicht mehr wegzudenken. In gewisser Weise spürt man in der Atmosphäre des Spiels, dass die DarstellerInnen der Figuren in diesem Stück genug haben vom Suchen nach dem Schein des idealen Lebens.

6.2.3 Die Gruppe „soziales Handeln"

Die dritte Gruppe hat sich unter dem Kriterium „soziales Handeln" zusammengefunden. Die **interaktive Regiebegleitung bittet nun diese Gruppe auf die Bühne**.

Die Erwärmung: Ein Ball wird auf die Bühne gelegt, und alle nähern sich in einer nicht aufrecht gehenden Bewegungsform auf den Punkt zu. Beim zweiten Mal schließen alle die Augen. Eine Person aus dem Publikum legt den Ball woanders hin, und alle bewegen sich wieder auf den Ball zu – aber dieses Mal eben blind. Das Publikum spürt ebenfalls durch die Körperlichkeit der handelnden Personen auf der Bühne die Verdichtung der zwischenmenschlichen Interaktion. Das Erwärmungsspiel ist eine wesentliche Anregung für das „Sichberührenlassen". Durch das Streben nach dem Ball ist gleichzeitig die Begegnung der Körper mit allen Sinnen unvermeidlich. Soziales Handeln reift durch Berührung und Begegnung.

Die erste Sequenz des Spiels: Tom soll den Vermittler spielen, damit Laura einen Mann bekommt.
Durch die Verdichtung des Spiels übernehmen auch die neuen SpielerInnen der Spielgruppe leicht ihre Rollen.
In der Wohnung der Wingfields: Frühstücksszene: Die Mutter drängt Tom, einen Mann für Laura zu finden. Sie beschimpft ihn und sagt, dass dies ohnehin das Einzige sei, was er zustande bringen könne. Laura hört wieder nur zu, der Darsteller des Vaters steht als Bild an die Wand der Bühne gelehnt.

Die zweite Sequenz: Tom soll auf dem Weg zur Arbeit als Matrose angeheuert werden.
Die **interaktive Regiebegleitung** schlägt vor, die Spiel-Rolle **Vater** abermals zu verwandeln – und zwar in einen **älteren Matrosen**, der einen neuen Matrosen anheuern will. Die Spiel-Rolle „Vater" verwandelt sich in die Spiel-Rolle „Matrose", der Tom auf dem Weg zur Arbeit abfängt. Tom lässt sich nur sehr zögerlich auf den Vorschlag ein, Matrose zu werden; er will zunächst nur einmal nach seiner Arbeit das Schiff besichtigen. (Die allgemeine Unsicherheit – dieses Familiensystems Wingfield, das nicht verlässlich ist – lässt den Rollen-Spieler „Tom" sehr zaudernd auftreten.)

Die dritte Sequenz: Jim wird zum Abendessen eingeladen; zurück in der Schuhfabrik.
Tom überredet Jim in der Firma, zum Abendessen zu ihm nach Hause zu kommen. An Laura kann dieser sich nicht mehr erinnern.

Deutlich ist in dieser Sequenzabfolge zu spüren, dass Tom die Aufträge seiner Mutter am liebsten vergessen möchte, damit das Zurücklassen seiner Familie ihm nicht so schwerfällt.

Nach dem Spiel nehmen die Darsteller und Darstellerinnen wieder ihre Plätze im Publikumsraum ein.

6.2.4 Die Gruppe „Kulturtechniken"

Die letzte Fünfergruppe hat sich über den Begriff „Kulturtechniken" gefunden. Diese wird nun von der **interaktiven Regiebegleitung** auf die **Bühne** gebeten.

Die Erwärmungsübung für dieses Team: Eine Person ist der Zauberer oder die Zauberin, der/die durch Antippen der Schulter andere Personen versteinern kann. Eine dritte Person kann die versteinerte Person durch eine Umarmung erlösen; aber alle müssen sich in Minischritten (Pinguinschritten) bewegen.

Als Zauberer wurde Jim ausgewählt. Er soll ja eigentlich die Familie erlösen, aber in Wirklichkeit bringt er sie zur Versteinerung. Das einfachste Mittel, um aus der Versteinerung zu kommen, ist die Umarmung.

Erste Sequenz: Familie Wingfield richtet sich im Wohnzimmer ein – die Vorbereitungen für das Abendessen werden getroffen.
Amanda: „Ich möchte mich heute wirklich ins Zeug legen, möchte Jim begeistern. Das ist meine letzte Rettungsmöglichkeit. Ich hoffe, dass der Funke auf die Tochter überspringt und dass sie nicht kotzt – das wäre eine Katastrophe. Ich gebe heute mein Bestes!"
Tom: „Ich befürchte, dass meine Mutter das Beste geben wird. Das kann nur alles verschlimmern, mein Register ist verbraucht. Es fällt mir nichts mehr ein, wie eine glückliche Situation entstehen soll. Wir essen, trinken, und tschüss. Hoffentlich geht beim Essen nichts schief, für Laura ist es wichtig. Ich habe ein schlechtes Gewissen, ich erfülle die Erwartungen nicht."

Laura: „Mir ist schon ein bisschen schlecht, aber hoffentlich speibe ich das schöne Kleid nicht an!"
Laura fleht die Mutter an, Jim nicht zu bewirten.

Zweite Sequenz: Tanzszene mit musikalischer Begleitung. Jim ist gekommen; es gelingt ihm, mit Laura zu flirten. Das Publikum singt Liebeslieder.
Die **interaktive Regiebegleitung** gibt einen neuen Faktor für die Szene bekannt: „Der Vater ruft an – alle geraten in helle Aufregung. Er fragt, ob er sich Geld ausleihen kann. Die Idee dahinter ist: Alles an Beziehungen ist in diesem Feld, wie es die Spielerinnen und Spieler angelegt haben, nur ‚geborgt'."

Etwas später ruft auch Naomi, die Verlobte von Jim, an, um den verborgten Jim wieder zurückzuholen.

Dritte Sequenz: Alle strengen sich an ...
Die Mutter strengt sich an, umgarnt Jim; ist aber aus dem Konzept gerissen, als der Vater anruft. Sie ist wütend und legt auf. Jim verdrückt sich mit einer Ausrede, als Naomi anruft. Er geht unter dem Vorwand weg, dass sich Tante Sissi den Fuß gebrochen habe.

Ein interessanter Schluss, den die Spielerinnen und Spieler gezeigt haben. Niemand will also mehr zu einer Beziehung stehen: **eine Herausforderung für den dritten Teil der Inszenierung**.

Zum Abschluss des zweiten Teils der Inszenierung: Die Teams werden nacheinander auf die Bühne gebeten, das **Rollenfeedback** wird noch einmal eingeholt und mit der jeweils gewählten Publikumsrolle in Verbindung gebracht.

6.3 Teil III der Psychodrama-Theaterinszenierung: Die Aneignung der biografischen Verbundenheit mit den gespielten Figuren, das dramatisierte Sharing

Die Theatermacherin lädt die Gruppe ein, sich der eigenen biografischen Vernetzung mit den gespielten Figuren und Szenen zu stellen. Aus dieser Vernetzung werden Themen geformt, die ebenfalls als Szene auf die Bühne kommen. Somit entsteht das dramatisierte Sharing.

Dadurch beinhaltet der dritte Teil der Inszenierung eine Rollenmodulation, die diese Aufgabe des dramatisierten Sharings erfüllt. Es erfolgt die Aneignung der Erfahrungs- und Erlebnisqualität der gesamten Inszenierung.

Die Heilungskraft des zwischenmenschlichen Spiels offenbart sich in der Darstellung des gemeinsamen neuen Gestaltungsentwurfs einer Szene. Die **soziometrische Orchestrierung** leistet hier abermals gute Dienste.

Die Gruppen werden neu gemischt:
- Alle, die Laura gespielt haben, bilden ein neues Team.
- Alle, die Tom gespielt haben, bilden ein neues Team.
- Alle, die Amanda gespielt haben, bilden ein neues Team.
- Alle, die den Vater gespielt haben, bilden ein neues Team.
- Alle, die Jim gespielt haben, bilden ein neues Team.

(Naomi und die Bedienstete waren von bereits bestehenden Teams ‚ausgeborgt'.)

Die interaktive Regiebegleitung regt an:
Jede Gruppe soll eine neue Szene kreieren. Diese neue Szene (mit dem alten Muster der Figuren) soll so ausgerichtet sein, dass die Bedeutung der Szene näher an die realen Bedürfnisse der Handelnden heranrückt. Das bedeutet die Möglichkeit, ein Ereignis für die Spielenden so umzuschreiben, **als ob** die Interaktionserfahrung dieser handelnden Figur (Laura, Tom usw.) nun eine Chance habe, die **der Situation entsprechende Selbstermächtigung** zu erfahren.

Das Thema der Szene kristallisiert sich aus der Empfindung dieser Rollencluster heraus: jene der Lauras, der Toms, der Mütter, der Jims und der Väter. Die Szenen werden von den neuen Teams erdacht und nach der Mittagspause auf die Bühne gebracht. An dieser Stelle wird der Diskurs mit den Figuren zu einer persönlichen Frage. Die Figuren sind das Imaginäre, welches sich nun den Themen der Gruppen unterordnet.

- Die „**Vater-Gruppe**" stellt sich der Herausforderung von Tod und Abschied.
- Die „**Mutter-Gruppe**" will das Loslassen erkunden.
- Die „**Laura-Gruppe**" will herausfinden, wie es sich anfühlt, dazuzugehören.
- Die „**Tom-Gruppe**" entscheidet sich, herauszufinden, was das rechte Maß von Geben und Nehmen ist.
- Die „**Jim-Gruppe**" will der Lebensfreude freien Lauf lassen.

6.3.1 Die „Vater-Gruppe"

Die „Vater-Gruppe" möchte mit ihrer Darstellung beginnen.

Die Spiel-Rollen:

- Die erste Darstellerin gibt sich folgende Spiel-Rolle: „Ich, der Sohn Toni, bin 43 Jahre alt, der Zweitgeborene, Schlosser. Mein Vater war auch schon Schlosser in unserer Kleinstadt."
- Die Spiel-Rolle der zweiten Darstellerin: „Ich bin die Frau des Zweitgeborenen und unterhalte mich gerade mit einem weiteren Trauergast. Ich heiße Monika und bin 40 Jahre alt."
- Die Spiel-Rolle der dritten Darstellerin: „Ich bin Carmen, die Tochter des Verstorbenen, und 39 Jahre alt."
- Der Darsteller, der den mit 70 Jahren verstorbenen Vater spielt, liegt aufgebahrt auf der Bühne und hört, was die Hinterbliebenen angesichts seines Leichnams zu sagen haben. Er war Schlosser und ist aufgrund seines großen Alkoholproblems an Organversagen verschieden.

Der Ort der Handlung: Aufbahrung in der häuslichen Gemeinschaft; die Trauergemeinde ist um den Toten versammelt.

Die **Erlebnisqualität** der Szene:
Den SpielerInnen ist es zunächst ein Anliegen, die Erleichterung zu inszenieren, die ein endgültiger Abschied (Tod) mit sich bringen kann. Allerdings spüren sie im Spielverlauf der Szene, dass es ohne Trauerprozess doch nicht geht. Sie müssen die Scham zulassen, dass der Verstorbene so war, wie er war. (Die Inszenierung des Abschiednehmens war für einen frisch von der Partnerin getrennten Teilnehmer besonders wichtig!)

Mein Kommentar zur Reflexion der Szene: „Wir alle haben keine idealen oder perfekten Freunde, Freundinnen, Verwandten, PartnerInnen etc., trotzdem lebt in uns der Wunsch, bessere Eltern und Partner vorzufinden. Wenn wir uns trauen, ihn auszusprechen, dann wagen wir es doch, den folgenden unterdrückten Wunsch einmal hervorzuholen. Sprechen wir ihn aus: ‚Bitte schön, wir wollen ideale Eltern besitzen!‘ Die Erwartung mag durchaus verständlich sein, berücksichtigen wir dabei die Hoffnung, die sich mit dem Wunsch verknüpft: Dann wären wir nämlich auch perfekt geworden! Ach, der Wunsch ist Unsinn? Aber gäbe es diesen Wunsch nicht, würde uns doch die Wertschätzung für das Mögliche im Anderen viel leichter fallen!“

6.3.2 Die „Mutter-Gruppe“

Die Spiel-Rollen:

- Die erste Darstellerin nimmt die Spiel-Rolle des Kindes ein: „Ich bin das Kind. Ich heiße Florian und bin vier Jahre alt. Ich freue mich immer schon auf den Kuchen, den ich mir in der Konditorei aussuchen darf. Mein Lieblingsspiel ist Legobauen, aber ich spiele auch sehr gerne Feuerwehr und mit den Polizistenfiguren.“
- Die zweite Darstellerin nimmt die Spiel-Rolle der Mutter ein: „Ich bin eine fürsorgliche Mutter, 24 Stunden für das Kind da, bin schon 40 Jahre alt. Ich habe den Buben sehr spät bekommen, aber es hat ge-

nau gepasst. Das Kind ist vier Jahre alt. Wir gehen samstags nach dem Markt regelmäßig ins Kaffeehaus. Ich trinke meinen Kaffee, das Kind trinkt Kakao und darf einen Kuchen aussuchen, und manches Mal esse ich auch eine Torte. Mein Mann ist gut situiert, Dipl.-Ing. bei der Voest Alpine; ich brauche nicht zu arbeiten."

- Die dritte Darstellerin entscheidet sich für die Spiel-Rolle „Herr Franz": „Ich bin in dieser Konditorei seit 20 Jahren angestellt. Gut, dass es ein Nichtraucherlokal ist. Ich mache meine Arbeit gerne. Ich habe noch fünf Jahre bis zur Pension. Ich bin durchaus eine väterliche Figur."
- Eine vierte Darstellerin wählt die Spiel-Rolle des Kuchens: „Ich bin die ausgezeichnete Kreation – Schokokuchen, Vanillecreme, Banane, Schoko, mit ein bisschen Schlag und einer Kirsche obendrauf. Ich bin sehr beliebt."
- Die fünfte Darstellerin nimmt die Spiel-Rolle der Zuckerbäckerin ein: „Ich habe in Paris mein Handwerk gelernt. Ich überrasche die Gäste samstags gerne mit einer neuen Kreation."

Der Ort der Handlung: die Konditorei

Die Szene: Das Kind will selbstständig sein, die Mutter will es aber in guter Absicht nicht loslassen, der Kellner Herr Franz unterstützt das Kind.

Frage der interaktiven Regiebegleitung: „Was war eure Szene? Wie könnt ihr die Erlebnisqualität unter Zuhilfenahme des Rollenfeedbacks beschreiben?" Die Mutter, die meint, es mit ihrer Fürsorge gut zu machen, gibt ein sehr aufschlussreiches Rollenfeedback. …

Rollenfeedbacks:

- „Als Florian habe ich mich furchtbar gefühlt, aber schön war, dass ich mich mithilfe von Herrn Franz durchsetzen konnte. Und ich war stolz, doch noch den größten Kuchen zu bekommen."
- „Als Herr Franz war es ein bisschen viel auf einmal, aber die strahlenden Kinderaugen haben gutgetan."
- „Als Mutter hat mir das nicht so gepasst, dass mein Kind seine Freiheit wollte. Ich hatte es nicht so schnell hergeben wollen und hatte Angst, dass es mir entgleitet. Ich habe mich als verunsicherte Glucke gefühlt.

Die umstehenden Personen waren aber wichtig. Das Strahlen in den Augen der anderen wegen meines Kindes hat es mir ermöglicht, loszulassen." (Anmerkung: Hier zeigt sich, wie wichtig es sein kann, den Ort der Wertschätzung zu finden!)

- „Als Zuckerbäckerin war ich stolz auf meine süße Verführung. Die Situation hat mir viel Spaß gemacht."
- „Als Kuchen ist es mir toll ergangen – ich war das Objekt der Begierde."

Mein Kommentar zu diesem szenischen Geschehen: „Die Liebe eines Kindes zu seinen Eltern ist bedingungslos. Ist sie doch eine wesentliche Garantie für das Überleben eines Kindes. Auf der Schwelle vom Überleben zum Leben allerdings geschieht der Liebesverrat. Denn letzten Endes kann man Liebe nicht anders definieren als die höchste Form von Aufhebung aller Herrschaft. Danach streben wir. Wir wollen die Liebe wiederentdecken, wo alles schwebt und ruht, wo alle Macht aufgehoben ist. – Aber die kindliche Liebe ist von Anbeginn an alles geknüpft, was in ihrem Umkreis Herrschaft ist. Zunächst ist die Liebe an die Herrschaft der Eltern gebunden. Um diese Fesseln zu sprengen, werden Autonomiewünsche mehr oder weniger zaghaft artikuliert und umgesetzt. Unsere Szene auf der Psychodrama-Theaterbühne stellt ebenfalls einen zaghaften Versuch dar. Aber Autonomie und das Abschütteln der Herrschaftsverhältnisse führt zwangsläufig zu Situationen, die einem Liebesverrat sehr nahekommen. Liebesverrat und Autonomie in Einklang zu bringen, ist immer ein ambivalenter Abnabelungsprozess, dem eine Geburt des Selbst vorausgeht." (Diese Szene war für eine Teilnehmerin besonders wichtig, ihr Ablösungsprozess von der Mutter gestaltete sich als äußerst schleppend.)

6.3.3 Die „Tom-Gruppe"

Eine Teilnehmerin erzählt von ihrer Schwester, die sich nach einer Leistenbruchoperation nun bei ihr zu Hause erholt. Die Teilnehmerin besitzt ein großes, schönes Haus, weshalb die Schwester das Angebot selbstverständlich angenommen hat. Aber ihre Fürsorge – erzählt die Teilnehmerin

– der Schwester gegenüber sei doch etwas zu weit gegangen: Sie hat sie in ihr Ehebett gelegt. (Ihr Mann und sie haben das Gästezimmer bezogen.)

Die Teilnehmerin wünscht sich folgende Szene: „Wie bekomme ich meine Schwester aus meinem Ehebett?“

Die Rollen:

- Die erste Darstellerin: „Ich bin 47 Jahre alt und bewohne mit meiner Familie dieses schöne Haus.“
- Die zweite Darstellerin: „Ich bin die 13-jährige Tochter, und mir geht die kranke Tante so was von auf die Nerven!“
- Die dritte Darstellerin: „Ich bin die kranke Schwester, fast 50 Jahre alt, alleinstehend und ich leide sehr. Natürlich musste ausgerechnet bei mir nach der Operation der Kreislauf solche Schwierigkeiten machen!“
- Die Erzählerin der Lebenssituation: „Ich spiele das ewig kranke ‚Auah, auahh‘!“
- Eine weitere, fünfte Darstellerin findet sich aus dem Publikum und spielt das Bett.

Ort der Handlung: Ehebett der Erzählerin

Die Szene: Schwester liegt im Ehebett, denn es läuft schlechter als üblich und es tut so weh.

Alle kümmern sich um die Kranke. Die Tochter wird nicht gehört, sie schließt sich in ihr Zimmer ein und kommuniziert auf ihrem Handy mit Freundinnen.

Die **interaktive Regieführung** bittet einen weiteren Darsteller auf die Bühne: einen Mitarbeiter von „Rat auf Draht“, der am Bühnenrand seinen Standort errichtet.

Der Mitarbeiter von „Rat auf Draht“ nennt sich in seiner Spiel-Rolle Sepp (und hat in der ersten Szene den toten Schlosser gespielt). Die Tochter und er finden einen guten Draht zueinander. Sie besprechen das Mögliche in der unmöglichen Situation und die Frage, wie die Tochter wieder in Kontakt mit der Mutter treten kann.

Zurück ins Schlafzimmer:
Das nicht ausgesprochene „Auahhh“ kann sich keine Sprache verschaffen – nämlich keinen Mann, keine Kinder zu haben, allein leben zu müssen. Das ausgesprochene „Auahhh“ ist ein Stöhnen und unartikuliertes Wehklagen, bis in der Szene endlich die Erlösung kommt. Die Darstellerin in der Rolle der Erzählerin sagt den folgenden Satz: „Es war von mir ein Fehler, dich in mein Ehebett zu legen. Du kannst morgen gerne das Gästebett haben – aber das ist der Ort für mich und meinen Mann.“

Die Erlebnisqualität:
Das Bett im Schlafzimmer des Paares kann nicht das geben, was die Schwester sich „erstöhnt“. Dieser Satz spannt den Bogen zur Geschichte der „Glasmenagerie“.

Entsprechend aufschlussreich fielen die **Rollenfeedbacks** aus:

- Das Bett der Eheleute fühlte sich missbraucht.
- Die Erzählerin fühlte sich in ihrer neu gewonnenen Entschlusskraft sehr bestärkt und wird in Zukunft einen sensibleren Umgang mit ihren eigenen Bedürfnissen pflegen.

Mein Kommentar zu diesem szenischen Geschehen: „Oft gehen wir über unsere Grenzen, um Scham und Neid abzuwehren. Unverdientes Glück und unverdientes Leid scheinen schlechte Ratgeber zu sein. Sie bringen die handelnden Personen in eine Lage, in welcher der Platz falsch gewählt ist. Bessere Ratgeber sind nicht leicht zu finden, aber sich ein Herz zu fassen und mutig eine gute Möglichkeit herauszufinden, lohnt sich. Vielleicht ist es ermutigend, zu wissen, dass alles seinen Preis hat.“

6.3.4 Die „Laura-Gruppe“

Eine Teilnehmerin wünscht sich eine Schulsituation, in der sie als Schülerin zunächst aufgrund von negativen Erwartungen des Lehrers verunsichert wird. Bei der Wiederholung der Schularbeit im Direktorenzimmer brilliert die Schülerin aber. Der Direktor hält nämlich große Stücke auf sie und schafft eine wohlwollende Atmosphäre. Diese angenehme Atmosphäre wird noch durch einen Hauswart verdichtet, der der zwölfjährigen Schülerin ein wunderbares Jausenbrot zusteckt. Mit dieser neuen Erwartungshaltung – „Die Umwelt nährt mich" – findet das Schulmädchen, das sich Laura nennt, auch ihre Sprache wieder.

Mein Kommentar: „Erwartungshaltungen, die wir vorfinden, begrenzen oder erweitern unseren Handlungsspielraum viel stärker, als wir es manches Mal wahrhaben wollen. Stellen wir uns eine Situation in einer Konferenz vor, in der jemand die Augen verdreht, während eine andere Person spricht, um dieser zu signalisieren, dass sie Unsinn redet! Die Ausdrucksfähigkeit der sprechenden Person ist zwangsläufig energetisch gebremst. Manches Mal hilft die ‚Wunderübung': Annehmen, dass Wohlwollen vorherrscht, und zu Unterstützern oder Unterstützerinnen blicken."

6.3.5 Die „Jim-Gruppe"

Die DarstellerInnen dieser Gruppe bieten auf der Bühne einen fröhlichen und unterhaltsamen Abschluss. Diese feine, freudvolle Stimmung spiegelt den Ensemblezusammenhalt wider.

Ihr Szenenentwurf: Ein Interview: Eine TV-Showgruppe trifft sich:

- Der erste Darsteller möchte seinen Roman bekannt machen: „Irrungen und Wirrungen des Lebens" – wie beim Protagonisten Jim in dem Theaterstück „Die Glasmenagerie", der sich immer wieder von seinen Beziehungen losreißen muss, um seine Karriere zu leben.
- Die zweite Darstellerin gibt sich als Psychotherapeutin: Sie braucht Stoff für die Paardynamik. Denn: „Beziehungen werden oft auf Kosten der Karriere beendet – es muss aber nicht so sein. Es ist möglich, es anders zu machen; zwar mit Arbeit verbunden und nicht selbstverständlich oder einfach, aber mit ein wenig Arbeit geht das."
- Der dritte Darsteller mimt einen Karrieretyp: „Ich habe jegliche Beziehungen hinter mir gelassen und mich der Forschung verschrieben; nun habe ich eine Professur an der St. Louis University. Ich bin mit der Wissenschaft verheiratet."

Die Show ist köstlich und humorvoll gespielt, auch dank der vierten Darstellerin, die die Moderatorin auf der Bühne gibt.

Mein Kommentar: „Am Ende des Tages haben wir uns das freudvolle Lachen zurückerobert."

6.4 Publikumsabschlussrunde und Abschlussrunde

Einige Kommentare aus den Abschlussrunden:

- „Gott sei Dank darf man Fehler machen! Es gibt Fehler, die tun immer weh, aber wichtig wären die Wiedergutmachungen."
- „Für mich hat das Wochenende hohen Selbsterfahrungscharakter gehabt – die Szene nehme ich mir als symbolisches Bild mit."
- „Als ich das Stück gelesen habe, habe ich gedacht: schwerer Tobak. Ich bin erstaunt, dass so viel Leichtigkeit möglich war; ich habe große Verbundenheit in und mit der Gruppe gespürt. Die Inszenierung war großartig."
- „Die Frage, was ist adäquat, in welcher Rolle kann ich wie viel unterstützen, wird mich noch lange beschäftigen."
- „Die Eingangsrunde habe ich besonders berührend empfunden – darf es einem selbst gut gehen, darf es mir besser gehen? Ich habe mir in dieser Runde die Erlaubnis für das Glücklichsein geholt."
- „Es war eine Überraschung für mich, dass mit so vielen Persönlichkeiten so was Schönes entstehen kann – ich nehme mir nun die Zeit, das alles zu verarbeiten."
- „Ich bin froh, dass immer wieder was ganz Lustiges dabei ist. Mir ist es zu Mittag hin sogar schummrig gewesen – da wurde ich stark berührt. Aus der Rolle konnte ich mir etwas rausholen."
- „Ein vertrautes Gefühl ist entstanden."
- „Ich habe lange gebraucht, um in den Workshop zu kommen, ich bin auch schwer in das Spüren gekommen (Anm.: der Teilnehmer hat den abwesenden Vater gespielt, und im 3. Akt den Verstorbenen). Als die Theatermacherin aber sagte, es brauche diese Trauer, da fand ich den Zugang zu den Gefühlen."

- „Ich finde es bemerkenswert, dass es bei all der Schwere einen hohen Flow-Faktor gab – obwohl es schwer war, ist es doch leicht geworden."
- „Es tut gut, über Ängste, Sorgen und Fehler zu sprechen, und das macht handlungsfähig und fühlt sich gut an. Ja, ich bin zufrieden."
- „Es war eine feine ‚Zusammenwürfelung' der Gruppe: ‚Man ist nur ganz im Gegenteil.' Die wechselseitige Ergänzung macht es aus, dass der Einzelne sich vertrauensvoll dem Geschehen überlässt."
- „Das Theaterspielen war fein, bestärkend und bestätigend. Ich war anfangs sehr aufgeregt, habe aber auf das Psychodrama-Theater vertraut, und das ging auch. Was angeklungen ist, hat mit weitergeholfen, es gut und heil gemacht. Es klingt vielleicht merkwürdig, aber ich bin versöhnter mit dem Unvollkommenen."
- „Die Postkarte mit ‚Hallo, **lebt wohl**' – vielleicht ist das eine Option."
- „Ich war überrascht, wie gut jeder in die Rollen gehen kann und wie gut man diese Rolle sieht – beeindruckend."
- „Meine Spielfreude ist jetzt noch da; es war ein wenig zu kurz für mich."
- „Es war unglaublich schön, eine totale Bereicherung und vielschichtig und fein."
- „Die Mischung ist vielschichtig – von Leichtigkeit bis zu Schwere. Es hat sich zum Schluss rund angefühlt – zu benennen, was da ist. Ich habe gelebte Teile von mir erkannt."

Bei der herzlichen Verabschiedung wirkt es, als habe sich der Kuchen aus der Konditoreiszene wundersam vermehrt: Es gibt ein gut verdauliches Stück der Selbstermächtigung für alle TeilnehmerInnen.

6.5 Zusammenfassung

Die große Gruppe hat hier eine sehr schwierige Aufgabe bewältigt – die Versöhnung mit dem Unvollkommenen. Zu diesem Gelingen hat der Wille aller, sich am Spiel zu beteiligen, beigetragen. Die soziometrische Orchestrierung, die abgestimmten Erwärmungsübungen und das Loslassen des Perfekten haben dies mitbewirkt.

7 Inszenierungsbeispiele – die Methoden und Instrumente des Psychodrama-Theaters in Verbindung mit Lebensthemen

Lebensthemen beschäftigen sich mit Erfahrungszusammenhängen, die ein Gefüge von scheinbar allgemeingültigen Erinnerungsspuren bilden. Um sich dem Eindeutigkeitszwang zu entziehen, betreten wir das Feld dichterischer Produktion. Diese unterstützt die Gestaltung unserer Imagination. In unserer Lebenspraxis verstärken wir dadurch den Zugang zu unseren Handlungsspielräumen. Die eigene Kreativität ermöglicht uns, das implizite Spielwissen zu erkunden.

In diesem Kapitel werden besondere Lebensthemen in ihrem Spannungsfeld beleuchtet. Darüber hinaus findet sich, zu den Lebensthemen passend, in den Ausführungen ein methodischer Schwerpunkt. In der Gruppenarbeit mit dem Ensemble ist natürlich das gesamte methodische Spektrum des Psychodrama-Theaters in Verwendung.

Ein wesentliches Anliegen des Psychodrama-Theaters ist es, eine Plattform zu bilden, auf der immer wieder Lebensthemen erlebt, erfahren und in ihren Zusammenhängen begreifbar werden. Darüber hinaus ist Psychodrama-Theater eine fachliche Bildungsstätte, um mit Gruppen kreativ und intensiv arbeiten zu lernen.

Die erste Inszenierung: Das Herrschaftsverhältnis und die Liebe

Die **Beziehungsentwürfe** erkunden zunächst die Begegnungsabsage („Vergegnung"). Durch die Aneignung der **Symbolbildung und Wahrnehmung** kommt es für die Teilnehmerinnen zu einer Erweiterung ihres Handlungsspektrums.

Die zweite Inszenierung: Die Verwerfung und die Akzeptanz

Hier spüren wir, wie die **Publikumsrolle das Gruppengeschehen abbildet.** Die Gruppe erkämpft sich hier im guten Sinne neue Regeln durch Regelbruch. Und es gelingt ein neuer **Beziehungsentwurf!**

Die dritte Inszenierung: Die Einsamkeit und die Verantwortung
Die Ausführungen bekommen hier eine besondere Betonung. Der **soziokulturelle Hintergrund** der Handelnden entscheidet über Mögliches und nicht Mögliches. **Rollengestaltanalyse** und **Spielgestaltanalyse** runden das Erlebte ab.

Den Abschluss bildet ein Erkunden des Inszenierungszusammenhanges einer Paarbeziehung durch das **szenische Handlungsverstehen**.

7.1 Die erste Inszenierung: Das Herrschaftsverhältnis und die Liebe („König Lear" und „Gedichte von der Liebe")

Das ausgewählte Theaterstück: „König Lear" von William Shakespeare
Ausgewählte Lyrik: „Gedichte von der Liebe" von Erich Fried

7.1.1 Die Vorbereitung

Das Programm: „Der Liebe Hilfe sein"

In diesem Workshop wurden die Texte „König Lear" von William Shakespeare und „Gedichte von der Liebe" von Erich Fried herangezogen. Bei König Lear von Shakespeare geht es um den alternden König, der beabsichtigt, sich zurückzuziehen. Er hat drei Töchter, an die er sein Reich übergeben möchte. Vorher allerdings stellt er ihnen noch eine Schicksalsfrage, mit welcher er erkunden will, welche der Töchter ihn wohl am meisten liebt. Bei Fried geht es um den liebenden Menschen an sich, der sich in symbolischer Form dem DU annähert.

Beide Zugänge zur Liebe oder Nichtliebe ergeben eine neue Form der Symbolbildung für die Teilnehmerinnen.

Dieses Mal war das Ensemble besonders klein: Es bestand aus vier Frauen und einem ungeborenen Baby (also fünf Menschenkindern). Dementsprechend wurde auch die Inszenierung sehr intim. Jede der Frauen beschäftigte sich mit dem Thema „Liebe“, wenn auch auf ganz unterschiedliche Weise – so unterschiedlich, wie eben Menschen sind.

Die Rahmenhandlung des „König Lear“ war in der kleinen Gruppe sehr hilfreich. Sie beleuchtet als wesentlichen Aspekt die Auseinandersetzung mit dem Vater. In dieser kleinen Gruppe gab es nur abwesende Männer. Trotzdem brachte die Rahmenhandlung der Geschichte von „König Lear“ die unmittelbare Rivalität, die es mit Männern, Vätern, Müttern und Frauen gibt, mit in die Gruppe ein. Wenn es um die Liebe geht, müssen wir auch dorthin schauen.

Die Gedichte von Erich Fried sind an ein Du gerichtet; die Szene aus „König Lear“ an den Umstand der sozialen emotionalen Verflechtungen. Indem wir eine Verbindung herstellen zwischen zwei unterschiedlichen literarischen Texten, versuchen wir zu einer eigenen Symbolik zu gelangen.

> *„Der Text muß den Rahmen einer diskursiv-denotativen Aussage überschreiten, er muß die Qualität szenischer bildhafter Symbolik haben.“* (Lorenzer 1986, S. 36)

Das Thema „Liebe“ ist an sich schon sehr symbolbeladen. Wir versuchen, uns durch das Gestrüpp der Idealisierung zu schlagen. Ausgehend von König Lears Frage an seine Töchter **„Welche von euch liebt uns** (damit ist der König allein gemeint!) **wohl am meisten?“** fingen wir an, das **Thema „Liebe“** auf uns zukommen zu lassen.

Diese Frage stellt König Lear seinen Töchtern, als er das Erbe übergeben möchte. Er knüpft diese Übergabe an die oben zitierte Schicksalsfrage. Wir lesen in der Gruppe die Szene gemeinsam und knüpfen mit unseren Assoziationen an das Geschehen an.

Im Gruppengespräch stellen wir fest, dass der Protagonist König Lear zunächst sehr selbstsicher ist; er tritt wahrhaft königlich auf. Seine Rolle ist provozierend. Der König sät Zwietracht. Er steht einem System von Gier und Abwertung vor; Scham überkommt die Seinen.

7.1.2 Das szenische Handlungsverstehen oder die Inszenierung der Wahrheit – der Beziehungsentwurf

Wahrheit hat hier den Rang, die Dynamik zwischenmenschlicher Beziehungen zu beleuchten. Denn das Tun des Einen ist das Tun des Anderen. Vergessen wir diesen wichtigen Grundsatz, so wird sich in der Folge das Zerwürfnis in den zwischenmenschlichen Beziehungen als unaufhaltsam erweisen.

Der Beziehungsentwurf des Königs:

- **Ort der Handlung**: der **Thronsaal des Königs**
- **Das Tatereignis** (Handlungsfeld): „Ich nötige euch, meine **Töchter**, mich am meisten zu lieben!"
- **Die Erlebnisfigur** (Gefühlsfeld): „Ich, der Unsterbliche, **ein sterbender Mann**!"
- **Das Tatgeschehen** (dramaturgische soziale Motivlage): Gier, Neid, Scham und Ignoranz; Neid gegenüber den jüngeren Menschen, denen er seine Macht überlassen möchte (muss).
- **Der Tatentwurf** (Wahrnehmungsfeld): Für mich persönlich geht es zu Ende, aber **es darf nicht zu Ende gehen**! (Hass und Zwietracht sind gute Antreiber, aber sie setzen das Unglück in Gang.)
- **Die Deutung des impliziten Spielwissens:** Das lebenslängliche Verpassen der aufrichtigen Liebe, der aufrechten Liebe, die eine Absage an Herrschaftsverhältnisse voraussetzt.

Seine Antagonistin, die **jüngste Tochter namens Cordelia**, wird am Beginn der Szene als sehr selbstsicher erlebt – sie glaubt, sie müsse dem Vater nicht schmeicheln. Sie bringt sich in ihrer Rolle als einzig liebende Tochter ein, ist aber auch hartnäckig, um nicht zu sagen: stur. Sie löst Unverständnis aus. Das System des Wahnsinns beginnt sich zu etablieren.

Wie sieht der Beziehungsentwurf Cordelias, der Lieblingstochter, aus?

- **Ort der Handlung:** Der **Thronsaal** des **Vaters (und eben auch des Königs)**
- **Das Tatereignis** (Handlungsfeld): „Der **Vater** versucht, mich zu zwingen, ihm mehr zu schmeicheln, als es sein kann und darf."

- **Die Erlebnisfigur** (Gefühlsfeld): „Ich bin doch die **einzige, bessere**, wahrhaftig liebende **Tochter** und keine Schmeichlerin!"
- **Das Tatgeschehen** (dramaturgische soziale Motivlage): Ignoranz gegenüber dem Neid und der Rivalität der Schwestern. Diese haben das Erbe für sich gewonnen. Cordelia geht leer aus.
- **Der Tatentwurf** (Wahrnehmungsfeld): „Ich mache nicht mit."
- **Die Deutung des impliziten Spielwissens:** „Ich will nicht bemerken, dass die Situation für mich in Wirklichkeit ein Wettkampf mit meinen Schwestern ist." (Später wird Cordelia im Stück von Shakespeare gegen die Schwestern einen Krieg führen.)

Hier kann der Leser oder die Leserin bereits feststellen, dass dieser Disput von der Liebe bereits weit entfernt ist – es geht um den zunächst noch abgewehrten Wettkampf mit den Schwestern.

Wie sieht nun die Inszenierung der Wahrheit des Beziehungsgeflechts von Vater und Tochter aus? (Vergleiche dazu auch die Spielgestaltanalyse)
Beide verschließen ihre Ohren. Die Tochter kommt der Bitte des Vaters nicht nach, schwärmerischer für den Vater zu sein, als es ihre Schwestern sind. Der Vater kommt der Bitte der Tochter nicht nach, ihre Liebe zum Vater als solitären Akt gelten zu lassen.

Vergleicht man König Lears Beziehungsentwurf mit jenem von Cordelia, so wird man die „Vergegnung", die Begegnungsabsage, der beiden sehr rasch entdecken. König Lear will mittels Macht und Vermögen die Rivalität der Töchter anheizen. Cordelia möchte zunächst über ihre Liebe sprechen, unterliegt aber im Rivalitätskampf. Liebe braucht den Verzicht auf Herrschaft. Liebe braucht den Verzicht auf Sieg oder Niederlage. Liebe braucht Hingabe an die Gleichwertigkeit.

7.1.3 Erkundungen und „Selbstbeforschung" der Teilnehmerinnen

Die Inszenierung der Wahrheit ist für jedes Gruppenmitglied ein Programm der „**Selbstbeforschung**". Die anwesenden Frauen folgen dieser

Spur. Wollen wir nicht alle am meisten geliebt werden? Und auch von dem, was uns quält, erlöst sein? Sind die unausweichlichen Situationen der Rivalität nicht vermeidbar? Müssen wir immer unsere perfekten Ziele hochhalten und besser, schöner, schneller sein als die anderen?

Eine Frau aus der Gruppe war gerade von ihrem Liebhaber verlassen worden, eine andere Frau erwartete ein Kind, welches durch eine Samenspende gezeugt worden war, die dritte war körperlich versehrt, die vierte wollte sich selbst wiederfinden.

Das abschließende Spiel an diesem Freitagabend beinhaltete die Aufforderung der interaktiven Regiebegleitung, eine Szene zu finden – und sei sie auch noch so banal –, in welcher der Moment vollkommener Liebe erfahren wurde. Es gelang jeder einzelnen Frau, eine solche Szene zu finden. **Wodurch?**

Im Grunde ganz einfach: In jedem Leben gibt es Situationen, Szenen, die von Wohlwollen getragen sind – ein Zustand, der uns von Neid und Eifersucht in seiner negativen Bedeutung befreit. In so einer Situation werden Unterschiede gewürdigt und als Bereicherung empfunden.

Darüber hinaus waren die liebenden mitwirkenden Menschen in den persönlichen Szenen der Teilnehmerinnen sehr präsent, und es zeigte sich eine Situation von Gleichzeitigkeit und Gegenseitigkeit – das absolute Gegenteil von negativer Ignoranz. Die erlebte Zugehörigkeit ließ auch Abgewehrtes zu.

Eine Szene möchte ich hier mit der Erlaubnis der Protagonistin wiedergeben.

Ort der Handlung: gedeckter Frühstückstisch
Die beiden Frauen, Liebespartnerinnen, im Gespräch. Der Hund zu den Füßen der jüngeren Frau.
Die Ältere: „Ich habe nie eine Partnerin gewollt, die einen Hund mitbringt!“
Die Jüngere (schwanger): „Ja, und ein Baby kommt auch bald!“ (Es gibt nur einen samenspendenden Vater, das Kind wird eine neue Herkunftsgemeinschaft vorfinden.)
Die Ältere (liebevoll lächelnd ...): „Und ich bin immer noch da!“

Der Inhalt der Begegnung zeichnet sich durch einen gelungenen Umgang mit Scham aus. Die Zugehörigkeit steht außer Zweifel. Darin zeigt sich die Kühnheit und der Mut, welchen es braucht, um sich und die Andere bzw. den Anderen anzunehmen.

Mein Kommentar zu dieser Szene: „Üblicherweise werde ich beim Erklären der dramaturgischen sozialen Motivlage, die sich in vier Grundkapiteln darstellt, immer wieder gefragt, wieso nicht die Liebe die alles ordnende Motivlage ist. Die Aufzählung von Gier, Neid, Ignoranz und Scham löst in den meisten Menschen zunächst eine Abwehrhaltung aus. Aber genau diese dramaturgische soziale Motivlage bildet – so wir sie nützen und transformieren – unsere größte Chance, wirklich zu lieben. Das, was wir im Allgemeinen als Liebe benennen, sind oft nur gute Verhältnisse. Auch nicht schlecht. Der Haken sind die uns in die Irre führenden Erlösungswünsche. Wir wollen etwas loswerden und verweigern uns dem Wachsen. Liebe ist ein Gedeihen und Wahrnehmen."

Lassen wir an dieser Stelle den Lyriker Erich Fried (1990, 2016, S. 83)[1] zu Wort kommen:

Die Liebe und wir

Was soll uns die Liebe?
Welche Hilfe
hat uns die Liebe gebracht
gegen die Arbeitslosigkeit
gegen Hitler
gegen den letzten Krieg
oder gestern und heute
gegen die Angst
und gegen die Bombe?

---

[1] Aus: Erich Fried, Die Liebe und wir, Vorübungen für ein Wunder, Kein Unterschlupf, Wintergarten, aus: *Als ich mich nach dir verzehrte. Gedichte von der Liebe.* © 1990, 2016 Verlag Klaus Wagenbach, Berlin.

Welche Hilfe
gegen alles
was uns zerstört?
Gar keine Hilfe:
Die Liebe hat uns verraten
Was soll uns die Liebe?

Was sollen wir der Liebe?
Welche Hilfe
haben wir ihr gebracht
gegen Arbeitslosigkeit
gegen Hitler
gegen den letzten Krieg
oder gestern und heute
gegen die Angst
und gegen die Bombe?

Welche Hilfe
gegen alles
was sie zerstört?
Gar keine Hilfe:
Wir haben die Liebe verraten

7.1.4 Das Beziehungsgeflecht von „Bindung – Beziehung – Beziehungsentwürfen"

Die dramaturgische soziale Motivlage ist kein Stoß gegen die Liebe, sie ist **ein Anstoß für unsere Entwicklung**.

In jeder Beziehung gibt es mitunter ein Ungleichgewicht an Bildung, Einkommen und Charakterprägungen. Diese Unterschiede bedingen gewisse Machtverhältnisse. Sie müssen ausgeglichen werden. Das kann „die Liebe" allein nicht leisten. Sie braucht Hilfe. Diese Hilfe besteht im Genuss zur rechten Zeit, darin, Verzicht zu üben, Freude auch an den kleinen Dingen zuzulassen, Unterschiede mutig wahrzunehmen, Respekt voreinander zu haben, gesunden Stolz zu zeigen, Wertschätzung gegenüber dem

Vorhandenen auszudrücken, sich selbst Enttäuschungen zu verzeihen – hinzuschauen auf das eigene Tun, sich im szenischen Handlungsverstehen zu üben.

Keine Liebe kann ohne umgebende Gemeinschaft existieren. Die Arbeit am Frieden ist immer auch eine Arbeit an der Liebe. Im Begegnungsraum „Liebe" spielen die Bindungsfähigkeit und die Beziehungsfähigkeit eine gewichtige Rolle.

Bindungsfähigkeit bedeutet in diesem Zusammenhang, ein Kontinuum von Person und Rolle, Ort und Zeit gestalten zu können und dieses Angebot dem Gegenüber verlässlich anzubieten. Man könnte auch sagen: das Ritual der Begegnung einzuhalten.

Beziehungsfähigkeit bedeutet in diesem Zusammenhang, im gemeinsamen Spiel mit dem „DU" eine Erfahrung zu machen, die einen Abdruck hinterlässt. Aus diesem Geschehen konstituiert sich die „Vergegnung" (Martin Buber) oder die Einladung zur Begegnung.

Aber was hier so schön zu vernehmen ist, hat doch einen Haken. Wir haben uns unser Spielwissen, auch das der Liebe, soziokulturell angeeignet, in unterschiedlichsten Inszenierungen erprobt und zwischenmenschliche Erfahrungen gesammelt. Diese haben uns nicht grundsätzlich von den dramaturgischen sozialen Motivlagen erlöst. Wie auch, eine jede Tat hat ein Motiv. Manches ist daher wohl in den Lebensentwürfen der Teilnehmerinnen bereits geglückt. Manches ist eben nicht geglückt.

Wir suchen alle nach dem **Glück** und vergessen gelegentlich, dass auf dem Weg dorthin einiges zu tun ist. **Wir wollen immer wieder eine Abkürzung nehmen und blenden gerne ein Feld unseres inneren Interaktionssystems der Szenengestalt aus, verwischen es – oder machen es undeutlich.** Das Ergebnis spüren wir erst in der **Begegnungsdynamik der Beziehungsentwürfe. Das szenische Handlungsverstehen gibt uns ein Bild der Lage, der Inszenierung.** Es zeigt sich, dass die unglücklichen Verstrickungen des Menschen dort beginnen, wo die nicht erkannte oder nicht transformierte dramaturgische soziale Motivlage die **alleinige** Regie übernimmt und wir uns in einer Situation wiederfinden, wo Unterwerfung, Einsamkeit, Verzweiflung und Beziehungsabbruch das Leben bestimmen. Wie sieht das aus?

Die Ignoranz blendet uns und lässt uns ebenfalls jemanden oder etwas ausblenden. Im Zustand der Ignoranz neigen wir dazu, eine unglückliche

Wahl zu treffen. Ignoranz ist auch ein Moment ohne Empathie. Wir machen uns selbst einen engen Raum und können nicht vor und zurück, wir fühlen uns eingeklemmt. So entsteht unser **Zorn**. Daher verbündet sich die Ignoranz gerne mit einer anderen dramaturgischen sozialen Motivlage. Die Ignoranz gaukelt uns dadurch vor, sie könne für uns einen Weg aus der Enge finden. Ein typisches Interaktionsmuster umfasst ein Treffen von Gier und Ignoranz – so entsteht der Impuls zur **Unterwerfung**. (Siehe auch den Workshop zu „Glaube Liebe Hoffnung" von Ödön von Horváth)

Bei „König Lear" ist es ebenso: Auch Cordelia möchte die Absicht des Vaters nicht erkennen; das lässt sie einen Augenblick lang stur erscheinen. Würde der König seiner Liebe zur Tochter Cordelia **vertrauen**, die Liebe spüren, statt sie zu ignorieren, müsste er gar nicht die Frage der Fragen stellen. Hätte Cordelia in dieser Szene den Aspekt der Unterwerfung beiseitegelassen, könnte sie in ein unmittelbares Geben und Nehmen einsteigen. Das hätte bedeutet, ihre eigene **Trauer** zum Ausdruck zu bringen, dass sie nun den Vater bald verlässt und er sie vielleicht auch bald verlässt … Was ist einzublenden? – Ein neues **Wahrnehmungsfeld**: Das Abschiednehmen steht an, damit aus den Tränen der Bitterkeit Tränen des Abschieds werden dürfen.

Fast schwer zu begreifen, aber im alltäglichen Leben passiert das manchmal schneller, als wir es wahrnehmen: Wir denken nur an unsere Vorteile und übersehen das Sein des Anderen. Manches Mal kann sich das als ganz nützlich erweisen, um nicht über alles nachdenken zu müssen. Doch wir brauchen den Boden unter unseren Füßen, damit sich unsere Traurigkeit zur Trauer entwickeln darf, die uns die Zugehörigkeit zu jemandem oder etwas versichert.

Menschen, die nicht trauern dürfen, sich nicht verabschieden können, müssen alles tun, um den notwendigen Impuls der Scham zu vermeiden. Deutlich wird dieses Vorgehen im Versuch, Einsamkeit unsichtbar zu machen. Der untaugliche Versuch des Unsichtbarmachens von **Einsamkeit** endet meistens in einem gewaltsam erzwungenen Szenario, zum Beispiel jemanden zu verstoßen. Scham und Gier bilden hier ein gewaltsames Duo (König Lear und Cordelia). In der Einsamkeit müssen wir genau das **Handlungsfeld**, das Tatereignis, erkunden, es zeigt das Vermiedene auf und komplettiert die Existenz.

In der Verknüpfung von Scham und Neid entsteht eine große Bedürftigkeit. Der Mensch fühlt sich verzweifelt, zweifelt an anderen Menschen und gibt seine **Verzweiflung** weiter (siehe Workshop zu „Die Glasmenagerie" von Tennessee Williams). Die Beleuchtung des eigenen **Gefühlsfeldes** in der szenischen Arbeit ermöglicht es, die Verbundenheit mit dem anderen Menschen wahrzunehmen und sich wieder zu spüren. Sich die Erlaubnis zu erteilen, sich auch als Erlebnisfigur wahrzunehmen.

Bilden Scham und Gier eine Union, kommt es letzten Endes zum **Beziehungsabbruch** (siehe Workshop zu „Glaube Liebe Hoffnung" von Ödön von Horváth). Beziehungsabbruch ist immer der Versuch, die dramaturgische soziale Motivlage zu ignorieren. Aber auch diese gehört zu unserem szenischen Handlungsverstehen. Ohne sie können wir uns nicht der inneren Szenengestaltung nähern. Und es darf ja auch gesagt werden, dass die dramaturgische soziale Motivlage, das Tatgeschehen, sich im Lauf unseres Lebens neu gestalten kann.

Es ist gut, zum Schutz unserer Liebesfähigkeit eine Gemeinschaft zu haben, die das Fremde in uns genauso zulässt und willkommen heißt wie das Vertraute. Psychodrama-Theater ist ohne den Gedanken einer Spielgemeinschaft nicht vorstellbar, in der verpönte Lebensentwürfe aufgezeigt und aufgearbeitet werden. Der Ansatz, das szenische Handlungsverstehen zu beleuchten und es mit dem zwischenmenschlichen Spiel auf der Bühne zu komplettieren, gibt uns Mut und Zuversicht, in den eigenen Lebensentwürfen eine Entwicklung anzustoßen.

7.1.5 Der Liebe eine Hilfe sein/Frieden in der und durch die Gemeinschaft finden

Zurück zur Gruppe:

Die Teilnehmerinnen bekommen Zeit und Raum, sich mit diesen Ausführungen und Gedanken auseinanderzusetzen. Nun ist es an den Teilnehmerinnen, Gedichte von Erich Fried zu wählen. Die Aufgabenstellung ist klar: „Der Liebe eine Hilfe sein".

Die ausgewählten Gedichte: „Vorübung für ein Wunder“ (Fried 1990, 2016, S. 13)[2] (von zwei Teilnehmerinnen ausgesucht); „Kein Unterschlupf“ (Fried ebd., S. 14) (von einer Teilnehmerin ausgesucht) und „Wintergarten“ (Fried ebd., S. 23) (von einer Teilnehmerin ausgesucht).

Vorübungen für ein Wunder

Vor dem leeren Baugrund
mit geschlossenen Augen warten
bis das alte Haus
wieder dasteht und offen ist

Die stillstehende Uhr
so lange ansehen
bis der Sekundenzeiger
sich wieder bewegt

An dich denken
bis die Liebe
zu dir
wieder glücklich sein darf

Das Wiedererwecken
von Toten
ist dann
ganz einfach

Kein Unterschlupf

Nicht sich verstecken
vor den Dingen
der Zeit
in die Liebe

[2] Aus: Erich Fried, Die Liebe und wir, Vorübungen für ein Wunder, Kein Unterschlupf, Wintergarten, aus: *Als ich mich nach dir verzehrte. Gedichte von der Liebe.* © 1990, 2016 Verlag Klaus Wagenbach, Berlin.

Aber auch nicht
vor der Liebe
in die Dinge
der Zeit

Wintergarten

Deinen Briefumschlag
mit den zwei gelben und roten Marken
habe ich eingepflanzt
in den Blumentopf

Ich will ihn
täglich begießen
dann wachsen mir
deine Briefe

Schöne und traurige Briefe
und Briefe
die nach dir riechen

Ich hätte das
früher tun sollen
nicht erst so spät im Jahr

Die Bühnenarbeit gestaltet sich auch mit dieser kleinen Gruppe nach dem Prinzip der **soziometrischen Orchestrierung**.

7.1.6 Das erste Spiel: Sich bewegen und geborgen sein

Die erste Teilnehmerin fungiert als Protagonistin ihres ausgewählten Gedichts „Vorübung für ein Wunder".

Zunächst stellen wir gemeinsam das Bühnenbild her: eine Baugrube. Danach stellt und legt die Frau in die Baugrube Eigenheiten. Eigenheiten, die sie in ihrem Leben erfahren hat, die sich aber im Alltag gelegentlich der Betrachtung entziehen, wie

- **die Lebendigkeit** der Beziehung zu ihrem Mann – sie ist bereits seit 20 Jahren verheiratet;
- **die Unbeschwertheit** eines „Zirkuskindes", welches gerne Purzelbäume schlägt;
- **die großmütterliche Geborgenheit.**

Diese Eigenheiten, Erlebnisfiguren werden von den anderen Teilnehmerinnen verkörpert und sowohl pantomimisch als auch sprachlich dargestellt. Besonders herzig ist das „Zirkuskind" gelungen: Die Teilnehmerin, obwohl schwanger, schlägt die hinreißendsten Purzelbäume.

Das Spiel geht so lange, bis die Protagonistin in ihrem Körper das **Wiederentdecken** der Eigenheiten somatisch spürbar verankern kann.

7.1.7 Das zweite Spiel: Sehen, was bisher verborgen war

Das zweite Spiel macht sich die Spielfreude des ersten zunutze. Die Teilnehmerin wählt für ihr Spiel das Gedicht „Wintergarten". Die Bühnenarbeit dafür beginnt mit der Einrichtung eines Wintergartens. Die anderen Teilnehmerinnen stellen einen Blumentopf, einen Brief und eine Gießkanne dar (Symbolrollen).

Thematik der Protagonistin ist ein noch nicht vollzogener Abschied. Die Sehnsucht nach etwas („Ich hätte das/früher tun sollen/nicht erst so spät im Jahr") zeigt sich auch hier ganz deutlich durch die soziometrische Orchestrierung: Die Teilnehmerin wählt für die Verkörperung des Briefes die schwangere Frau, sie selbst ist bis dahin kinderlos geblieben. Schwangerschaft bedeutet für viele Frauen eine Art Verwandlung: Nicht nur der Körper der Frau verändert sich, auch die emotionale und soziale Rolle in der Gesellschaft wird eine andere.

Somit ist in dieser Szene der Fokus auf Verwandlung gerichtet. Aus Blumentopf, Brief und Gießkanne werden zunächst die Personen aus dem Umkreis des Liebhabers hervorgezaubert, um sich anschließend in den Personen der Herkunftsfamilie wiederzufinden. Die mühsame Vatergeschichte schwappte hier ganz kurz an die Oberfläche – die Frau ist die Jüngste in ihrer Familie (und wird in der Schlussszene Cordelia verkörpern).

Für die Protagonistin ist es überraschend und aufklärend, ein wiederkehrendes Interaktionsmuster in den Personen der Familie ihres Liebhabers, ihrer Herkunftsfamilie und ihrer Innenwelt (Blumentopf, Brief und Gießkanne) zu entdecken. Die Atmosphäre ist jedes Mal geprägt von einem „Nicht-gesehen-Werden". Die Metapher des in einem Blumentopf eingegrabenen Liebesbriefes, der sich nach Wachsen und Gesehenwerden sehnt, ist für alle drei Positionierungen in der Aufstellung spürbar.

Mit all diesen Eindrücken ausgestattet, kann die Protagonistin gut dem weiteren Spielverlauf folgen. Ihr Wunsch, gesehen zu werden, wird von den Frauen in der Gruppe verstanden.

7.1.8 Das dritte Spiel: Fühlen, was scheinbar taub ist

Die Teilnehmerin wählt das Gedicht „Kein Unterschlupf". Auch hier beginnt die Bühnenarbeit mit dem Einrichten: eine Höhle, wie ein riesiger, mächtiger Uterus. Die Höhle ist schwarz und finster. Unsichtbar ist, was sich darunter verbirgt.

In der gemeinsamen Geschichte dieser Gruppe beobachtete ich als Theatermacherin die Wahl der Darstellerin für die Narben als aussagekräftigen Aspekt. Bei diesem Workshop (durch die kleine Gruppe) war ich ja gleichzeitig Publikum, Regieführung und interaktive Regiebegleitung. Es lag auf der Hand: Die Teilnehmerin, die das Gedicht „Wintergarten" gewählt hatte, wurde für die Rolle „**Narben**" ausgesucht. Somit waren im kollektiven Tele (gemeinsames unbewusstes Spielwissen) dieser Gruppe der Wunsch und die Erlaubnis spürbar, endlich auch etwas sehen und zeigen zu dürfen, was bisher im Verborgenen bleiben musste – eine Fortsetzung des vorangegangenen Spiels der Protagonistin.

Als im Spielverlauf die Darstellerin, die die Narben verkörpert, aufgerufen wird, aus der Dunkelheit ans Licht zu kommen, gibt es im Raum ein merkbares Aufatmen. Das Annehmen des Verborgenen erlöst. Es folgt ein Umarmen, das diese tiefe Berührung ausdrückt.

Das Spiel endet mit der Bemerkung der Protagonistin, dass die Narben an ihrem Körper tatsächlich auch ganz plötzlich Empfindungen bekämen. Das vertraute Taubheitsgefühl war verschwunden.

7.1.9 Das vierte Spiel: Erkennen, was nottut

Die Teilnehmerin wählt das Gedicht „Vorübung für ein Wunder". In diesem Spiel wird als Bühnenbild eine Baugrube eingerichtet. Diese sieht etwas anders aus als jene in der ersten Szene.

Für mich als Theatermacherin, zugleich mit den Aufgaben der Regieführung und der interaktiven Regiebegleitung betraut, ist es spannend, zu sehen, wie die Protagonistin im ersten Spiel das lebendige Zirkuskind verkörperte und dass in ihrem eigenen Spiel der Fokus auf die Großmutterposition gerichtet ist. Die Großmutter bildet den Inbegriff dessen, etwas **zusammenhalten** zu können; selbst wenn die Art des Zusammenhaltens ungewöhnlich erscheint.

Als Theatermacherin gibt es wieder eine Rückblende zum vorhergehenden Spiel: Selbst die Narben haben eine wichtige Aufgabe – sie halten etwas zusammen, sie schließen Wunden.

Die Protagonistin kann die Stärkung und Wegbegleitung gut annehmen. Das Kind im Bauch fühlt sich in diesem Moment ebenso sehr wohl.

7.1.10 Die gemeinsame Schlussszene

Die Bühne: Alle Protagonistinnen richten den Thronsaal des König Lear gemeinsam ein.

Die Spiel-Rollen:
- Die Protagonistin des ersten Spiels ist König Lear.
- Die Protagonistin des zweiten Spiels ist Cordelia.
- Die Protagonistinnen des dritten und vierten Spiels sind des Königs erst- und zweitgeborene Töchter, Goneril und Regan.

Der Spielentwurf: Die Töchter sind erwachsen und versuchen, den etwas konservativen Vater von ihrer **Autonomie** zu überzeugen. Besonders bemerkenswert: Cordelia kann sich in dieser Szene frei und unbeschwert dem Vater zuwenden; sie freundet sich mit dem Gedanken des Abschiednehmens an. Sie will gleich eine Reise nach Kolumbien unternehmen, um sich selbst zu erproben. Der Gedanke, dass der Vater, die Schwestern und die Welt sie sehen und sie **diese alle ebenso sieht**, erfüllt sie mit Freude. Genau diese Beobachtung der Unbeschwertheit und **Zugewandtheit** kann die Darstellerin König Lears der Darstellerin Cordelias am Ende des Spielprozesses bestätigen.

Mit viel Freude im Herzen verabschieden sich die Frauen voneinander.

7.2 Die zweite Inszenierung: Die Verwerfung und die Akzeptanz („Glaube Liebe Hoffnung")

Das ausgewählte Theaterstück: „Glaube Liebe Hoffnung" von Ödön von Horváth

7.2.1 Die Vorbereitung

Ein Teilnehmer dieses in Wien stattfindenden Workshops hat den Begleittext aus dem Programm des Wiener Burgtheaters mitgebracht und liest diesen zu Beginn des Workshops vor:

> „1932. Im Zuge der Weltwirtschaftskrise erstarken populistische Bewegungen und schließlich der Nationalsozialismus in Mitteleuropa. Viele Menschen sind arbeitslos. Auch Elisabeth, eine junge Frau. Sie hat kein Geld, keine Arbeit und keinen Mann. Aber sie hat gehört, dass man im Anatomischen Institut die eigene Leiche verkaufen könne, für die Wissenschaft, wenn man gestorben ist. Das Geld dafür bekomme man aber im Voraus – ein Irrtum, wie sich herausstellt.
> Man weist Elisabeth auf die gesetzlichen Bestimmungen hin, nach denen der Staat keine ‚lebendigen' Toten kaufe. Vor dem Institut lernt sie einen Präparator kennen, der ihr Geld für einen Gewerbeschein leiht, mit dem die junge Frau aber erst eine noch fällige Strafe bezahlt. Der Präparator zeigt sie wegen Betrugs an, Elisabeth kommt ins Gefängnis. Nach ihrer Entlassung lernt sie den Polizisten Alfons Klostermeyer kennen. Er verspricht ihr die Ehe. Bei einer Razzia der Polizei, die Elisabeth in Verdacht hat, als Prostituierte zu arbeiten, erfährt Alfons von ihrer Vorstrafe. Um seine Karriere nicht zu gefährden, verlässt er seine Braut. In ihrer Not geht Elisabeth ins Wasser."

Anmerkung: Wie bei den beschriebenen Inszenierungen vorher wird auch hier die Leserin, der Leser bemerken, dass wir die Texttreue zum ursprünglichen Werk Ödön von Horváths vernachlässigen und uns auf eine Erkundungsreise begeben, um die Spannung zwischen Individuum und Gesellschaft aufzuzeigen und sie in eine seelisch verträglichere dramaturgische soziale Motivlage überzuführen. Diese soll die Teilnehmerin, den Teilnehmer stützen, um Situationen des eigenen Lebensgangs bewusster zu gestalten.

Die **Regieführung** bietet als Regieidee das Thema „**Das Unbehagen eingeklemmten Lebens**" an. Frage an die Runde der TeilnehmerInnen: „Welche Assoziationen lösen dieses Theaterstück und das angebotene Thema in euch aus?"

Die Antworten werden zum Teil sehr aufgebracht mitgeteilt. Die übereinstimmende Meinung der Gruppe: Die Scheinheiligkeit und die falsche Hoffnung sind das größte Übel. Eine Fusion von Gier und Erwartung zerstört Begegnung. Tristesse und das Elend der Frauen bestimmen ihr Opferdasein in der Gesellschaft. Gier und Ignoranz sind vorherrschend. Neid macht jede Lösung zunichte. Scham vernichtet die Existenz der Protagonistin Elisabeth. (Vgl. dazu: Dieses Theaterstück wurde im selben Zeitraum in einem weiteren Psychodrama-Theater-Workshop mit derselben Textvorgabe bearbeitet und rief dort, in Innsbruck, ganz andere Reaktionen hervor. – Hoffnung wurde dort positiv bewertet.)

Die Gruppe ist gespannt, wie sich das Stück auf der Psychodrama-Theaterbühne entwickeln wird. In der Inszenierung des Burgtheaters, die einige Gruppenmitglieder vorab gesehen haben, kommt nämlich eine Vergewaltigung vor, die natürlich im Kontext des Psychodrama-Theaters so nicht abgebildet wird. **Im Psychodrama-Theater wird alles vermieden, was eine Traumatisierung der DarstellerInnen zur Folge haben könnte.**
Zunächst geht es in der Gruppe darum, Kraft und Ausdauer für dieses nicht ganz einfach zu dramatisierende Stück zu sammeln. Die Gruppe wird durch unterschiedliche **Publikumsrollen mit dem Stück, Abschnitt**

für Abschnitt, vertraut gemacht. Dadurch gelingt es, **reflektierte MitspielerInnen** zu gewinnen.

7.2.2 Die Publikumsrolle als gruppendynamisches Steuerungsmodul

Publikumsrolle 1, das Tier in uns (dramaturgische soziale Motivlage „Gier")

Die Erwärmung

1. Runde: Jeder Teilnehmer und jede Teilnehmerin gibt dem Nachbarn/der Nachbarin in der Runde symbolisch die Kraft eines Reptils oder eines anderen Nicht-Säugetiers. Die Tiere sind lebendig und nicht ausgestopft oder präpariert. Es finden sich: Riesenschlange, Chamäleon, Pfeilgiftfrosch, Leguan, Stabheuschrecke, Gecko, Feuersalamander, Krokodil, Dinosaurus Rex usw.

2. Runde: Um eine Vertiefung dieser Übung zu erwirken, werden die TeilnehmerInnen angeregt, im Raum umherzugehen. Die Ensemblemitglieder, die beim Gehen aufeinandertreffen, sollen sich gegenseitig erzählen, über welche Kräfte das Tier verfügt, und eben auch erklären, welche Kraft daher in der erzählenden Person wirksam werden kann.

Die Publikumsrolle:

Nachdem dieser Vorgang die Stimmung im Saal noch etwas kämpferischer werden ließ, gelingt eine gute Überleitung zur Publikumsrolle: Zuerst werden die Publikumsreihen gebildet. Heute übernimmt das Tier aus der Erwärmungsrunde die Publikumsrolle. „Aus dem Blickwinkel dieser Kraft schaut ihr dann am Ende des Workshops zurück auf das Spiel", instruiere ich als Theatermacherin in meiner Funktion als **interaktive Regiebegleitung**. In der Aufführung des Burgtheaters hat die Protagonistin nur zum Publikum gesprochen. Auch im Psychodrama-Theater ist das Publikum ein wichtiger Teil der gesamten Inszenierung.

Hinführung zur ersten Szene: In meiner Aufgabe, die Dramaturgie und Regie zu gestalten, setze ich mit der Regieführung fort und leite mit folgender Beschreibung die erste Szene ein: „Auf dem Planeten Erde wollen Menschen erfolgreicher, schneller, effizienter etc. werden. Die Ausbeutung nimmt zu. Wir haben jetzt die Tiere versammelt, um einen Gipfel abzuhalten. Wo spürt ihr als Tiere die Ausbeutung? Was könnt ihr für die Menschen tun, die auf der Bühne ihr Schicksal darstellen? Was können die Menschen für euer Schicksal tun?"

Das Publikum wird **in seiner jeweiligen Tierrolle** dazu befragt:

- Krokodil: „Ich bin auf drei Arten bedroht. Mein Lebensraum wird knapper. Meine Haut ist als Leder für Schuhe und Handtaschen begehrt. Und ich habe ziemlich viel Plastik gefressen."
- Gecko: „Ich habe auf den Malediven gewohnt. Obwohl ich nichts tue, ekelt es den Menschen vor mir. Es fehlt an Respekt. Ich bin nützlich, weil ich Insekten fresse."

Und so geht es reihum.

„All dieses Leid, alle Beschränkungen der Tiere erlebt Elisabeth in unserem Stück tief in ihrem Inneren auch." Mit diesen Worten leite ich als Regieführende vom Publikumsraum aus zum Spiel auf der Bühne über. Die **Spielordnung** lautet, im ersten Teil die Szenen in Anlehnung an die ursprüngliche Inszenierung zu spielen und im zweiten Teil alle Szenen in der „Auflösung" zu erproben.

7.2.3 Spielbeginn der Szenen: Die kriminelle Handlung – die Verwerfung des Möglichen

1. Akt: Geldnot der Protagonistin Elisabeth – drei DarstellerInnen

Die **interaktive Regiebegleitung** definiert drei **Rollen**: Elisabeth, einen Tierpräparator und ein ausgestopftes Tier.

Hinführung zur Szene: Der **Szenenentwurf** wird von der interaktiven Regieführung mit folgenden Worten zum Publikum gesprochen eingeleitet: „Elisabeth trifft einen Mann, der Tierpräparator ist. Bitte nicht erschrecken, liebe Tiere! Elisabeth will vom Präparator Geld haben. Vielleicht fragt ihr euch, wofür Elisabeth dieses Geld haben will. Nun, sie braucht Geld für eine berufliche Konzession, für den Erwerb eines Handelsgewerbes. Das entspricht in der heutigen Zeit den hohen Ausbildungskosten, damit man einen Beruf ausüben kann. Der Präparator lädt Elisabeth in seine Wohnung ein, um ihr seine ausgestopften Tiere in den Schaukästen zu zeigen."

Aus der Gruppe haben sich zuvor drei Personen für die zu besetzenden Spiel-Rollen gemeldet. Auf der Bühne erfolgt die **Rolleneinkleidung**. Eine Spiel-Rolle betrifft das ausgestopfte Tier. „Welches Tierchen möchtest du sein?" – „Ein Eichhörnchen", antwortet die Darstellerin.

- **Einrollen (Einkleiden) des Eichhörnchens:** Dies geschieht tatsächlich erst in dem Szenenabschnitt, der in der Wohnung von Herrn Komarek (siehe nächste Rolle) spielt.
- **Einkleiden der Spiel-Rolle des Präparators:** „Mein Name ist Kurt Komarek. Ich bin 40 Jahre alt, und meine große Liebe gilt dem Ausstopfen. Ich arbeite hauptsächlich für Jäger und stopfe ihre Trophäen aus. Zwischenmenschlich läuft bei mir nicht viel. Ich habe noch eine alte Mutter und einen Bruder, die sich aber beide nicht dafür interessieren. Ab und zu arbeite ich in der Pathologie und helfe beim Leichenwaschen."
- **Einkleiden der Spiel-Rolle Elisabeth:** „Ich bin jung und arm. Ich will ein Geschäft eröffnen und brauche Geld für die Handelskonzession. Ich will Dessous verkaufen und Dessous-Partys veranstalten. Dafür brauche ich Geld für den Gewerbeschein."

Verortung der Szene: Die Theatermacherin beschreibt den Ort der ersten Szene: „Es gibt drei Orte: ein naturhistorisches Museum mit Tieren und Reptilien (Publikumsraum), eine Parkbank vor dem naturhistorischen Museum, auf der sich Elisabeth und Herr Komarek treffen, und die Wohnung von Herrn Komarek, in dem sich das ausgestopfte Eichhörnchen befindet."

1. Szene: In der Wohnung von Herrn Komarek
Er beschreibt seine karge und spärlich eingerichtete Wohnung, seine historische Eisenbahnanlage, die neben seinen ausgestopften Tieren den

meisten Platz in seiner Wohnung einnimmt. Wenn er sich seinem Hobby, der Eisenbahnanlage, widmet, setzt er seine Eisenbahnermütze auf. Am liebsten redet er mit dem Eichhörnchen, seiner Lieblingstrophäe. In diesem ersten Plot kleidet er sein Eichhörnchen ein. Damit beschreibt er im Spiel seine Beziehung zu dem Tierchen. Herr Komarek nennt sein ausgestopftes Eichhörnchen liebevoll „Poldi". Mit beiden Pfoten hält es eine Nuss vor seinem Maul, als sei es lebendig und knabbere gerade daran. Herr Komarek streichelt das Tier und redet ganz sanft und liebevoll mit ihm.

2. Szene: Herr Komarek im naturhistorischen Museum
Herr Komarek betritt das Museum. Eine neue Rolle wird spontan von der Regisseurin hinzugefügt: die Dame an der Kassa, die sich ebenfalls Poldi nennt.

Das Spiel beginnt an der Kassa: Herr Komarek ist Jahreskartenbesitzer des Museums. Aufgrund seiner häufigen Besuche kennen sich die Dame von der Kassa und Herr Komarek flüchtig. Poldi ruft ihm nach: „Bitte die Tiere nicht berühren!"

Es folgen ein paar Worte der Theatermacherin als **Überleitung** zum Ortswechsel: „Elisabeth überlegt verzweifelt, wie sie zu Geld kommen könne. Herr Komarek kommt aus dem Museum und lässt sich auf einer Parkbank nieder, um eine Skizze von den ausgestopften Tieren anzufertigen. Herr Komarek und Elisabeth unterhalten sich auf der Parkbank und gehen anschließend in seine Wohnung."

3. Szene: Auf der Parkbank und in der Wohnung
Ein langer Wortwechsel. Elisabeth und Herr Komarek gehen zur Wohnung, um das Eichhörnchen anzuschauen. In der kargen Wohnung: Da Herr Komarek so geizig ist, stiehlt die Protagonistin Elisabeth ihm das Eichhörnchen. Elisabeth ruft bei Poldi, der Kassa-Dame, an, um das Eichhörnchen dem Museum zu verkaufen und dadurch zu Geld zu kommen. Frau Poldi, die Kassa-Dame, überlistet ihren Chef, der ebenfalls spontan von der interaktiven Regiebegleitung auf die Bühne gerufen wird, und gibt Elisabeth 150 Euro aus der Portokassa. Ihr tut die junge Frau leid.

Das Rollenfeedback der Spielenden:
Im Rollenfeedback wird der Bezug zur Spiel-Rolle formuliert.

- Eichhörnchen: „Ich habe mich wertgeschätzt gefühlt!"
- Herr Komarek: „Ich bin geizig, sparsam, durchaus sehr ängstlich und völlig irritiert, eigentlich außer mir, dass mir diese impertinente Person mein geliebtes Eichhörnchen gestohlen hat. Ich vertraue ohnedies niemandem – und jetzt habe ich mich von dieser Person überrumpeln lassen!"
- Elisabeth: „Ich bin am Ende mit meinem Latein. Ich musste das Eichhörnchen stehlen, um zu Geld zu kommen."

Im nächsten Schritt wird das Stück in der Gruppe vertieft. Dazu bilden die TeilnehmerInnen einen Sesselkreis und tauschen sich über das bereits Erlebte aus.

Mein Kommentar zu diesem szenischen Geschehen: „Die Gier hat unterschiedliche Gesichter. In diesem ersten Plot hat sie sich in einer sehr subtilen Gestalt ihrer Armseligkeit, nämlich in Form von Geiz, gezeigt. Von einem geizigen Menschen bekommt man nichts. Wenn die zweite Person in einer Interaktion ebenfalls gierig ist, kommt es gelegentlich zum Diebstahl. Diese kleinkriminelle Handlung wird Elisabeth zum Verhängnis." Als Theatermacherin biete ich eine dramaturgische Deutung des Stücks „Glaube Liebe Hoffnung" an. Hier geht es den handelnden Personen um eine Art von Verwerfung. Es ist ein Nicht-Stattfinden gemeinschaftlichen Austausches. Der scheinbar Stärkere (im Diebstahlszenario Elisabeth) betrügt den Schwächeren. Angst, Verzweiflung und Beziehungsabbruch sind die Folge.
Ich erzähle, dass Ödön von Horváth einmal erwähnte, dass er mit diesem Stück ursprünglich das Ziel verfolgt habe, dass die Kleinkriminellen pfleglicher zu behandeln seien. In einer Randbemerkung führe ich als Theatermacherin aus, dass ich zu diesem Thema über eine gewisse Erfahrung verfüge, da ich mich jahrelang als Sozialarbeiterin, Psychotherapeutin und Psychodramatikerin viel mit diesen Menschen beschäftigt habe. Häufig bilden Unwissenheit und Ungewissheit, wie mit Bedürfnissen oder gar mit dem Zustand der Bedürftigkeit umzugehen ist, die Ursache für

Kleinkriminalität. Das Strafausmaß für solche Tatbestände ist nicht nur in bestehenden Rechtssystemen beträchtlich, es zieht auch eine gesellschaftliche Ächtung der Person nach sich. Das Unbehagen bleibt. Sozialemotional treiben wir die Kleinkriminellen weiter in die „Verengung“. Die gesellschaftlich-politischen Anliegen sind nicht auf Ausgleich und Akzeptanz ausgerichtet. **Wäre dem so, könnten wir Gier auch als Begeisterung und Genuss verstehen.**
Die Gier strebt nach Selbstwirksamkeit. „Verzicht nimmt nicht, Verzicht gibt“, schrieb einst der Philosoph Martin Heidegger und betonte damit die unerschöpfliche Kraft des Einfachen. Genuss beinhaltet Verzicht. Ansonsten wäre es ja kein Genuss, etwas zutiefst Befriedigendes zu erleben, ist es doch etwas, das man sich nicht regelmäßig gönnt. Auf jeden Fall geht es stets darum, auf den Erlösungsgedanken („Wenn ich das habe, dann …“) zu verzichten. Eine Kasteiung ist damit nicht gemeint. Nebenbei bemerkt, sind Menschen häufig glücklicher, wenn sie auf die Befriedigung von unmittelbaren, spontanen Gelüsten verzichten. Der Genuss geht im Überfluss des Konsums verloren. Diese Gedanken verknüpfen sich gerne mit dem Anspruch von Nachhaltigkeit, denn jede Steigerungslogik hat zwangsläufig zur Folge, dass der Mensch immer mehr den Kontakt zur Welt und zu sich selbst verliert. Je weiter diese Steigerungslogik gediehen ist, umso empfänglicher wird der Mensch für die negative Seite der Gier.

7.2.4 Die Unterstützung des Gruppenprozesses – eine neue Publikumsrolle wird gesucht

Publikumsrolle 2, die PolitikerInnen (dramaturgische soziale Motivlage „Ignoranz“)

2. Akt: Die Unterwerfung, Sieg oder Niederlage

Für die Weiterführung des Stücks bedarf es einer neuerlichen Erwärmungsrunde zur Vorbereitung und Einstimmung.

Erwärmung: Übung „Sich duellieren und gegenseitig abschießen“
Zwei zufällig ausgewählte Personen werden von einer dazu bestimmten dritten Person zur Übung aufgerufen, während sich alle im Raum durcheinander bewegen und gehen. Wer schneller schießt, überlebt – die andere Person (die beim Schießen langsamer war) nimmt wieder im Sesselkreis Platz.

Neue Publikumsrollen
Nach dieser Übung werden **neue Publikumsrollen** vergeben. Für den zweiten Akt, in dem die Unterwerfung als zentrales Thema im Mittelpunkt des Spiels steht, wird eine weitere Publikumsrolle benötigt, die mit Obrigkeiten, Soldaten und Autoritäten zu tun hat, wie z. B. ein Polizeichef, ein Gerichtsdiener etc.

Reihum wird der jeweils links sitzenden Person Autorität verliehen. In diesem Workshop sind dies Figuren aus Politik und Wirtschaft. Die TeilnehmerInnen legen sich diese Figuren als Spiel-Rollen zu. Ich führe als Theatermacherin ein **Regieinterview** mit den Rollen-SpielerInnen auf der Bühne. Die Situation gleicht den Interviews auf dem Wiener Opernball. Hier ist ein Auszug aus dem sehr heiteren Geschehen wiedergegeben:

Theatermacherin: *Was machen Sie, wenn Sie nicht auf dem Opernball sind?*
Die Gefängnisdirektorin: Ich habe schwierige Aufgaben, ich muss nämlich einsperren.
Die Staatsanwältin in ihrer Robe: Meine Aufgabe ist es, Verbrechen aufzuspüren. Erfreulicherweise leben wir in einem Rechtsstaat, in dem wir das Schlechte in der Welt bekämpfen. Wir entfernen Verbrecher von der Straße.
Theatermacherin: *Frau Staatsanwältin, können Sie uns sagen, ob mehr Ausländer straffällig geworden sind?*
Staatsanwältin: Justitia ist blind für Herkunft.
Der kanadische Premier: I like it.
Theatermacherin: *Wie betrachten Sie Österreich?*
Der kanadische Premier: In der Drogengeschichte etwas zurück und Mut zur Entkriminalisierung. Wir haben das bereits liberalisiert.
Theatermacherin: *Herr Innenminister, was haben Sie der innersten Welt zu sagen?*
Der Innenminister: Das ist die Heimat unserer Heimat.

Theatermacherin: *Frau Inspektor, Sie sind mit dem Innenminister mitgekommen. Ist Ihre Aufklärungsquote hoch?*
Frau Inspektor: Ja, alles läuft wie ein Werkerl.
Theatermacherin: *Wie stehen Sie zur Freigabe von Drogen und Cannabis, wie sie der kanadische Präsident empfiehlt?*
Frau Inspektor: Wir vertreten traditionelle Werte. Wir legalisieren nichts, was nicht legalisiert gehört.
Theatermacherin (zum russischen Präsidenten): *Herr Präsident, Sie sind ja bekannt dafür, dass Sie besonders intelligent sind. Können Sie Österreich einen intelligenten Rat geben?*
Der russische Präsident: Österreich, bleibe, wie du bist, und schau auf Russland. Wir brauchen kein Cannabis, wir haben Wodka.
Theatermacherin (zum französischen Präsidenten): *Wie sehen Sie das Problem mit den Gelbwesten, Herr Präsident?*
Der französische Präsident: Wir müssen näher zum Volk hin und fruchtbarere Ideen für Europa haben. Gemeinsam.
Theatermacherin (zum amerikanischen Präsidenten): *Was wollen Sie, Herr Präsident?*
Der amerikanische Präsident: Macht! Geld ist konzentrierte Lust in meiner Hosentasche.
Theatermacherin (zum Frosch): *Was sagen Sie dem Volk?*
Der Frosch in der „Fledermaus": Als Künstler habe ich meine Vorlieben. Ja, mei!

7.2.5 Das Stück wird weitergespielt – die Aneignung der medialen Figuren vertieft

Die Überleitung der Theatermacherin: „Kehren wir zum anderen Pol der Gesellschaft zurück. Nachfolgend wollen wir uns im Stück die Tristesse der einfachen Leute anschauen."

Hinführung zum 2. Akt: Der zweite Akt wird mit folgender Erzählung eingeleitet: „Im nächsten Plot geht es um das Thema ‚Unterwerfung'. Elisabeth, die Protagonistin, hat den Gewerbeschein erworben, musste dafür aber einige Menschen über den Tisch ziehen. Sie hat einen Kurs beim WIFI zum Thema ‚effizienter Verkauf' absolviert und arbeitet jetzt in einer

Dessous-Filiale in der Nähe von Neusiedl am See, in einem Dorf. Der Umsatz ist schlecht, denn das Outlet in Parndorf bildet eine starke Konkurrenz. Viele Einheimische fahren zum Shoppen lieber dorthin.

In die Filiale im Dorf hingegen kommen immer wieder schwierige Kunden und Kundinnen, Leute, die sich darüber beschweren, dass die Verpackung der Strumpfhose alt sei, vom vorigen Jahr stamme und dass die Ware, weil sie so lang in der Auslage gelegen sei, nicht mehr einheitlich gefärbt sei. Zwei gut situierte Damen, die in Dessous-Filialen in Wien arbeiten, weisen Elisabeth darauf hin, was sie alles falsch mache. Die Filialleiterinnen in Wien hingegen machen einen sensationellen Umsatz im ersten Bezirk der Stadt. Da die betuchte Wiener Kundschaft allerdings selten im Dorf zu finden ist, bekommt die Filiale im Dorf von der Zentrale auch nicht die aktuellste Ware geliefert."

Einkleidung der DarstellerInnen in ihre Spiel-Rollen:

- **Elisabeth, 34 Jahre:** „Ich arbeite in der Filiale in einem Dorf, die Firma heißt **Elvita**, ihr Werbeslogan lautet: ‚Mach dich schön bei Tag und bei Nacht.' Im Dorf ist nicht viel los. Ich muss jeden Tag von Wien aus pendeln und dafür ganz zeitig aufstehen. Ich bin motiviert und habe mich weitergebildet, aber es kommen keine gut situierten Kunden ins Geschäft. Ich bin verzweifelt. Ich lebe allein und bin sonntags geschlaucht. Dann schaue ich mir am liebsten Fernsehserien an.
- **Frau Huber, 42 Jahre, gut situiert, Leiterin einer Elvita-Filiale im ersten Wiener Bezirk:** „Ich leite eine erfolgreiche Filiale im ersten Wiener Bezirk. Ich weiß, wie's geht. Man muss sich nur anstrengen, dann kann jeder Erfolg haben."
- **Frau Rosenberger, 51 Jahre, leitet eine Elvita-Filiale im ersten Wiener Bezirk:** „Ich habe Kundinnen und Kunden aus Fernsehen und Politik. Bei mir gehen nur VIPs ein und aus. Bei mir sind die Wünsche und Vorlieben meiner Kunden vertrauensvoll aufgehoben. Ich bediene nur noch VIPs."
- **Frau Meier, Produktionsleitung bei Elvita:** „Ich arbeite nahe an der Geschäftsführung. Wir haben tolle Ware. In Sachen Tradition haben wir die Nase vorn. Wir sind ja in der Heimat."
- **Frau Mag. Dr. Anna Cervenka, Chefin von Elvita:** „Wir haben international expandiert, aber wir haben regional Probleme. Deshalb er-

warte ich mir Aktionen, die den Umsatz steigern. Wir haben nur beste Qualität."

- **Josefa Summer, 65 Jahre, Kundin von Elvita im Dorf:** „Mein Mann, Herbert, arbeitet beim Stadtamt in Wien und pendelt. Bei uns ist nicht viel los. Ich hätte gerne ein Nachthemd für den Herbert."
- **Johanna Schöngruber, VIP-Kundin von Elvita:** „Diskretion ist mir wichtig, deshalb kaufe ich gerne außerhalb Wiens ein. Intime Details bespreche ich nur unter vier Augen."

1. Szene: Frühmorgens in der Elvita-Filiale im Dorf
Die Öffnungszeit ist auf dem Land Punkt 9:30 Uhr. Elisabeth sperrt auf, und schon betritt eine Kundin das Geschäft.

Das Spiel beginnt.
Josefa sucht etwas für Herbert; aber eigentlich etwas Schickes für sich, etwas, das Herbert gefällt. Sie möchte sich wieder einmal fesch fühlen. Elisabeth bringt einige schicke Nachthemden, aber Josefa will nur anprobieren. Dann ist sie über ihr eigenes Spiegelbild überrascht. „Ui, das ist aber ziemlich ausgefallen …"

Frau Schöngruber betritt den Laden. Sie hat eine Beschwerde, die sie Elisabeth unter vier Augen anvertraut: Bei den roten Strümpfen fehlen an der entscheidenden Stelle die Dornen an den Rosen …

Währenddessen plagt sich Josefa in der Umkleidekabine mit „Unschicklichem", möchte sich allerdings nur mit Elisabeth unterhalten. Schlussendlich geht sie mit ein paar robusteren Strümpfen nach Hause, um sich Zeit für ihre Entscheidung nehmen zu können.

Rollenfeedback der Spielenden:
- Kundin Schöngruber: „Die Beziehung zu den Menschen ist wichtig (glaube ich) – aber ich will den Schein wahren …"
- Elisabeth, die Filialleiterin: „Es ist stressig: viel reden und kein Umsatz. Meine Kraft versiegt."
- Josefa: „Elisabeth, die Filialleiterin, ist so sympathisch, so hilfreich. Ich merke das gar nicht, dass ich anstrengend für sie bin."

2. Szene: Meeting in der Elvita-Zentrale
Wir befinden uns im Headquarter von Elvita in Wien, es gibt einen Cocktail-Empfang im Stehen. In dieser Besprechung mutmaßen die Elvita-Damen, was eigentlich von Elisabeth gefordert wäre. Wichtig: Es geht um Unterwerfung. Elisabeth wird vorgeführt.

Auf der Bühne sind:
- Frau Mag. Dr. Anna Cervenka, Chefin von Elvita
- Frau Meier, Produktionsleitung bei Elvita
- Frau Rosenberger, Leiterin einer Elvita-Filiale im ersten Wiener Bezirk
- Frau Huber, Leiterin einer Elvita-Filiale im ersten Wiener Bezirk
- Serviceboy

Das Spiel beginnt.
Small Talk. Sektempfang. Elisabeth betritt den Raum.
Elisabeth wird seitens der Kolleginnen mit Verachtung bestraft. Sie wisse nicht, wie man Kunden bedient. Es gebe ja so viele MillionärInnen, die am Neusiedler See wohnten – zumindest in der Sommersaison! Elisabeth klagt, dass die Ware sich nicht so gut verkaufen lasse. Verschiedene Models betreten die Bühne, welche die neueste Dessousmode vorführen. Elisabeth wird eine Marketingschulung oder, noch besser, Persönlichkeitsentwicklung empfohlen. Aufgrund ihres Alkoholkonsums angeheitert, werden amouröse Details über die noblen Kundschaften erzählt. Elisabeth kann nicht mitreden und versucht, sich mittels einer Ausrede dem Geschehen zu entziehen.

Die **Theatermacherin** fasst das Bild des Spiels zusammen: „Elisabeth war das schwarze Schaf. Ohne schwarzes Schaf gibt es keine Unterwerfung. Elisabeth ist in der Szene verkümmert. Die Einsamkeit von Menschen ist ein Verkümmerungszustand. Menschen haben es verlernt oder wenig Chancen gehabt, sich selbst ernst zu nehmen und sich für ihre Bedürfnisse einzusetzen. Der Mensch kann verschiedene Perspektiven wahrnehmen und eine oder mehrere daraus wählen. Die **wichtigste ist wohl, sich selbst im Geschehen zu sehen** – auch wenn man sich sagen muss: ‚Wie peinlich ist das denn ...?!' Vielleicht eine große Hürde, aber auch eine

Chance, die interaktive innere Szenengestalt zu komplettieren und die Zugehörigkeit zu sich selbst zu finden."

---

3. Szene: Überbringung der Hiobsbotschaft an Elisabeth
Ort der Handlung: die Filiale Elvita im Dorf
Die Spiel-Rollen: Elisabeth; ein Briefträger; Josefa, die Kundin

Das Spiel geht weiter.
Josefa ist wieder im Geschäft und will ihre Strumpfhosen umtauschen. Abermals versucht die Kundin, möglichst viel von Elisabeths Aufmerksamkeit zu erheischen. Der Briefträger betritt das Geschäft und überbringt Elisabeth einen Brief des Headquarters. Jede Filialleiterin müsse sich nun um 5.000 Euro eine Aktie kaufen, damit eine Identifikation mit dem Unternehmen gegeben sei. Elisabeth ist verzweifelt. Sie steht dadurch knapp vor dem beruflichen und existenziellen Ende. Sie ist „angezählt" – wie im Boxring. Dramaturgisch wird damit der Übergang von der Unterwerfung zur Verzweiflung eingeleitet.

Elisabeth muss einen Ausweg aus ihrer Not finden. Sie sucht einen Mann über eine Internet-Datingplattform. Die nächsten Szenen spielen sich in einem raschen Wechsel ab. Elisabeth sitzt allein in ihrer Vorstadtwohnung und ist mittlerweile arbeitslos. Sie chattet im Internet, auf Tinder.

4. Szene: Elisabeth sitzt in ihrer Wohnung vor dem Computer

Die Spiel-Rollen:
- **Elisabeth:** „Frisch gekündigt stehe ich und habe nichts. Jetzt suche ich mir über Internet einen Mann."
- **Erster Mann, Martin (32 Jahre):** „Ich schau mir die Welt an und brauche ein wenig Abwechslung."
- **Zweiter Mann, Franz-Josef (44,5 Jahre):** „Ich bin sehr erfolgreich. Die Auswahl macht's aus."
- **Johann, Kellner** im Café Segafredo auf der Wiener Donauinsel
- **Computer:** „Ich bin ein altes Modell aus der Filiale Elvita im Dorf – Elisabeth hat mich mitgenommen."

Das Spiel geht weiter.
Elisabeth chattet mit den Männern. Zuerst mit Martin, dann mit Franz-Josef. Es ist ein wildes Hin-und-her.

5. Szene: Erstes Date mit Franz-Josef im Café Segafredo
Der Kellner bedient das ungleiche Paar. Es gibt Eiskaffee. Franz-Josef ist geizig. Elisabeth merkt schon bald, dass sie hier keinen Erfolg haben wird, und zieht ab, ohne ihren Eiskaffee ausgelöffelt zu haben.

6. Szene: Erstes Date mit Martin im Café Central um 14:58 Uhr
Martin ist ein bisschen klein für einen Mann, allerdings entpuppt er sich als Mann mit finanziellem Hintergrund des Vaters und lädt Elisabeth großzügig zu Steak und einer Flasche Wein ein. Dessert gibt's obendrein.

Nach einem **Rollenfeedback** erfolgt eine **Theaterpause**.

Erwärmung für neue Publikumsrollen:
Für die Weiterentwicklung des Stücks findet ein neues Erwärmungsspiel statt. Damit bekommen die TeilnehmerInnen die Möglichkeit, ihre Publikumsrolle für den dritten Akt neu zu gestalten.

Erwärmungsübung „Kunstraub“ (hier schließt sich der Kreis mit der ersten Szenenfolge): Die TeilnehmerInnen stehen im Kreis. Eine Person beschuldigt eine andere, etwas Unrechtes getan zu haben; diese gibt nach einem kurzen Schlagabtausch die Beschuldigung an eine andere Person als Anschuldigung weiter. Etwa: „Du hast den Picasso/den Dürer-Hasen/die goldene Uhr etc. gestohlen!“

7.2.6 Das zentrale Thema: Beziehungsabbruch oder Beziehungsgewinn durch Akzeptanz

Publikumsrolle 3, die KunsträuberInnen (dramaturgische soziale Motivlage „Neid")

3. Akt: Verzweiflung, Schuld oder den Weg zu einem neuen loyalen Verhalten finden

Hinführung zur Szene: Eine neue Person wird in der Rolle der Elisabeth auf die Bühne gebeten. Sie hat Martin geheiratet. Die Oberinspektorin kommt und sagt, dass Elisabeth sie aufs Revier begleiten müsse. Es liegen zwei Anzeigen vor: der Diebstahl eines ausgestopften Eichhörnchens und der Computerdiebstahl, der von der Firma Elvita angezeigt wurde.

Einkleidung der DarstellerInnen in ihre Spiel-Rollen:
- **Elisabeth:** „Ich bin verheiratet, bin versorgt. Recht zufrieden bin ich allerdings nicht. Von meiner Vergangenheit will ich nichts mehr wissen."
- **Martin Wondraschek**: „Wir haben geheiratet, und ich hoffe sehr, dass die Beziehung hält."
- **Herr Wondraschek Senior, Vater von Martin:** „Mein Sohn hat keine standesgemäße Frau geheiratet, das gefällt mir nicht. Für meinen Sohn geht es schließlich um ein großes Erbe. Ich führe ein Unternehmen in der vierten Generation. Wir erzeugen hochsensible medizinische Geräte."
- **Frau Kommissar Schnellig:** „Ich betreue das Gebiet Josefstadt, hier werden Nägel mit Köpfen gemacht. Es liegt eine Anzeige von Evita vor. Wie unangenehm – es betrifft die Frau vom Wondraschek. Die Wondrascheks sind eine renommierte Familie."
- **Manuel Flink, Assistent der Kommissarin:** „Ich begleite Frau Kommissar Schnellig auf Schritt und Tritt."
- **Peppi Umsiedl, Aktenschlichter auf dem Kommissariat:** „Ich arbeite im Archiv. Im Zuge der Digitalisierung müssen alle Akten eingearbeitet werden. Das trifft sich gut, denn mir ist vor längerer Zeit ein Akt übrig geblieben."

1. Szene: Auf dem Kommissariat
Folgende Worte der interaktiven Regiebegleitung eröffnen die erste Szene im dritten Akt: „Wir befinden uns auf dem Kommissariat und schauen uns das Geschehen in der Amtsstube an, wenn die Akten auf den Tisch kommen.“
Auf der Bühne sind Frau Kommissar Schnellig, Manuel Flink und Peppi Umsiedl.

Das Spiel geht weiter.
Frau Kommissar Schnellig erfährt zu ihrem Unmut, dass es zusätzlich zu einer Anzeige von Elvita, bei der es um einen Computerdiebstahl in der Filiale Elvita im Dorf geht, noch einen älteren Akt aus dem vergangenen Jahr gibt: Darin ist vom Diebstahl eines ausgestopften Eichhörnchens die Rede. Das Unangenehme ist, dass die Ehefrau von Herrn Wondraschek involviert ist. Die Kommissarin beschließt, der Sache auf den Grund zu gehen.

2. Szene: Nachmittagskaffee im Büro Wondraschek
Auf der Bühne sind: Elisabeth, Martin und Herr Wondraschek Senior

Das Spiel geht weiter.
Die Familie Wondraschek nimmt den Nachmittagskaffee zu sich. Elisabeth ist anpassungswillig und folgt den Anweisungen des Schwiegervaters. Vater und Sohn unterhalten sich über die Zukunftspläne für die Firma.

Kommissarin Schnellig kommt mit ihrem Assistenten Flink ins Büro Wondraschek, weiß aber nicht, dass Elisabeth ebenso vor Ort ist. Sie redet nur mit dem ehrenwerten Herrn Wondraschek Senior und schildert den Sachverhalt. Elisabeth wird des zweifachen Diebstahls beschuldigt und wird zum Verhör aufs Kommissariat geladen.

Der Vater sieht sich in seinem Unmut gegenüber Elisabeth bestätigt und diskutiert heftig mit seinem Sohn. Beide sind sich jedoch einig: Die Aufrechterhaltung der Ehe wird von der Schuld oder Unschuld Elisabeths abhängig gemacht.

Die **Theatermacherin analysiert die Spielszene** und fragt in die Runde: „Ist ein charakterlicher Fehltritt überbrückbar? Was hat uns die Liebe gegen die Schuld mitgegeben?"

Die Essenz des Stückes wird in der Runde durch **Feedback der Publikumsrollen** aufgearbeitet. Wortmeldungen umfassen etwa: „Es ist wichtig, die Not hinter der Schuld zu sehen." – „Der Umgang mit Schuld ist entscheidend." – „Es werden sich schon die Schuldigen finden." – „Ich hatte das Gefühl, ich hätte es verdient, und habe mich dem Schicksal ergeben."

7.2.7 Die neuen Spielregeln – Elisabeths Transformation – „Das wahre zweite Mal"

Den Begriff „Das wahre zweite Mal" hat Moreno geprägt, um durch Wiederholung eines Geschehens, in geänderter Form, das Spielwissen der Beteiligten zu erweitern.

Wie gelangt man aus der Abwärtsspirale von **Verwerfung, Unterwerfung und Beziehungsabbruch** hinaus? Wie gelangt der Mensch wieder zu seiner Würde, zu seiner Akzeptanz?

Abhängigkeiten und Machtverhältnisse fördern den Verbleib in der Schuld. Ein Entkommen funktioniert nur über die Vergebung. Wir suchen im Anderen etwas, das uns erlöst, beispielsweise von der Zukunftsangst. Daher ist es wichtig, aus **diesem Erlösungsmythos auszusteigen**. Die Protagonistin im Spiel muss sagen, was sie wirklich will.

Wie kann Elisabeth sagen, was sie will? **Alle Szenen werden im Schnelldurchlauf** noch einmal gespielt.

1. Szene: Elisabeth braucht Geld für ihren Gewerbeschein. → Auf der Parkbank fragt Elisabeth den Tierpräparator, ob er ihr Geld leihen könne.

2. Szene: Elisabeth in der Filiale Elvita im Dorf → Sie fängt an, ihre Arbeit und ihr Leben eigenständig zu gestalten.

3. Szene: Elisabeth im Headquarter von Elvita → Selbstsicher spricht Elisabeth eine Einladung aus: Sowohl die Elvita-Chefin und die Produktionsleiterin als auch die Filialleiterinnen des ersten Wiener Bezirkes könnten gerne zu ihr in die Dorffiliale kommen, um sich selbst ein Bild der Situation zu machen. Es gehe nicht um Persönlichkeitsentwicklung, es gehe um die Herausforderungen des Standortes.

4. Szene: Elisabeth am Computer → Elisabeth vereinbart Dates ohne ihren Anpassungswillen an das andere Geschlecht. Franz-Josef kommt als Date gar nicht infrage.

5. Szene: Elisabeth wird beschuldigt. → Elisabeth sucht nicht Schutz in der Familie Wondraschek, sondern spricht direkt mit der Kommissarin und übernimmt die Verantwortung für ihre Taten. „Wenn es um mich geht, dann stelle ich mich der Situation!" (Erwartungsgemäß kann sich der Ehemann auch ohne Aufforderung an ihre Seite stellen.)

Spiel-Ende

Feedback der TeilnehmerInnen:
Die Absage an die Erlösung durch den Anderen ist im Schnelldurchlauf der Szenen geschehen; aber mit nachhaltigen Erkenntnissen. Die Reflexion erfolgt in der letzten Runde.
Frage der Theatermacherin: „Was braucht ihr, um Erlösungsfantasien aufzugeben?"
Beispiele von Aussagen der TeilnehmerInnen:

- „Ich entscheide selbst und halte meinen Raum."
- „Mich neu entdecken durch den Anderen."

Mein Kommentar zum szenischen Geschehen: „Schuld ist wohl immer mit einem Regelbruch verknüpft. Schuld ist auch schambeladen. Der Regelbruch hat mit Integriert- und Nicht-integriert-Sein in einer Gemeinschaft, in einer Gesellschaft zu tun. Mitunter geschieht eine schlimme Ausgrenzung, selbst- oder fremdverschuldet. Wir alle brauchen die Hoffnung auf Akzeptanz, die Hoffnung auf neue Regeln, damit wir den Zutritt zur Gemeinschaft (wieder-)finden."

Die Gruppe wählt als **Abschlusszitat**:
„Hoffnung ist nicht die Überzeugung, dass etwas gut ausgeht, sondern die Gewissheit, dass etwas Sinn hat, egal wie es ausgeht!“ (Václav Havel)

7.3 Die dritte Inszenierung: Die Einsamkeit und die Verantwortung („Nora oder Ein Puppenheim")

Das ausgewählte Theaterstück: „Nora oder Ein Puppenheim" von Henrik Ibsen

In diesem Workshop wählen wir für die Schlussveranstaltung der Psychodrama-Theater-Weiterbildung das **Theaterstück „Nora oder Ein Puppenheim“ von Henrik Ibsen**.

In der Gruppe wollen wir besonders die gesellschaftlichen Beziehungsdynamiken herausarbeiten. In einer Zeit, in der scheinbar alles möglich ist und die Beliebigkeit oft die Oberhand gewinnt, vergessen wir manchmal, dass Beziehungsdynamiken von sozialen Rollenvorstellungen geprägt und auch davon abhängig sind. Beziehungen sind eingebettet in gesellschaftliche Vorstellungen und in Lebensveränderungsabschnitte. Fast klischeehaft verlaufen viele unserer Beziehungen, ohne dass wir es merken. Aber auch die Erstarrung der Rollen von Mann und Frau tragen ihren Teil dazu bei, dass Gefühle, Sehnsüchte und die Beziehungsentfaltung auf der Strecke bleiben.

Im Psychodrama-Theater müssen wir auf die Erfüllbarkeit von Wünschen eingehen bzw. auf sie achten. Nicht jeder Wunsch kann in Erfüllung gehen. Wichtig ist, was in einer spezifischen Rolle möglich ist und was nicht. Das geht nicht ohne einen Prozess der Erkundung. Deshalb wollen wir in der Workshop-Inszenierung „Nora“ die soziale Lage einer Rollengestaltung näher unter die Lupe nehmen.

Die soziale Lage der Rollengestaltung ist die stärkste Angleichung an die Realität. Es geht also nicht darum, was sein müsste, weil die Welt so schrecklich ist, sondern darum, ganz konkret die Person in ihrem Lebenszusammenhang zu sehen, um die es in einer bestimmten Situation (Szene) geht. Die Aufgabe der sozialen Lage einer Rollengestaltung ist die Konkretisierung der Realitätsabbildung. Darunter verstehen wir im Psychodrama-Theater den sozialen, emotionalen Zusammenhang mit anderen sich zugehörig definierenden Personen in der Szene.

7.3.1 Die Vorbereitung 1

Als Vorbereitung für die Inszenierung von „Nora“ sollen sich die anwesenden Personen folgende Frage überlegen: „Wenn du mit universalen Kräften ausgestattet wärst, was würdest du auf der Erde besser machen?“

Erwärmung:
Die erste Übung: Alle TeilnehmerInnen beschreiben ihre Wünsche für eine bessere Welt. Anschließend lade ich als Theatermacherin ein, sich jeweils eine Szene für die Wunscherfüllung auszudenken. Wenn es beispielsweise darum geht, eine fairere Welt zu erschaffen, in der eine Systemänderung zwischen Arm und Reich geschehen würde, wie würde es der oder die ökonomisch Schlechtergestellte bemerken, wenn ihm/ihr eine reiche Person begegnet? Und was würde daran beglückend sein?

Eine Teilnehmerin hat einen großen ideellen Wunsch, nämlich mit universalen Kräften die Angst aus der Welt zu nehmen.

Für die szenische Gestaltung beschäftigt uns die Frage, wie ein angstfreier Mensch wohl ausschauen und agieren könnte. – „Ich würde angstfrei durch dunkle Gassen gehen, wie es sie in der Innsbrucker Bogenmeile gibt“, lautet die Antwort der Teilnehmerin.

Hier erfolgt gleich eine **Intervention der Regieführung**. Gemeinsam mit der Gruppe werden die Szenen der „Bogenmeile Innsbruck“ als Erwärmungsspiel für die Bühne ausgesucht.
Der Szenenaufbau beginnt mit der Verortung. Wie schaut diese Innsbrucker Bogenmeile aus? Für jeden Tiroler Einheimischen ist klar, dass die Bogenmeile, oder kurz „die Bögen“ genannt, eine etwas anrüchige Ausgehmeile in Innsbruck ist. Der Name stammt von den Eisenbahnviadukten, die unterhalb der Gleise verlaufen. In den ausgebauten Viaduktbögen reihen sich die unterschiedlichsten Lokalitäten zur Unterhaltung neben sozialen Einrichtungen und gemeinnützigen Vereinen.

Als erste **soziometrische Orchestrierung** lasse ich die TeilnehmerInnen **drei Orte für drei Spielszenen** auswählen, die alle in den Bögen des Eisenbahnviaduktes angesiedelt sind. Die Entscheidung fällt auf eine „Aufreißerbude" namens Hubertus-Stüberl, auf eine Go-go-Bar und auf eine Drogenberatungsstelle. Anschließend bilden sich drei Kleingruppen, die sich die sozialen Charaktere für jede Örtlichkeit überlegen.

Die Spielordnung beginnt wirksam zu werden. Publikumsrollen werden im Zuschauerraum eingenommen. Die Publikumsrolle ist eine Spiel-Rolle der Teilnehmerin, des Teilnehmers. Als **interaktive Regieführung** begrüße ich das „Publikum" und gehe von Sitzplatz zu Sitzplatz, um „die Gäste", die die Spielerinnen und Spieler eingeladen haben, nun in der **Publikumsrolle, zu interviewen**.

7.3.2 Der Spielbeginn: Die Sehnsucht nach Bindung

1. Szene: Im Hubertus-Stüberl

Die Rolleneinkleidung wird ebenso durch das Regieinterview der Theatermacherin gestützt.

Es gibt eine erfahrene Wirtin, eine Kellnerin in Probezeit, einen pensionierten Architekten als Junggesellen, den ehemaligen Besitzer vom Bahnhofsstüberl, die 55-jährige, gutaussehende Eva von der Manolo-Schuhboutique, eine eifersüchtige Ehefrau, die ihrem Mann nachspioniert, einen ewigen Single, der gerne trinkt und spielt, aber auch ein guter Tänzer ist, und Jonny als Althippie. Bei der Rolleneinkleidung des Althippies wird ersichtlich, dass die Rolle als Besucher des Hubertus-Stüberls, der noch von freier Liebe und Woodstock schwärmt, in dieser Szene nicht so ganz passend ist.

Am Ort der Handlung müssen sich die Rollen-SpielerInnen und ihre Interaktionen wie ein Schloss-Schlüssel-Prinzip zueinander verhalten. Die Rolle des Althippies fällt aus der Reihe. Er wünscht sich die Welt der 1968er. Er passt daher nicht in die eigentümliche Atmosphäre und in die besondere Stimmung des Lokals, vor allem auch, was den Musikgeschmack im Lokal anbelangt. Daher wird diese Rolle verändert.

Die **interaktive Regiebegleitung** korrigiert daher das Rollenvorhaben und schlägt stattdessen einen zwanghaften Finanzbeamten als Gast vor. Die Darstellerin spielt einen verstörten Finanzbeamten, der etwas schrullig und „übrig geblieben“ ist. Die Darstellerin ergänzt dieses Spiel-Rollen-Angebot noch und beschreibt sich in der Spiel-Rolle des Finanzbeamten als einen Menschen, der seriös und solide ist, aber ein Geheimnis mit sich trägt, nämlich die Fantasie eines „Dreiers“. Diese Fantasie lässt ihn nicht in Ruhe, sie ist aber mit seiner gelebten Realität als gewissenhafter Finanzbeamter nicht leicht zu vereinbaren.

Das System dieses Spiels ist wie ein Kosmos. Scheinbar automatisch fügen sich die Charaktere in die Szene ein. Im Spiel wird deutlich, dass allen eine verlässliche Bindung zu einer anderen Bezugsperson fehlt. Es handelt sich um eine **bindungslose Gesellschaft**, die sich damit hilft, eine Bindung zu einem Ort zu haben.

Man spürt in dieser Szene die Bereitschaft, sich zu finden, aber Mann und Frau vermeiden es, sich zu erkennen. Es fließt viel Alkohol. So bleibt das Publikum wohl mit der Fantasie zurück, dass der sexuelle Akt angestrebt wird. Jedoch das Erwachen am nächsten Tag – verkatert?

Damit fügen sich Absicht und Wirkung einer Handlung – wenn wir die **Integrationsachse der Beziehungsdynamik beachten** – nicht zusammen. Die **Spielgestaltanalyse** zeigt die Spielregel auf: „Viel zu viel Gefühl – daher mehr Alkohol!“

Spannend ist unter diesem Aspekt zu beobachten, dass die eifersüchtige Ehefrau, die angeblich ihren Mann sucht (das wäre ja, wenn auch obsessiv, ein Bindungsverhalten), sich sofort auf die Flirtgeschichte mit dem guten Tänzer einlässt und ihre Eifersucht mit dem nächsten Achterl Wein ignoriert.

7.3.3 Das zweite Spiel: Die Sehnsucht nach Beziehung

2. Szene: In der Go-go-Bar

Es folgt die Einkleidung der DarstellerInnen in ihre Spiel-Rollen:

- Mr. Chang (46): „Ich bin ein chinesischer Geschäftsmann, der für Verhandlungen innovativer Hightech-Anlagen für den Bau des Brenner-Basistunnels in Innsbruck verweilt. Ich will mich am Abend nach einem anstrengenden Verhandlungstag vergnügen, so wie ich es mit meinen Geschäftspartnern normalerweise in China gewohnt bin. In Innsbruck scheint das allerdings nicht üblich zu sein. Möglicherweise sind das Kulturunterschiede, mit denen ich noch nicht vertraut bin? Ich schlendere am Abend mal so herum …"
- Charly (29): „Ich bin ein muskulöser Kickboxer und jobbe hier als Türsteher. Meine Aufgabe ist es, das Etablissement zu beschützen. Ich kenne mich gut mit Waffen aus. Und ja, man kann wohl sagen, ich bin ein echter Waffennarr. Früher war ich Schlosser, da kann man schon das eine oder andere zurechtbiegen oder abfeilen. Deshalb habe ich ein paar kleine Haftstrafen und bin jetzt hier gelandet."
- Schurli (33): „Ich mache für die Damen der Nacht alle Besorgungen. Ich gehe auch mal Gassi mit den vierbeinigen Begleitern unserer Tänzerinnen oder hole einen Mitternachtssnack, wenn's rasch was Herzhaftes oder Süßes sein soll. Als Gegenleistung für meine Dienste darf ich hier gratis rein."
- Tänzerin Natalia (23): „Ich komme aus der Ukraine und habe zu Hause als Kindergärtnerin zu wenig verdient. Ich bin schon früh erwachsen geworden, denn ich bin eine sogenannte Teenager-Mama. Meine Tochter ist mein Ein und Alles. Gut, dass meine Mutter jede Nacht auf sie aufpasst, während ich hier arbeite. Als Tänzerin muss ich ganz schön fit sein, und ich habe echt heiße Moves drauf, damit der Rubel rollt!"
- Kellnerin Lilly (29): „Ich mache meinen Job gerne. Ich bin aufmerksam, freundlich und erfülle die genussfreudigen Wünsche unserer Gäste. Ich habe schon vieles gesehen und einiges erlebt. Hier geht's oft richtig bunt her. Und das Trinkgeld passt."

Das Spiel ist lustvoll und lustig zugleich. Die DarstellerInnen geben ihr Bestes und das Publikum spendet kräftigen Applaus. Die Interaktionen sind sehr eng mit den Erwartungen an die Charaktere verknüpft. Die **dramaturgische soziale Motivlage** (in diesem Fall die Gier) ist gut emotional im Spiel umgesetzt. Auch in dieser Szene geht es wild her. Alkohol ist hier ebenfalls kein Fremdwort, und doch handeln die Personen ein wenig anders, die Emotionen sind enger mit der eigenen Person (Erlebnisfigur) verknüpft – die **Interaktionsachse fühlt sich hier gut an**.

Rollenfeedback der Spielenden:
Im Rollenfeedback wird nun der Bezug zur Spiel-Rolle formuliert.

- Charly (Türsteher): „Ich war überfordert und versuchte dann eine Abzocke. Der Gast war äußerst seltsam, ich wusste nicht, wie ich ihn behandelt sollte, hatte scheinbar ein Kulturproblem. Um etwas zu verändern, muss man tätig werden. Kämpfen oder Geld kassieren. Da habe ich wohl ‚tätig werden' mit ‚Täter werden' verwechselt."
- Schurli (Mädchen für alles): „Ich wusste genau, wie ich die Damen verwöhnen konnte. Es war ein gutes Gefühl. Aber beim Chinesen war ich skeptisch, ob er Natalia nicht ungut behandeln würde. Als Geschenk für die Freude im Leben habe ich den anderen ganz schön viel Unterstützung gegeben."
- Mr. Chang (Gast): „Keine Kultur hier! Ich war betört von der Tänzerin, wurde aber selbst nicht als potenter Mann wahrgenommen. Mein Wunsch nach emotionaler Intelligenz kam zu kurz."
- Natalia (Tänzerin): „Leider war der Gast kein potenzieller Kandidat für mich. Ich habe auf den Gast eher hinuntergeschaut. Mein Wunsch nach Fairness zwischen Arm und Reich scheiterte an der Begegnung auf Augenhöhe."
- Lilly (Kellnerin): „Es war ein angenehmer, respektvoller Umgang. Ich wollte den chinesischen Gast mit Champagner abfüllen. Das ist mir auch gelungen! **Bemerkenswert für mich war, dass die Angst der Neugier gewichen ist. Das war für mich im Spiel gut spürbar und erlebbar.**"

7.3.4 Das dritte Spiel: Trennende Beziehungsentwürfe

Die **Theatermacherin** leitet die 3. Szene mit der Frage ein, wodurch Trennungen zustande kommen.

3. Szene: Drogenberatungsstelle in der Bogenmeile, Ausgabe für Substitutionsmittel
Die Rollenwahl ist ein Mix aus Ex-Junkies, Drogenabhängigen und als Angestellte in der Drogenberatungsstelle eine junge, unerfahrene Ärztin. Die Theatermacherin unterstützt bei der Rolleneinkleidung.

Hier ein kurzer Einblick in das Regieinterview:

> **Theatermacherin:** *Wer bist du und wie alt bist du?*
> **Spiel-Rolle:** Mein Name ist **Heinz**, ich bin 40 Jahre alt und Banker. Der Stress im Job war unerträglich. Ich habe mir in der Früh was zum Aufputschen und am Abend was zum Beruhigen eingeworfen. Es war natürlich alles geheim. Niemand durfte davon erfahren. Dann wäre ich wahrscheinlich meinen Job losgeworden. Als es ganz arg wurde, habe ich mich für ein Substitutionsprogramm entschieden. Ohne Hilfe schaffe ich es nicht.
> **Theatermacherin:** *Um wie viel Uhr holst du deine Medikamente? Wie gelingt es dir, dass es niemand aus deinem Umfeld erfährt?*
> **Spiel-Rolle Heinz:** Ja, stimmt, da muss ich verdammt aufpassen. Die Drogenberatungsstelle hat ja ähnliche Öffnungszeiten wie die Bank. Ich versuche, ganz in der Früh und während meiner Außendienste meine Medikamente zu holen.
> **Theatermacherin:** *Und hast du auch eine Familie?*
> **Spiel-Rolle Heinz:** Nein. Oder vielmehr: jetzt nicht mehr. Meine Frau ist mit den Kindern fort. Einfach weg!
> **Theatermacherin:** *Wie verbringst du deine Abende? Wie ist es dann am Abend?*
> **Spiel-Rolle Heinz:** Ohne die Medikamente wäre ich am Ende. So schaffe ich das Arbeitspensum wenigstens. Abends bin ich dann zu nichts mehr fähig.

Dann kommt die **nächste Person** auf die Bühne, um sich in ihrer Spiel-Rolle einzukleiden.

- **Mareike (28), eine junge Ärztin:** „Ich habe Medizin studiert, weil ich den helfenden Beruf so schön finde. Meine ersten Erfahrungen habe ich bei der wundervollen Vereinigung ‚Ärzte ohne Grenzen' machen dürfen. Oh mein Gott, die tun so viel Gutes! Das ist so wichtig für die Welt. Hier in der Drogenberatungsstelle kann ich jetzt endlich auch Gutes tun."

- **Lukas (34), sehr lange substituiert:** „Mit 16 Jahren habe ich meinen ersten Entzug hinter mich gebracht. Weitere folgten. Irgendwann habe ich es dann in ein Substitutionsprogramm geschafft. Jetzt sind's schon einige Jahre …"
    - **Theatermacherin:** *Gratuliert dir jemand zum Geburtstag?*
    - **Lukas:** Ja, meine Mama. Die vergisst nie drauf.
    - **Theatermacherin:** *Wo wohnst du?*
    - **Lukas:** Hm, das ist mein Problem. Ich wohne eigentlich nirgends so richtig. Wenn ich mal was finde, dann ist es nix auf Dauer. Aus meiner letzten Wohnung bin ich rausgeflogen, weil ich die Miete nicht bezahlen konnte. Jetzt brauch' ich dringend eine vorübergehende Bleibe.
    - **Theatermacherin:** *Und wie verdienst du dir Geld? Gehst du auf den Strich?*
    - **Lukas:** Am Strich gehen kommt für mich nicht in Frage. Aber Drogen verchecke ich. Irgendwie muss ich ja zu Geld kommen.
- **Robschi (53):** „Ich bin ein alter Junkie, mich juckt es überall. Ich lebe in den Tag hinein und schaue, ob irgendwo irgendwie etwas von irgendwem abfällt. Ich habe schon alles erlebt."
- **Helga (29):** „Früher hatte ich noch große Pläne, da habe ich noch in der normalen Gesellschaft mitgespielt. Ab und zu helfe ich in der Gastro aus. Jetzt checke ich mir was."

Das Spiel beginnt.

Lukas sitzt bei der jungen Ärztin in der Drogenberatungsstelle. Ein wundervolles Spiel. Es zeigt sich, dass das Schloss-Schlüssel-Prinzip funktioniert: eine Ärztin, die helfen will, und ein Ex-Junkie, der das zu nützen versteht.

Lukas erzählt, dass seine Oma, die in Oberösterreich lebt, gestürzt sei. Die Mutter weine die ganze Zeit. Jetzt fasse er sich ein Herz und fahre eine Woche nach Oberösterreich, um seiner Mutter und Oma in dieser schweren Zeit beizustehen. Dafür brauche er eine Medikamentenration für eine Woche. Die Ärztin versteht die Not des Ex-Junkies und sieht seine wunderbaren, neuen Ansätze und gibt ihm schließlich die Ration für eine Woche als Zeichen, dass Lukas schon vertrauenswürdig geworden ist. Zum Abschluss umarmen sich die beiden. (Lukas ist zufrieden, jetzt hat er wieder etwas zu verkaufen.)

Draußen vor der Türe lungern Robschi und Helga herum und unterhalten sich über das schreckliche Jucken. Kaum ist Lukas draußen vor der Tür, betteln ihn Helga und Robschi an. Robschi wird ignoriert, er hat bereits alles verloren und nichts mehr anzubieten. Helga redet aber so lange auf Lukas ein, bis er ihr was abgibt. Helga war schlau, einerseits hat sie Lukas gedroht, dass sie seiner Mutter erzählen werde, was los ist, und andererseits bietet sie ihm einen Schlafplatz gegen Medikamente an. Der Deal funktioniert. In dieser Szene zeigt sich wunderbar die soziale Stimmigkeit in der Verbindung von Spiel-Rolle und Interaktion: die Monotonie in der Stimme von Lukas, das Tricksen und Manipulieren in höchster Präzision.

Inzwischen betritt Heinz, der Banker, die Drogenberatungsstelle. Dieses Mal reagiert die Ärztin ganz anders. Der Patient tut so, als ob er ihr eine Versicherung anbieten wolle, um seine Fassade aufrechtzuerhalten. Auf diese Geheimhaltungswünsche des Bankers geht die Ärztin überhaupt nicht ein. Im Gegenteil, sie besteht auf das Einnehmen des Medikamentes vor ihren Augen und hält sich strikt an die Vorgaben des Substitutionsprogramms.

Die Säule der Existenz von Heinz schwankt. **Das Wahrnehmungsfeld und das Handlungsfeld verbunden durch die Integrationsachse werden durch Manipulation, ein Vortäuschen von etwas, was nicht ist, durcheinandergebracht.**

Spielgestaltanalyse

Die Spielgestaltanalyse zeigt auf: Die Gefühle der Handelnden werden durch Ideologien ersetzt. Die Interaktion der Handelnden ist nicht das, was es scheint. Die Spielregel: „Ich zeige eine Ideologie her, damit ich meine Gefühle (die ich zum Teil selbst nicht kenne) nicht herzeigen muss.“

Rollenfeedback und Sharing der DarstellerInnen

Die Theatermacherin bittet um ein Feedback zum Spiel und ersucht die DarstellerInnen der verschiedenen Spiel-Rollen, eine Verbindung zu den am Beginn formulierten „Weltverbesserungswünschen" herzustellen.

Mareike (Ärztin): „Ich konnte mich bei Lukas kaum abgrenzen. Meine eigene Vorstellung hat mich behindert. Ich war fixiert von der Idee, dass ich gerne helfe und diesen Beruf ausübe, weil ich Anerkennung von Drogenabhängigen bekomme (= dramaturgische soziale Motivlage „Gier"). Mich überfiel eine Anfängerunsicherheit in der Rolle als Ärztin. Es gibt einen klaren Fahrplan im Substitutionsprogramm, was ich als Ärztin tun soll, und strikte Regeln, an die ich mich halten muss. Beim zweiten Klienten, dem Banker, ist es mir sehr gut gelungen." (Anmerkung: „Gelingen oder Nichtgelingen" basieren hier auf demselben Grund!)

Sharing der Darstellerin: „Mein Wunsch war, das Optimistische im Leben anzunehmen. Da kann ich jetzt nur sagen, raus aus der Opferrolle. In der Opferrolle bin ich sehr gefährdet, immer wieder manipuliert zu werden!"

Lukas (Ex-Junkie): „Ich hatte eine klare Vorstellung, was ich will. Oma als Thema für den Manipulationsversuch war gut. Aber ein bisschen schlechtes Gewissen hatte ich schon. Auf der Straße war es dann viel schwieriger. Die Erpressung ‚Ich sag's deiner Mama' hat mich in die Knie gezwungen. Ein Platz zum Schlafen war für mich essenziell wichtig."

Sharing des Darstellers: „Mein Wunsch wäre es, zu den eigenen Bedürfnissen stehen zu können und trotzdem mit Menschen in Verbindung zu sein. Das ist mir hier nur über die Manipulation gelungen."

Heinz (Banker): „Ich bin so ehrlich und gestehe mein Problem, aber mir gegenüber ist die Ärztin so streng. Dafür belüge ich mich ständig selbst, versuche eine Fassade aufrechtzuerhalten. Ich hätte gerne von der Ärztin eine Umarmung bekommen. Ich wollte Zuneigung. Auch wenn dieser Wunsch vielleicht nicht kompatibel mit dem Anliegen ist, die Fassade aufrechterhalten zu wollen."

Sharing der Darstellerin: „Ich möchte immer wieder Grenzen der Rollen sprengen, manchmal weiß ich nicht, wie."

Robschi (alter Junkie): „In das Bündnis von Helga und Lukas bin ich nicht hineingekommen. Ich hatte keine Chance, etwas zu bekommen. Mein Wunsch nach Liebe ist tödlich. Im Zusammenhang mit den Drogen kann ich ihn mir nicht erfüllen."

Sharing des Darstellers: „Ich bin auf der Suche nach einem Weg, der mir wirklich einen fairen Deal ermöglicht."

Helga (Junkie): „Mein Ziel war es, beim AMS anzudocken. Für mich ist es nicht so schlimm wie für andere. Ich habe ein bisschen Reserve. Ich habe eine Wohnung. Ich habe noch eine kleine Chance."

Sharing der Darstellerin: „Mein Wunsch war es, dass es keine Waffen mehr in der Welt gäbe. Jetzt ist mir bewusst geworden, dass es dann auch keine emotionale Erpressung als Waffe geben darf."

Feedback zum Spiel aus den Publikumsrollen

Auszugsweises Feedback zum Spiel aus den **Publikumsrollen** (die Darstellerinnen und Darsteller schlüpfen in eine Rolle und sind jemand anderer aus der Familie):

- „Ein bemerkenswertes Spiel."
- „So kompliziert ist das Leben nicht, es gibt Regeln, an die man sich halten kann. Man kann den 10 Geboten folgen, so geht das einfache Leben." **(In der Publikumsrolle spielt hier die Darstellerin ihre eigene religiöse Großmutter.)**
- „Sehr interessant, meine Jugend aufleben zu lassen."
- „Ja, ja. Die moralische Weltverbesserungsfantasien."
- „Die Mama auf der Bühne zu sehen, war für mich urpeinlich." **(In der Publikumsrolle spielt die Darstellerin die erwachsene Tochter.)**

Ende

7.3.5 Reflexionen zur Erweiterung der Erlebnisfähigkeit

„Nicht nur die Spiel-Rolle, sondern auch die Interaktion muss stimmig sein. Wie schwer es ist, sich selbst in ein Gefüge von Bindung und Beziehung einzubringen, ist mit diesen drei Szenen sehr deutlich geworden. Wie wir uns vordergründig mit Manipulation zu helfen versuchen, ist ebenfalls anschaulich dargestellt. Genau diese Versuche werden wir auch bei ‚Nora' entdecken. Wohl ist hier durch eine bürgerliche Kulisse die Manipulation getarnt durch vordergründige Anständigkeit, aber sie ist deswegen nicht minder bedrohlich.

Es hat sich im zweiten Spiel gezeigt, dass die soziale Rolle des ‚Schurli' für einige unbekannt war. Milieu-Kenntnisse sind bei solchen Szenen von Vorteil. Ohne Hintergrundwissen sind Rollen in ihrem habituellen sozialen Kontext schwierig zu begreifen und anzuleiten. Es ist wichtig, zu wissen, wie sich eine Person in einer bestimmten sozialen Rolle verhält, was sie sagt und welche Beziehungen sie zu welchen anderen Menschen, Dingen, Gegenständen, Tieren etc. hat. Den soziokulturellen Stilbruch der Szene zu erkennen ist essenziell. Es ist der Moment, in der die Szene in sich zum Stillstand kommt. Die Interaktionen der Spiel-Rollen-SpielerInnen finden im Gegenüber kein passendes Stichwort mehr. Daher ist es für mich als Regisseurin wichtig, dass ich weiß, was es braucht, um die Spielinszenierung im Fluss zu halten.

Ganz banal ausgedrückt, geht es um das Erkunden und um die szenische Rekonstruktion wie beispielsweise bei einer ‚Tatort'-Folge. Das bedeutet, die sozialen Rollen (Figuren) auf ihre Stimmigkeit hin zu überprüfen. Eine 23-jährige Frau kann noch keine Fachärztin sein, selbst wenn sie in Mindeststudienzeit studiert hätte. Und es braucht vielleicht ein soziokulturelles Requisit, das dem Habitus einer sozialen Rolle dient, z. B. die Stange der Go-go-Tänzerin."

Erwärmungsrunde und Übung für den nächsten Tag:
Zunächst erfolgt die Aufforderung zur **soziometrischen Orchestrierung**: „Gib einer Person deiner Wahl eine Rolle aus dem Stück Nora und beschreibe im Anschluss, warum du diese Person für diese Rolle gewählt hast."

Mit dieser Abschlussübung, in der alle eine wertschätzende Zuschreibung erhalten haben, endet der Tag.

7.3.6 Die Inszenierung des Stücks „Nora“: Die Vorbereitung 2

Die Theatermacherin erzählt den Inhalt des Theaterstücks „Nora oder Ein Puppenheim“ von Henrik Ibsen im Überblick: „Die Geschichte, um die es heute gehen wird, handelt von Nora und ihrem Schicksal. Nora ist mit Torvald Helmer verheiratet, der gerade dabei ist, Karriere in einer renommierten Bank zu machen. Es taucht ein Advokat auf, der davon erfahren hat und ebenfalls von der Karriere Helmers mitnaschen möchte. Er will einen Job bei der Bank haben. Vor einiger Zeit hat er Nora einen Kredit gegeben. Frauen durften zu dieser Zeit, als Ibsen das Stück schrieb, noch keine Kredite aufnehmen. Dies war ausschließlich den Männern der Gesellschaft vorbehalten. Nora hat noch dazu die Unterschrift ihres Vaters gefälscht, damit sie ihrem Mann Helmer, der zu der Zeit an einer schweren Lungenkrankheit litt, einen Aufenthalt in einer Lungenheilanstalt bezahlen konnte. Ihr Mann weiß nichts von diesem Tatereignis.

Helmer ist jedoch ein **Weltverbesserer** und seinen eigenen Prinzipien und seiner Ideologie treu, daher lehnt er das Anliegen des Advokaten Krogstad ab. Nora ist in einem Dilemma.

Die Freundin Christine Linde taucht auf. Sie hatte vor vielen Jahren eine Beziehung mit dem Advokaten Krogstad. Frau Linde fordert Nora im Stück Ibsens auf, ihrem Mann die Wahrheit zu gestehen.

Dann gibt es noch den etwas älteren Dr. Rank, einen Freund der Familie, der heimlich in Nora verliebt ist …“

Durch die intensive Vorbereitung am ersten Tag (Weltverbesserungswünsche und soziale Spiel-Rollen-Erkundungen) können wir uns direkt dem Spiel auf der Bühne widmen.

Die Regieidee: „Nora, ein Stück des Scheins“

Einen Schein aufrechtzuerhalten, kostet sehr viel Energie. In dieser Inszenierung sind die Frauen und ihre Schicksale im Fokus. Wir lösen deren Dramakonserve auf.

7.3.7 Die Verkümmerung eines Begegnungswunsches

1. Akt: Kümmern, Kummer und Neues kommen lassen
Im ersten Akt werden wir uns die Beziehung von Christine Linde und ihrer Familie anschauen. Wir werfen einen Blick auf diese Existenz. Es melden sich spontan drei Personen, die diese Szene spielen wollen.

1. Szene: Die Lebenssituation von Frau Linde
Hinführung: Die erste Szene beginnt in einem Krankenzimmer. Die 82-jährige Mutter, Frau Linde Senior, liegt zu Hause in ihrem Bett. Ihre Tochter, Christine Linde, kümmert sich seit mittlerweile zehn Jahren aufopfernd um ihre pflegebedürftige Mutter.

Es gibt einen Verehrer von Christine, den Rechtsanwalt Krogstad. Dieser sitzt im Büro. Bei der Arbeit wandern seine Gedanken immer wieder zu seiner Angebeteten. Er fasst sich ein Herz und will Christine Linde anrufen, um mit ihr ein Wiedersehen auszumachen.

Das Spiel beginnt.
Wir erleben eine aufopfernde Tochter, die bedingungslos auf jeden Wunsch der Mutter eingeht. Die Szene dauert gute zehn Minuten. Der Rechtsanwalt Krogstad sitzt schweigend auf der Bühne in seinem Büro. Auch er findet keinen Weg, den Verzicht auf Begegnung zu unterbrechen.

Die Spielgestaltanalyse der Szene: „Ich muss ignorieren, was da gerade vor sich geht!“
(Die Mutter will sich nicht mit dem Tod beschäftigen, Krogstad will und kann nicht in das muffige Krankenzimmer vordringen, Christine Linde ignoriert sich selbst im Laufe des Geschehens, sie wird zum Dienstleistungsroboter.)

Rollenfeedback der Spielenden:
Im Rollenfeedback wird der Bezug zur Spiel-Rolle formuliert.

- **Herr Krogstad (Rechtsanwalt):** „Mich überkam eine bleierne Müdigkeit. Ich war wie gelähmt, ich war innerlich enttäuscht, sodass ich nicht anrufen konnte.“

- **Christine Linde (Tochter):** „Zuerst war ich aggressiv, dann resigniert. Nach außen war ich freundlich. Ich fühlte eine tiefe Sehnsucht, selbst ins Bett zu fallen. Spannend, dass ich nicht gegangen bin."
- **Frau Linde (Mutter):** „Es hat mir Spaß gemacht, meine Tochter zu terrorisieren. Sie kann mir ein bisschen was zurückgeben für mein eigenes Aufopfern."

Anmerkung: Oft werden Pflegepersonen nach Jahren der Pflege selbst krank. Zu lange haben die dramaturgische soziale Motivlage „Ignoranz" und das Gefühl des Begehrenwollens (Gier) nicht zusammengepasst.

Es folgt die **Inszenierung des unbewussten Wunsches von Christine Linde:**
Die Theatermacherin fragt: „Welche Belohnung würdest du gerne bekommen, für das, was du getan hast?" – Antwort: „Eine karibische Massage, bei der mich zwei Menschen verwöhnen." (Auflösung des Lähmungsaspektes)

Die Theatermacherin schlägt eine neue Szene vor, mit der Absicht, dass die Situation ein Herantasten an die unbewussten Wünsche ermöglicht und ein ehrliches Begehren zulässt.

7.3.8 Die innere Sprachlosigkeit

Der szenische Vorschlag: eine Schwester, die Christine Linde würdigt. Die Schwester hat eine tolle Familie – einen liebevollen Mann und zwei entzückende Kinder. Die Familie ist gut situiert. Die Schwester war früher die Lieblingstochter der Mutter und lebt mittlerweile mit ihrer Familie in Spanien.

2. Szene: Mittagessen der Familie Carlos am Sonntag (14 Uhr) in Spanien
Regieanweisung: Die Familie sitzt wie üblich am Sonntag gemeinsam beim Mittagessen. Es folgt ein Telefonat mit der Schwester Christine Linde aus der Heimat.

Einkleidung der DarstellerInnen in ihre Spiel-Rollen:

- **Isabella:** „Ich bin Christines Schwester. Ich habe einen supertollen Mann. Wir sind sehr gut situiert und haben ein gutes Leben in Spanien. Meine Mutter und meine Schwester leben in Österreich."
- **Carlo Peppo (Isabellas Gatte):** „Isabella ist meine große Liebe. Ich habe eine Familie, die ich liebe und deren Wohl mir sehr am Herzen liegt. Ich arbeite auch gerne, sodass es uns an nichts fehlt."
- **Marianne (Tochter):** „Ich gehe schon zur Schule und kann total gut reiten. Schade ist nur, dass wir Oma so selten sehen. Ich mag meine Oma."
- **Juan Carlos (Sohn):** „Ich bin der Jüngere und darf noch nicht so viel machen wie Marianne. Ich will selbst reiten, Papa bringt es mir sicher bei."

Das Spiel beginnt.

Die Familie unterhält sich. Die Tochter redet mit der Mutter, der Sohn mit dem Vater. Isabella ist es unangenehm, dass sie noch ihre Schwester anrufen muss. Marianne bekommt es mit und möchte zur Oma fahren. Juan Carlos möchte endlich reiten lernen. Der Papa geht mit ihm raus in den Pferdestall. Die beiden Schwestern Isabella und Christine reden sehr oberflächlich miteinander am Telefon.

Kommentar der Theatermacherin: „Im Spiel wird sichtbar, dass die beiden Schwestern sehr distanziert sind. Es gibt sehr viel Scheinheiligkeit. Zwei stark rivalisierende Töchter einer Mutter kommen aus ihrem Schlamassel nicht heraus. Die Illusion wird aufrechterhalten, dass alles in Ordnung sei, obwohl die Gefühle und Wünsche nicht mit der Realität übereinstimmen. Isabella, Christines Schwester, müsste einen aufrichtigen Dank an Christine für ihre jahrelange aufopfernde Pflege aussprechen und ebenso die Einladung nach Spanien ehrlich meinen. Christine müsste ihre Opferrolle aufgeben. Das bedeutet, wir gehen in der Geschichte noch einmal an das Krankenbett der Mutter zurück."

7.3.9 Die Bereicherung der Begegnung durch Auflösung der beengenden Dyade

Eine **Spiel-Rolle im Zuhause von Christine** wird **hinzugefügt**. Die Mutter hat nun eine Freundin, welche die pflegende Tochter Christine Linde unterstützt. Christine sagt zur Mutter: „Ich rufe jetzt deine Freundin an, damit sie zu dir kommt. Ich will heute frei haben!"

Die dritte Person hat eine Katalysatorfunktion, damit eine Befreiung aus einschränkenden Interaktionen möglich wird. Durch die Miteinbeziehung einer dritten Person, welche die Bedürfnisse der Mutter abdeckt und der Tochter Freiheiten ermöglicht, erfolgt eine Öffnung der beengenden Dyade.

Gleichzeitig geht auf der Spielbühne die symbiotische Beziehung zwischen Mutter und aufopfernder Tochter Christine langsam zu Ende. (Das Sterben der Mutter wird wiederholt.)

Auf der **anderen Seite des Familiensystems, in Spanien**, erfolgt auch eine Erweiterung. Die Familie Peppo bekommt Nachwuchs (Geburt eines Kindes). Hier wird dem unbewussten Wunsch nach mehr Herz in dieser Familie eine Erweiterung gegeben. Damit hält sich auch die Waage von Sterben und Werden.

Die Szenen werden nun wiederholt und das Spiel aufs Wesentliche verdichtet. Wie erwartet, aber doch auch erstaunlicherweise, entstehen dadurch völlig andere Interaktionen. Wir sehen anstatt Befehlen und blindem Gehorsam zwischen Mutter und pflegender Tochter sowie Monologen, die zwischen den Schwestern aneinander vorbeigeführt werden, plötzlich einen Dialog auf der Bühne. Sowohl die beiden Schwestern als auch die Mutter können eine deutlich andere Rede führen. Die emotionalen Qualitäten der Spiel-Rollen verändern sich. Es ist, als würden die Beteiligten selbst aus dem Spiel aussteigen und in ein neues Spiel mit neuem Ausgang einsteigen.

Nach dem Spiel erfolgt eine **Feedback- und Sharingrunde**: Was von den erlebten Rollen und Szenen knüpft an die eigene Biografie an? Die Feedbacks gehen sehr zu Herzen.

7.3.10 Die Verteidigung des Geheimnisses

2. Akt: Produktivität als Versuch, Herrschaftsverhältnisse zu ändern

Hinführung: Im zweiten Akt geht es um die Protagonistin Nora. Wie könnte ein Befreiungsszenario aussehen? Wie geht das, Plan und Gefühl in Einklang zu bringen?

Die **Theatermacherin** leitet die nächste Szene mit folgenden Worten ein: „Nora sitzt im Nähzimmer und macht Näharbeiten für eine Kundin, um ihre Schulden zurückzuzahlen. Niemand soll jedoch davon erfahren. Nora ist Hausfrau und kann nur im Nähzimmer einen sicheren Rückzugsort finden, in dem sie ihr Geheimnis bewahren kann. Nora lebt mit ihrem Mann und ihren beiden Kindern in einer Wohnung. Sie versucht immer wieder, die neugierigen Kinder abzuwimmeln, damit sie nicht mitbekommen, dass Nora heimlich Näharbeiten für Fremde macht."

1. Szene: Im Nähzimmer

Einkleidung der DarstellerInnen in ihre Spiel-Rollen:
Das **Rolleninterview** beginnt mit der Frage an die Kundin: *„Warum erzählst du nirgends herum, dass Nora für dich arbeitet?"*

- **Frau Abbel (Kundin):** „Ich engagiere mich für Frauenrechte und helfe anderen Frauen, wo ich nur kann. Nora unterstütze ich. In meinem Solidaritätsbestreben unterstütze ich Frauen. Sie sollen selbstständig sein und arbeiten gehen dürfen. Jede Frau sollte auch ein Wahlrecht haben." (Die Darstellerin bezieht sich hier auf die zeitliche Periode, in der Ibsens Stück spielt.)
- **Torvald Helmer (Noras Ehemann):** „Ich bin der Herr im Haus. Karriere und Arbeit sind mir das Wichtigste. Ich habe eine wichtige Position inne, in der ich natürlich in der Gesellschaft als öffentliche Person besonders angesehen bin. Alles soll rechtschaffen zugehen und seine Ordnung haben. Meine Frau ist zu Hause bei den Kindern und macht die Haushaltsführung."
- **Nora:** „Ich habe so ein schlechtes Gewissen, dass es auffliegen könnte, dass ich eine Unterschrift gefälscht habe. Mich plagt die Angst, dass

ich aus der Gesellschaft ausgeschlossen werden könnte. Da ich gut nähen kann, versuche ich, meine Schulden damit heimlich abzuzahlen."

- **Lisa (erstes Kind):** „Ich bin 8 Jahre alt und gehe zur Schule. Ich bin sehr klug. Meinen Papa verehre ich, aber meine Mama hat ein Geheimnis."
- **Leoni (zweites Kind):** „Ich bin 6. Ich will so sein wie Lisa. Sie ist so gescheit. Die Erwachsenen haben nie Zeit."

Das Spiel beginnt.
In der Szene wollen die Kinder ständig ins Nähzimmer, weil sich die Mama dort befindet. Nora hat alle Hände voll zu tun, um alle aus dem Nähzimmer zu bringen bzw. auch ihren Mann davon fernzuhalten.

Die **Rollengestaltanalyse:**
Was hat das Publikum gesehen und wahrgenommen?

1. Frage: *Welche Figur ist der Protagonist/die Protagonistin zu wem in der Szene?* – Seine/ihre soziale Rolle. Nora ist Ehefrau, Mutter und Produzentin von Näharbeiten.

2. Frage: *Mit welcher Atmosphäre ist der Protagonist/die Protagonistin (die Figur) in dem Drama konfrontiert?* – Die Atmosphäre ist ein wenig spröde, niemand bekommt so richtig, was er/sie will.

3. Frage: *Was ist das bewegende Gefühl in Noras Innerem? Welche Gefühle kommen in der Szene zum Ausdruck?* – Eine Freundlichkeit, die sich bedrohlich dem Gefrierpunkt nähert.

4. Frage: *Wie sehen das Muster der Selbstwirksamkeit und das Muster der Szene aus?* – Das **Spiel auf der Bühne zeigt** ein klassisches Frauenschicksal. (Vielleicht nicht nur zu dieser Zeit!) Das szenische Spiel zeigt den Stress einer Frau, welche sich bemüht, das eigene Leben zu verbergen.

Rollenfeedback der Spielenden:
Im Rollenfeedback wird wieder der Bezug zur Spiel-Rolle formuliert.

- **Kundin:** „Nora tut mir leid. Ich würde ihr gerne helfen."
- **Ehemann Torvald Helmer:** „Ich war sehr mit meiner Arbeit beschäftigt und wollte mich nur hinter meiner Arbeit verschanzen."

- **Leoni, die jüngere Tochter:** „Niemand hat Zeit für mich – außer Lisa."
- **Lisa:** „Meine Schwester ist super, denn sie macht alles, was ich ihr sage. Die Mama hat irgendein Geheimnis und ich will das Papi sagen. Mama und Papa lieben sich vielleicht nicht mehr. Ich werde meine Eltern retten, ich werde das Geheimnis lüften." (Eine klassische Kinderfantasie!)
- **Nora:** „Ich habe gewaltigen Stress. **Ich habe mich kaum gespürt**. Gleichzeitig schlägt mir das Herz bis zum Hals und ich fühle mich hilflos, auch ganz stark körperlich."

Frage der Theatermacherin: „Was würde Nora wohl am ehesten aus ihrer misslichen Lage befreien? Wenn es möglich wäre?"

Vorschlag der Gruppe: Als erwachsene Frau bräuchte sie ihren Mann nicht um Erlaubnis fragen. Es geht darum, dass der Ehemann Nora sieht und Nora ihren Mann. Nora könnte ihrem Mann die Kundin vorstellen. (Der Bezug zum Stück von Henrik Ibsen: Im Originalstück fordert Christine Linde Nora eindringlich auf, ihrem Mann die Wahrheit zu sagen und alles zu gestehen.)

Uns geht es in dieser Inszenierung nicht um den Geständniszwang. Wichtig ist, dass Nora sich selbst die Erlaubnis gibt, zu ihrem Tun zu stehen. Sie sagt damit offen: „Schau her, lieber Mann, das mache ich!" Die Befreiung der Frau wäre gleichzeitig auch eine Möglichkeit, die Befreiung des Mannes zu beobachten.

7.3.11 Die neuerliche Unterwerfung

2. Szene: Anprobe des Kleides im Hause der Kundin

Nora bringt das Kleid zur Kundin. Sie unterhalten sich angeregt. Ein paar Kleinigkeiten müssen noch geändert werden. Nora verspricht, die ganze Nacht daran zu arbeiten, damit das Kleid am nächsten Tag fertig ist. Die Kundin will Nora gleich zur nächsten Frauendemonstration überreden. Nora kann nicht Nein sagen. Es ist deutlich zu spüren, dass Nora dies in ihrer derzeitigen Situation zu viel ist. Dennoch gelingt es Nora, die Kundin zur Anprobe am nächsten Tag zu ihr nach Hause einzuladen.

Zu Hause bei ihrem Mann gelingt es Nora nicht, über ihre heimlichen Näharbeiten zu sprechen. Sie lügt ihrem Mann etwas vor, damit sie die Nachtarbeit einlegen kann und nicht ins Bett kommen muss.

Kommentar der Theatermacherin zur Interaktion von Nora und der Kundin in der Szene:
„Alle Frauen haben eine Mutter und zu dieser müssen sie Nein und Ja sagen lernen, um selbstwirksam zu sein. Ist das Nein nicht möglich, tauschen sie nur eine Abhängigkeit mit der nächsten Abhängigkeit ein."

7.3.12 Die Auflösung der Komplizenschaft

3. Szene: Wiederholung der vorigen Szene
Noch einmal erfolgt die Anprobe des Kleides bei der Kundin zu Hause. Nora lehnt die Demonstrationsteilnahme im Gespräch mit der Kundin ab.

Zu Hause gelingt es Nora diesmal, ihrem Mann zu erzählen, dass eine Kundin kommen werde. Ihr Mann reagiert irritiert. „Was, du willst dein Leben neu ordnen? Ich mach' dich doch glücklich!" Frau Abbel, die Kundin, läutet an der Tür. Die Konfrontation ist geschehen. Helmer ist in der Szene nicht grob, eher liebevoll und sanft in der Stimme, obwohl er die Welt nicht versteht. Was die Anstrengung, zu sich selbst zu stehen, für Nora nicht leichter macht.

Die Frauen im Ensemble sind ganz angetan von diesem auf der Bühne agierenden Helmer, aber trotzdem ist allen der Ernst der Lage bewusst. (Wir haben in dieser Inszenierung darauf verzichtet, die Straftat Noras für ihr Handeln in den Mittelpunkt zu rücken. Die Begegnung sollte ohne Schuldanhaftung erprobt werden.)

Rollenfeedback der Spielenden:
- **Herr Helmer:** „Ich bin stark verunsichert. Meine Frau ist über Nacht plötzlich eine andere."
- **Nora:** „Ich will endlich selbstständig sein. Mir ist klar geworden, dass ich es ohne fremde Hilfe machen muss, wenn ich es tatsächlich will.

Ich kann nicht eine Abhängigkeit durch eine andere Abhängigkeit ersetzen."

- **Kundin:** „Der Besuch bei den beiden ist wohl noch etwas schwierig."

Der Schlusskommentar der Theatermacherin zur Neuinszenierung von „Nora": „Der bewusste Wunsch muss eine Ermächtigung erfahren. Ich will selbstständig sein und dafür auch die **Verantwortung** übernehmen. Das ist ein Prozess und passiert nicht über Nacht. Damit eine Befreiung zunächst im Spiel möglich wird, braucht es hier auch die dritte Person als einen Katalysator.

Die Absicht, die Wahrnehmung einer Handlung und die Wirkung einer Handlung sollen sich gut ergänzen. Sie sind die **Integrationsachse** unseres Handelns. In beiden Akten, bei Christine Linde und bei Nora, bedeutet dies, aus einem inneren Szenenmuster auszubrechen. Im zweiten Akt geht es bei der Inszenierung von Noras Rolle darum, die Erlaubnis für das eigene Tun und Handeln in sich selbst zu finden – die **Interaktionsachse** unseres Handelns. In der **Rollengestaltanalyse** verfügt Nora über die **Erlebnisfigur der Produktiven**!

Bei Christine Linde heißt es, das Muster der Spielgestalt zu verändern. Wir erinnern uns: Die **Spielgestaltanalyse** in der ersten Szene, wenn sich Christine Linde im Krankenzimmer der Mutter befindet: ‚Ich muss ignorieren, was da gerade vor sich geht!' – Geben wir der Ignoranz die Aufgabe, uns zu lehren, wie wir uns vor Überforderung schützen können, damit die Begeisterung für unser Tun wieder wachsen kann."

7.3.13 Die Paarbeziehung und ihre Beziehungsentwürfe

Die Paarbeziehung und ihre Beziehungsentwürfe werden mitgestaltet durch das Umfeld und gespiegelt durch das Umfeld.

Im Stück selbst ist im Mittelpunkt die Paarbeziehung „Nora und Torvald Helmer". Die Spielgestaltanalyse zeigt an, wie Gefühle sich zunächst verbergen und die Menschen sich voreinander verschließen.

Im Beziehungsgeflecht wiederholt sich dadurch der Versuch, durch Komplizenschaft ein Problem aus der Welt zu schaffen. Nora, indem sie heimlich Schulden macht, um Helmer zu retten. Helmer versucht, seiner Aufgabe als Familienversorger gerecht zu werden, indem er sich ganz der hegemonialen Männlichkeit verschreibt. Er versucht, den wirklichen, wahrhaftigen Direktor zu verkörpern. Hier spürt man bereits den Abgrund in dieser Mann-Frau-Beziehung. Alle tun ihr Bestes im Einklang mit anderen Adressaten. Schauen wir uns am Ende nochmals die Beziehungsentwürfe der beiden Protagonisten an. Die Ausführungen sind bereits von dem Erlebten auf der Psychodrama-Bühne mitgeprägt.

Beziehungsentwürfe von Nora und ihrem Mann

Wie sieht der Beziehungsentwurf von **Nora** in Ibsens Stück aus?

- **Ort der Handlung:** das eigene Zuhause
- **Das Tatereignis:** Schulden abarbeiten – „Niemand soll es entdecken!"
- **Die Erlebnisfigur:** die aufopfernde Frau – „Ich bin am Verhungern, aber ich sage es nicht!"
- **Das Tatgeschehen:** „Ich muss es heimlich machen, damit er sich nicht für mich zu schämen braucht – ich bin ja eine Betrügerin!"
- **Der Tatentwurf:** die fröhliche, kindliche, sich zurückziehende Frau – die gute Ehe

Wie sieht der Beziehungsentwurf von **Helmer** in Ibsens Stück aus?

- **Ort der Handlung:** das eigene Zuhause
- **Das Tatereignis:** „Ich habe einen neuen Posten bekommen!"
- **Die Erlebnisfigur:** Ehre, wem Ehre gebührt – „Ich bin ein ehrsamer Mann!"
- **Das Tatgeschehen:** Triumphieren – „Ich kann es allen zeigen, dass aus mir etwas geworden ist. Außerdem habe ich gelernt, Gefühle und Bedürfnisse auszulagern. So kann ich meiner Familie am besten nützen."
- **Der Tatentwurf:** der Mann, der verwöhnen will (Im Stück gestattet er Nora, dass sie sich Süßigkeiten kauft.)

Spielgestaltanalyse dieser Paarbeziehung:
Die Spielregeln werden mit einer Person außerhalb der Paargemeinschaft vereinbart (Helmer mit seinem Dienstgeber und Nora mit Christine Linde und dem Geldverleiher Krogstad). Das höhlt die Beziehung

aus. Beide attribuieren ihren „Beziehungserfolg“ auf die Leistung, die sie außerhalb der Beziehung erbringen. Daher die gemeinsame Regel dieses Paares: „Ich mache es ja **nur für** dich – aber nicht **mit dir gemeinsam**!“

Die **Schieflage** entsteht, **indem sich das Paar keinen gemeinsamen imaginären Raum schafft. Die Begegnungsdynamik** wird **vom Umfeld gespiegelt**.

Anmerkung: Erinnern wir uns an das Beispiel am Anfang des Buches, das Mittagessen am Neusiedlersee: Das Paar Frau Gesprächsleitung und Herr Finster im Gespräch mit dem befreundeten Paar.

Wie viel schöner wäre die Einstellung gewesen: „Meine Verlobte ist von der Hochzeit so angetan, dass sie gar nicht zu schwärmen aufhören kann.“ Und sie könnte sagen: „Ich bin froh, dass er sich alles so geduldig anhört.“

Das erfordert natürlich eine beidseitige annehmende Haltung auf der Interaktions- und Integrationsachse und manches Mal ein Zurücklassen von hegemonialen Machtverhältnissen.

Ende

7.4 Zusammenfassung

Beziehungsentwürfe basieren auf unserem impliziten und expliziten Spielwissen. Ein großer Teil dieses Spielwissens wird durch Erlebnisse, Erfahrungen und Erkenntnisse entwickelt. Die kulturellen und sozialen Hintergründe spielen dabei eine maßgebende Rolle. Gesellschaften und Gemeinschaften entstehen ebenso durch Inszenierungen wie auch persönliche Beziehungsentwürfe sich in Inszenierungszusammenhängen wiederfinden. Psychodrama-Theater hat sich zum Programm gemacht, die Inszenierungszusammenhänge zu beleuchten, den Menschen auf die Vielfalt der Möglichkeiten vorzubereiten und ihn in seinem/ihrem Dasein zu begleiten. Die dramaturgische Aufbereitung des spontanen Spiels gibt Einblicke in Veränderungsprozesse, die eine vermehrte Wachsamkeit und ein Bewusstsein erzeugen, welches auch persönliche Konflikte zu überwinden weiß.

Psychodrama-Theater ist Seelenpflege. Psychodrama-Theater ermöglicht uns, alles, was uns umgibt, als das zu sehen, was es wirklich sein kann: ein außergewöhnliches, atemberaubendes Ereignis, welches für einen Augenblick Wirklichkeit ist und einen Abdruck hinterlässt, der uns Mut macht, immer wieder den seligen Schlupfwinkel des **gemeinsamen Spiels** zu finden.

Literaturverzeichnis

Ameln, Falko von, Gerstmann, Ruth, & Kramer, Josef. (Hrsg.). *Psychodrama*. Berlin: Springer.

Buber, Martin. (1986). *Begegnung. Autobiografische Fragmente*. Heidelberg: Lambert Schneider.

Fried, Erich. Die Liebe und wir, Vorübungen für ein Wunder, Kein Unterschlupf, Wintergarten, aus: *Als ich mich nach dir verzehrte. Gedichte von der Liebe*. © 1990, 2016 Verlag Klaus Wagenbach, Berlin.

Goffman, Erving. (2016). *Rahmen-Analyse. Ein Versuch über die Organisation von Alltagserfahrungen* (9. Aufl.). Berlin: Suhrkamp Taschenbuch Wissenschaft.

Grimm, Jacob, & Grimm, Wilhelm. (1812/1815/1819): Die schönsten Kinder- und Hausmärchen, 29. Der Teufel mit den drei goldenen Haaren, online: https://www.projekt-gutenberg.org/grimm/khmaerch/chap031.html (13.01.2020).

Horváth, Ödön von. (2008). *Glaube Liebe Hoffnung. Ein kleiner Totentanz in fünf Bildern*. Frankfurt am Main: Suhrkamp.

Ibsen, Henrik. (1988). *Nora (Ein Puppenheim)*. Stuttgart: Reclam.

Kern, Sabine, & Hintermeier, Sonja. (Hrsg.). (2018). *Psychodrama-Psychotherapie im Einzelsetting*. Wien: facultas.

Lorenzer, Alfred. (Hrsg.). (1986). *Kultur-Analysen. Psychoanalytische Studien zur Kultur*. Frankfurt am Main: Fischer.

Matt, Peter von. (1989). *Liebesverrat. Die Treulose in der Literatur*. München: Hanser.

Ottomeyer, Klaus. (1987). *Lebensdrama und Gesellschaft*. Wien: Deuticke.

Rosa, Hartmut. (2016). *Resonanz. Eine Soziologie der Weltbeziehung* (4. Aufl.). Berlin: Suhrkamp.

Ruhs, August, Riff, Bernhard, & Schlemmer, Gottfried. (Hrsg.). (1989). *Das unbewusste Sehen. Texte zu Psychoanalyse, Film und Kino*. Wien: Löcker.

Shakespeare, William. (2014). *König Lear*. Stuttgart: Reclam.

Schön, Ariane. (2008). *Das Psychodrama von Jakob Levin Moreno. Psychodrama im Verhältnis zu ausgewählten Theaterformen der Gegenwart*. München: dtv.

Schönherr, Maria Theresia. (2008). *Die veruntreute Lebensfreude. Eingeklemmtes Leben befreien*. (Nicht veröffentlichte Masterarbeit) Department f. psychosoziale Medizin und Psychotherapie an der Universität für Weiterbildung Krems, Österreich.

Watzlawick, Paul, Weakland, John H., & Fisch, Richard. (Hrsg.). (1997). *Lösungen zur Theorie und Praxis menschlichen Wandels*. Bern: Verlag Hans Huber.

Williams, Tennessee. (2017). *Die Glasmenagerie*. Frankfurt am Main: Fischer Taschenbuch.

Wolf, Christa. (o.J.). *Kassandra. Eine Erzählung*. Gütersloh: Bertelsmann.

Wulf, Christoph. (2014). *Bilder des Menschen. Imaginäre und performative Grundlagen der Kultur*. Bielefeld: transcript.

Glossar

Begegnung im Psychodrama-Theater – ein gleichzeitiges und gegenseitiges szenisches Handlungsverstehen

Begegnungsdynamik – ein interaktives Handeln mit dem Umfeld, welches sowohl Interaktionselemente wie Integrationselemente zeigt

Beziehungsentwurf (→ szenisches Handlungsverstehen) – Ausdruck der inneren Szenengestalt in Bezug auf eine konkrete Beziehung. Die entsprechenden Komponenten sind: das Tatereignis/Handlungsfeld; das Tatgeschehen/dramaturgische soziale Motivlage; Tatentwurf/Wahrnehmungsfeld und die Erlebnisfigur/Gefühlsfeld.

Doppeln – eine Möglichkeit, den Zwischenraum der Person zu seiner Spiel-Rolle zu erfühlen und auszufüllen. Meistens hilft dabei das Regieinterview.

Dramakonserve – das wörtliche Nachspielen eines Dramas

dramaturgische soziale Motivlage – beschreibt die antreibenden Kräfte für das soziale Handeln. Sie ist ein Angelpunkt für Lebensthemen und fördert die Erkenntnis sozialer emotionaler Lagen.

Ensemblebildung – entsteht durch soziometrische Orchestrierung (→ soziometrische Orchestrierung)

innere Szenengestalt – ein innerer Inszenierungszusammenhang, der über vier Interaktionsfelder verfügt (Handlungsfeld; Feld der dramaturgischen sozialen Motivlage; Wahrnehmungsfeld; Gefühlsfeld)

Inszenierungszusammenhang – Ereignis, welches über ein implizites oder/und explizites Spielwissen verfügt

Integrationsachse – die Verbindung des Wahrnehmungsfeldes (Absicht einer Handlung) mit dem Handlungsfeld (Wirkung einer Handlung)

Interaktionsachse – die Verbindung des Gefühlsfeldes mit der dramaturgischen sozialen Motivlage

interaktive Regiebegleitung – ein Instrument des Psychodrama-Theaters; wird eingesetzt, um der Spiel-Rollen-Gestaltung und der Szenengestaltung Entfaltungsmöglichkeiten zu bieten.

Publikumsrolle – eine spezielle Spiel-Rolle im Psychodrama-Theater. Diese wird meistens eingenommen, um eine Figur aus der eigenen Biografie einzubringen.

Regieführung Gruppe – geht mit einem eigenen methodischen Konzept der Gruppenleitung vor. Die Gruppe wird als singuläre Gruppengestalt betrachtet und begleitet. Die Methode hierfür entspricht einem Beziehungsentwurf, der vom szenischen Handlungsverstehen abgeleitet ist.

Regieidee – Themenvorschlag bezüglich eines Stücks

Regieinterview – ein dialogisches Prinzip der → interaktiven Regiebegleitung. Diese unterstützt mit einem Interview den Spiel-Rollen-Spieler, die Spiel-Rollen-Spielerin in der Rollenfindung und Szenengestaltung.

Regiekompetenz im Psychodrama-Theater – beinhaltet die Konzeption der Stücke, die Regieführung der Gruppe und die Unterstützung der TeilnehmerInnen

Rolleneinkleidung – der Wechsel von einer Rollengestalt in eine andere. Beim Einkleiden der Spiel-Rolle werden bestimmte Gegebenheiten genannt, wie: sozialer Status der Rolle in Bezug auf andere Mitwirkende (Tatereignis), Atmosphäre der Szene (Tatgeschehen), Gefühl (Erlebnisfigur), Handlungsabsicht (Tatentwurf).

Rollenfeedback – Reflexion des Erlebten in der Spiel-Rolle

Rollengestaltanalyse – beschäftigt sich mit dem kleinsten → Inszenierungszusammenhang des Psychodrama-Theaters. Die Rollengestaltanalyse beschreibt die soziale Rolle zu den anderen Mitwirkenden im Kontext der Szene, in der die Rolle ihre atmosphärische Einbettung findet. Das damit verbundene Gefühl zeigt die Interaktions- und die Integrationsmöglichkeit des Rollenhandelns auf.

Rollengestaltungsraum – die individuelle (verkörperte) Bühne der handelnden Person, definiert durch den Beziehungsentwurf und den Ort der Handlung. Die Selbstwirksamkeit der handelnden Person wird auf dieser Bühne gezeigt.

Rollentausch – findet im Psychodrama-Theater zwischen der → Publikumsrolle und der → Spiel-Rolle statt

Sharing – ein kommentierender Beitrag, welcher die biografische Verbundenheit mit dem Geschehen einer → Spiel-Rolle, einer → Szene oder einer → Inszenierung herstellt

soziometrische Orchestrierung – die Zuordnung der → inneren Szenengestalt zu anderen Personen, die ebenfalls ihre innere Szenengestalt zuordnen. Diese Aufgabe der Zuordnung und Verortung kann durch die Gruppierung rund um ein

Kriterium erfolgen und/oder durch Anziehung, die sich aus dem zwischenmenschlichen Spiel ergibt.

Spiegeln – findet im Psychodrama-Theater durch Reflexion der Spiegelrolle statt oder/und durch Publikumsbeobachtungen

Spiegelrolle – unterschiedliche Spiel-Rollen, die in einem Stück zu beobachten sind. Sie können durchaus konträr sein. Gemeinsam ist ihnen, dass sie über dramaturgische soziale Motivlagen derselben Kategorie verfügen, die verschieden gezeigt und gelebt werden.

Spielgestaltanalyse – betrachtet alle an einer Situation, Szene mitwirkenden Personen und versucht, den gemeinsamen Nenner des Handlungszusammenhangs herauszufiltern

Spielregel – entsteht durch das Zusammenspiel unterschiedlicher Beziehungsentwürfe innerhalb eines Handlungszusammenhangs. Dadurch formt sich ein gemeinsames Spielwissen. Das Ergebnis ist eine sogenannte „Spielregel" des zwischenmenschlichen Handelns, welche die Beteiligten teilen und welche nur in einem gemeinsamen Akt aktualisiert werden kann. Solche Spielregeln können implizit oder explizit wahrgenommen werden.

Spiel-Rolle – ein bewusster Wechsel der Person in eine „Als ob"-Realität einer anderen Rolle

Szene – ein Inszenierungszusammenhang, der über ein erforschbares Spielwissen verfügt

szenisch-motivationsorientiertes Gruppenbegleiten und Leiten – ein gruppendynamischer Ansatz, der es ermöglicht, gemeinschaftsbildend vorzugehen. Es basiert auf dem szenischen Handlungsverstehen. Darüber hinaus gibt diese Methode bereits eine breite Basis für szenische Konfliktlösungsmodelle ab und ist eine wesentliche Unterstützung, um Beziehungsentwürfe zu erkennen und zu kreieren.

Tele – ist ein unbewusstes kollektives Spielwissen

Stichwortverzeichnis

Arrangements 34, 103, 105

Bedeutungsfeedback 54
Bedürftigkeit 91, 145, 157
Begegnungsdynamik 17f., 25, 29ff., 76, 143, 193
Begegnungserkundung 13
Begegnungskultur 35
Beziehungsentwurf 24–27, 96–102, 105, 135, 138f., 192
Beziehungsentwürfe 63, 70, 135, 142f., 176, 191ff.
Beziehungsgeflecht 139, 143, 191
Bindungsunsicherheiten 121
Biografische Erfahrung 108
Biografische Erinnerungsspur 45
Biografische Resonanz 43, 55
Biografische Verbundenheit 125
Bühne 14, 25, 34, 37, 43, 45–55, 63, 65, 70, 97, 100, 103–105, 108, 113–119, 121–126, 132f., 146, 150, 154ff., 159, 163, 166f., 171, 176, 180, 182f., 186, 188, 190

Dekonstruktion des Stücks 77, 93
Dialogisches Prinzip 13
Doppeln und Spiegeln 102
Dramatisiertes Sharing 125
Dramaturgische Spielzahl 48
Dramaturgisch soziale Motivlage 17f., 23–25, 27, 29, 39, 41, 98, 131, 143ff., 157f., 166, 175, 179, 184
Dyade 186

Eindeutigkeitszwang 135
Einkleiden in die Rolle 44
Einstiegsszene 43
Ensemblegruppe 34, 45, 73, 98, 103
Entfaltungsmöglichkeit 96
Entfremdung 83
Entfremdungserfahrung 87
Erfahrungsgewinn 61, 70, 73
Erfahrungsmuster 54
Erinnerungsspuren 45, 57f., 135
Erkenntnisgewinn 18, 73
Erlebnisfigur 14, 18, 26, 33, 100, 102, 138f., 145, 148, 191f.
Erlebnisqualität 125, 127f., 131
Erwärmungsübung 116f., 123, 134, 165
Ethik der Begegnung 68
Explizites Spielwissen 83, 97

Figuren eines Dramas 74

Gefühlsebene der Rolle 45
Gefühlsfeld 16, 138f., 145
Gemeinschaftsbildung 96, 100
Gemeinschaftserfahrung 119
Gemeinschaftsorientierte Lebensgestaltung 31
Gruppendynamik 96
Gruppenkohäsion 100

Handicap 108–113, 116
Handlungsspielräume 45, 75
Handlungstechniken 103ff.

Implizites Spielwissen 23, 25, 27f., 70, 105, 135
Innere Bilderwelt 33, 45, 83, 96, 102
Innere Szenengestalt 16f., 97, 105, 167
Instrumente des Formats 32
Inszenierungszusammenhang 14f., 17f.

Integrationsachse 18, 21, 25, 63, 173, 178, 191, 193
Integrationshandeln 17
Interaktion 14, 17f., 25, 36, 45, 54, 67, 72, 97, 122, 157, 172, 178, 186, 190
Interaktionsachse 21, 23, 25, 62f., 175, 191
Interaktionsfelder 16, 17, 22 25
Interaktionsrahmen 104
Interaktionsritual 97
Interaktionssystem 15, 17
Interaktive Regiebegleitung 33, 36, 46–51, 64f., 70, 76, 85,96, 101–104, 114, 117, 119, 121f., 124f., 149, 153f., 173

Latente Traumkonstruktion 64
Latente Wirklichkeitskonstruktion 61
Lebensentwurf 83
Lebenskonzept 14, 61

Manifeste Traumkonstruktion 64
Manifeste Wirklichkeitskonstruktion 61f.
Mein Kommentar 23, 66, 111f., 127, 129, 131ff., 141, 157, 169
Mimetisches Lernen 24, 54

Ort der Handlung 25f., 32, 80, 99, 102, 127f., 130, 138, 140, 164, 172, 192

Perspektivenwechsel 73
Probehandeln 61, 70
Protagonist/Protagonistin 75, 200
Psychodrama-Theater 11–15, 25, 31f., 35f., 43, 45, 54f., 61f., 73f., 85ff., 89, 101–107, 116f., 134, 135, 145, 152f., 170, 193f.
Psychodramatischer Regiecoach 65
Publikumsreihen 112, 153
Publikumsrolle 34, 102, 116f., 124, 135, 152f., 158f., 165f., 168, 172, 180

Rahmenbruch 73f.
Referenzerfahrung 24, 55
Regieführung 34, 96, 98–105, 113, 120, 130, 149f., 142, 152, 154, 171f.
Regieidee 34, 48, 53, 93, 152, 182
Regieinterview 101, 116, 159, 172, 176
Regiekompetenz 13, 35, 61, 70, 73, 96, 106
Regiekompetenzgewinn 31
Regieplan 17, 24, 54
Regiethema 100
Resonanz 30, 43, 54f., 70, 89, 93, 106ff., 112ff.
Rolleneinkleidung 65, 114, 155, 172, 176
Rollenfeedback 52, 67, 76, 92, 124, 128, 131, 152, 162, 165, 175, 179, 183, 188, 190
Rollengestaltanalyse 22, 33, 70, 77ff., 80, 82, 84, 87f., 90, 92f., 104, 136, 188, 191
Rollengestaltung 13, 22f., 25–29, 32f., 39, 44, 76f., 170
Rollengestaltungsraum und Bühne 61, 75, 79, 81, 88, 91f.
Rollenhandeln 22, 24, 42
Rollenmodulation 125
Rollenspieler/Rollenspielerin 44, 86, 102
Rollentausch 42, 103
Rollenwahl 43, 176
Rollenwechsel 44, 103

Selbstbeforschung 139
Selbstermächtigung 125, 134
Selbstheilungskräfte 11
Selbstwirksamkeit 23, 30, 54, 75, 79, 81–84, 86, 88–92, 158, 188
Selektive Offenheit 108
Sharing 108, 125, 179f.
Situatives Netzwerk 23
Soziokultureller Habitus 29
Soziometrische Orchestrierung 34f., 97, 100, 104, 107f., 125, 134, 148, 172
Spiegelrollen 103
Spieldramaturgie 32
Spielgestaltanalyse 22, 32, 42, 61, 69, 70, 72, 76, 93, 136, 139, 173, 178, 183, 191f.
Spielkörper der Rolle 44
Spielordnung 100, 104, 154, 172
Spielregel 21, 69, 72, 93, 168, 173
Spielregeln des zwischenmenschlichen Spiels 18
Spiel-Rolle 32, 34, 42, 74, 102–105, 113ff., 117, 119f., 126–130, 155, 157, 159, 161, 164, 166, 172–179, 181ff., 185–188
Spielwissen 11, 13, 17, 23ff., 27f., 32, 70, 73ff., 83, 96f., 102, 105, 135, 138f., 143, 149, 168, 193
Spielzusammenhang 14, 43
Spontanes Spiel 45
Stichwort 46, 105, 112, 181
Symbolrollen 148
Szenenausschnitt 78, 80f., 84, 86–91
Szenenentwurf 34, 46, 132, 154
Szenengestaltung 15, 145
Szenische Mitgestaltung 101
Szenische Rekonstruktion 181
Szenische Spielwelt 24
Szenische Verankerung 28, 98
Szenischer Handlungsentwurf 32, 63, 70
Szenisches Bild der Zugehörigkeit 112
Szenisches Handeln 17, 25, 54
Szenisches Handlungsverstehen 24f., 96, 104f., 136, 138, 143, 145
Szenisches Spiel 43, 45, 74, 117, 188
Szenisch-motivationsorientiertes Gruppenleiten 96

Tatgeschehen 14, 17, 26ff., 33, 76, 97, 102f., 138f., 145, 192
Tatereignis 14, 26, 32f., 99, 102, 138, 144, 182, 192
Tatentwurf 14, 26, 33, 43, 100, 102, 138f., 192
Transformation einer Rolle 48
Traum 61f., 64, 69, 127
Traumarbeit 61, 69, 115
Traumbilder 61
Traumgeschehen 61
Triade 72
Triangulierung 53

Übung 117, 153, 159, 171, 181

Vergegnung 14, 26, 135, 139, 143

Wahrnehmungsfeld 16, 44, 102, 138f., 144, 178
Wesenskern des Menschen 15
Wirkästhetik 46

Zwischenmenschliche Motive 16
Zwischenmenschliches Spiel 14f., 17f., 23f., 96, 125, 145